L'ARGENT SECRET DES PARADIS FISCAUX

SYLVAIN BESSON

L'ARGENT SECRET DES PARADIS FISCAUX

ÉDITIONS DU SEUIL
*27, rue Jacob, Paris VIe*

Ce livre est édité par Patrick Rotman

ISBN 2-02-053803-2

www.seuil.com

Introduction

Il n'est point de secrets
que le temps ne révèle.

RACINE, *Britannicus.*

Imaginez un bassin long comme trois terrains de football, large de quelque soixante-dix mètres et profond de treize mètres. Si on le remplissait à ras bord de liasses neuves de billets de 20 francs suisses[1], en ne laissant entre elles qu'un infime interstice, ce lac suffirait à peine à contenir la fortune que gèrent les banques suisses – soit, en l'an 2000, 4 127 milliards de francs suisses ou 2 846 milliards d'euros, dont plus de la moitié a été apportée par des étrangers.

Près de 3 trillions[2] d'euros : même le banquier le plus averti doit avoir quelque peine à saisir pleinement l'énormité de cette somme. Il y a vingt ans, elle était probablement dix fois plus faible[3]. « Une fois encore, expliquait la Banque nationale suisse lors la publication de ces chiffres en juin 2001, les banques suisses ont enregistré un exercice très favorable. » Le mot, au

1. Soit 13,7 euros environ. Un euro valait approximativement 1,45 franc suisse au printemps 2002. Dans cet ouvrage, le terme « franc » désigne toujours le franc suisse, sauf indication contraire. Les taux de change pour les trois devises utilisées dans cet ouvrage (franc suisse, euro, dollar) se trouvent en annexe.

2. Un trillion = mille milliards.

3. Voir notamment Nicholas Faith, *Safety in Numbers : The Mysterious World of Swiss Banking*, Londres, Hamish Hamilton, 1983.

regard du caractère astronomique des montants évoqués, paraît un peu faible.

Si impressionnante soit-elle, cette montagne d'argent ne représente pourtant qu'une fraction des fortunes placées *offshore*, c'est-à-dire en dehors de leur pays d'origine. Il y aurait aujourd'hui entre 60 et 80 juridictions spécialisées dans l'accueil des capitaux qui ont choisi de s'extraire de leur réglementation nationale pour échapper aux impôts, au contrôle des changes, aux restrictions de toutes sortes. Ensemble, elles contrôleraient plus de 5,5 trillions d'euros[1]. Mais personne ne connaît l'ampleur réelle du phénomène : les contrôles réduits et la confidentialité extrême assurée aux transactions font de la finance *offshore* un territoire opaque.

Libéré du cadre des États-nations, l'argent expatrié s'est taillé un empire qui, en trente ans, s'est étendu sur toute la planète. A partir des grandes places financières que sont New York, Londres et la Suisse, ses ramifications impalpables courent des Caraïbes aux îles Anglo-Normandes, du cœur de l'Europe aux atolls perdus du Pacifique. D'immenses fortunes y circulent de banque en banque en se jouant des distances et des frontières, véhiculées par des « sociétés » établies sous les bannières les plus diverses pour masquer l'identité de leurs propriétaires. La Suisse est l'un des plus importants centres nerveux de cette planète interdite : ses banques gèrent plus du tiers des fortunes extraterritoriales au niveau mondial. En Europe, sa part de marché atteint 60 %.

Si l'on demande aux banquiers suisses comment cet argent est parvenu chez eux, on a souvent droit à des explications sur le génie national de la finance, la position du pays au centre de l'Europe, le calme qui y règne, l'agrément du séjour dans ses grands palaces. Sans doute, ces éléments jouent un rôle, tout

1. Luca Errico et Alberto Musalem, « Offshore banking : an analysis of micro- and macro-prudential issues », *IMF Working Paper*, Washington DC, janvier 1999.

comme la solidité et le professionnalisme des banques, la stabilité des institutions, la fermeté de la monnaie ou cette attitude d'équidistance politique que l'on appelle la neutralité.

Mais l'explication décisive est ailleurs. La Suisse a attiré les fortunes du monde entier grâce à une institution dont le sulfureux renom explique qu'on l'évoque avec une certaine gêne : le secret bancaire, terme auquel le gouvernement et les professionnels préfèrent désormais divers euphémismes comme le « devoir de discrétion du banquier » ou la « protection de la discrétion ». Il interdit au banquier de révéler tout fait parvenu à sa connaissance qui ne soit pas déjà notoire et dont la divulgation peut affecter la sphère privée ou économique de son client[1]. La très grande majorité des fonds déposés en Suisse par des étrangers n'est soumise à aucune obligation de déclaration à quelque autorité que ce soit. Surtout, la Suisse ne transmet pas d'informations sur les comptes des clients étrangers aux autorités fiscales de leur pays d'origine.

Ouvrir un compte en Suisse, c'est se constituer une réserve d'argent dont personne, à part soi-même et une poignée de collaborateurs de la banque, ne connaîtra jamais l'existence. Que l'on soit assommé de charges, comme en France, en Allemagne ou en Italie, que l'on veuille échapper aux folles prétentions financières d'un conjoint ou d'un héritier, comme aux États-Unis, ou que l'on cherche à se préserver du désordre politique et économique, comme en Russie, en Amérique latine ou en Afrique, l'intérêt du compte suisse est évident. Les élites occidentales l'utilisent depuis des décennies pour échapper aux impôts de leur pays d'origine. Le développement de la finance *offshore* témoigne d'ailleurs de la prévalence chez les plus aisés d'un état d'esprit que la milliardaire new-yorkaise Leona Helmsley, condamnée pour fraude fiscale en 1990, a exprimé de façon particulièrement cynique : « Seules les petites gens paient des

1. Paolo Bernasconi *et al.*, *Le Secret bancaire suisse*, Berne, Stämpfli & Cie, 1995.

impôts. » Selon une estimation, venue des milieux bancaires eux-mêmes, au moins 50 % des avoirs déposés en Suisse par des étrangers – soit quelque 1 000 milliards de francs – n'ont pas été déclarés dans leur pays. Dans certaines banques, cette proportion atteint sans doute 80 %[1].

Qui sont ces clients si discrets ? Par quels moyens leurs fortunes s'échappent-elles de leurs États respectifs pour se retrouver en Suisse ? Poser ces questions, c'est s'attaquer au secret le mieux gardé du pays. Il y a quelques années, des journalistes allemands avaient suscité un éclat de rire général en filmant, au fond d'un vallon des Alpes, l'emplacement en principe secret du bunker où le gouvernement suisse se réfugierait en cas de guerre. Le banquier helvétique a su mieux se protéger des indiscrétions, notamment parce qu'il est passible de prison s'il divulgue des informations sur l'un de ses clients. Certes, les exceptions à ce principe se sont faites plus nombreuses ces dernières années. Depuis l'introduction de lois contre le blanchiment d'argent dans les années 1990, la justice peut obtenir des informations des banques lorsqu'elle enquête sur des crimes graves comme le trafic de drogue, la corruption ou la fraude. Le secret bancaire continue cependant de protéger des centaines de milliers d'épargnants étrangers qui ont simplement « oublié » de déclarer certains revenus aux impôts dans leur pays[2].

Mais la gestion des fortunes privées, métier où la Suisse occupe depuis longtemps le premier rang mondial, demande plus que la confidentialité des transactions ancrée dans la loi : elle s'appuie sur une véritable culture du secret. Elle exige aussi

1. Il n'existe évidemment pas de statistiques officielles sur le sujet. Le chiffre de 50 % d'avoirs étrangers non déclarés a été cité à l'été 2001 par Raymond Baer, un dirigeant de la banque Julius Baer de Zurich. Le fait que cette proportion puisse être nettement plus élevée selon les établissements est attesté par de nombreux professionnels.

2. Le droit suisse connaît une distinction, peu reprise ailleurs, entre la fraude fiscale, qui implique l'utilisation de faux documents ou de tromperie, et l'évasion fiscale, qui consiste à omettre de déclarer un revenu dans son pays. Dans le second cas, la Suisse n'offre aucune collaboration aux autorités étrangères.

de tisser avec les clients des liens personnels, souvent intimes, parfois cultivés durant des décennies. Les flux financiers *offshore* ne s'organisent pas seulement de manière mécanique, par le truchement de comptes en banque et de sociétés fantômes : des relations *humaines* les sous-tendent toujours. Que l'on s'intéresse à l'argent issu du crime, de la délinquance économique ou de la simple « évasion » fiscale, on retrouve toujours ce lien privilégié et secret entre le banquier et son client. En explorer les contours, percer à jour ses fonctionnements, tel est le propos de ce livre.

Pourquoi se pencher, en priorité, sur la place financière suisse ? La Suisse est incontestablement – et bien que son gouvernement déteste ce terme – le plus grand et le plus ancien des « paradis fiscaux ». Cette expression désigne ici les pays qui offrent aux capitaux étrangers un taux d'imposition favorable ou nul, une confidentialité quasi absolue à l'égard des autorités fiscales étrangères, et une gamme sophistiquée de services financiers destinés notamment à garantir la discrétion des placements : c'est le cas de ces étranges artifices intellectuels que sont les sociétés-écrans.

Dans les années 1930, la Suisse a été le premier pays à se doter d'une législation offrant ce genre d'avantages aux riches étrangers. Son exemple a été imité dans le reste du monde. Elle fournit donc un terrain d'étude idéal pour explorer des comportements qui ont été adoptés par l'ensemble des paradis fiscaux. Ce pays est aussi devenu le principal obstacle politique à l'abolition du secret bancaire au niveau international, et c'est une autre raison de l'intérêt prioritaire que nous lui portons ici.

Car tout est en train de changer dans le monde de l'*offshore*. Pendant des décennies, cet univers parallèle a profité de la tolérance des gouvernements des pays industrialisés. Il a tiré parti du formidable développement des marchés financiers internationaux pour alimenter sa croissance. Mais la patience des grandes puissances envers les paradis fiscaux semble s'être épuisée. Entamés au début des années 1990, leurs efforts pour mieux contrôler la bulle *offshore* se sont accélérés depuis les crises financières de 1997-1998, en Asie et en Russie. Les décideurs politiques, longtemps indifférents, semblent avoir pris peur devant un phénomène par définition incontrôlé, puisque se situant hors de leur juridiction. Peut-être les ministres des Finances du G-7 [1], principaux inspirateurs de cette contre-offensive, ont-ils été frappés par un épisode dont l'irréalité résume bien les lois paradoxales de la finance extraterritoriale : c'est par une simple cabane plantée sous le soleil de Nauru, îlot du Pacifique situé à vingt mille kilomètres de l'Europe, qu'ont transité, en quelques jours de l'été 1998, 70 milliards de dollars aux origines troubles qui fuyaient l'effondrement financier de la Russie.

Les effets de cette nouvelle donne internationale sont déjà perceptibles. Il y a encore quelques années, les auteurs qui parlaient de la finance helvétique et de ses pratiques devaient se contenter de bribes d'informations, de rumeurs ou de conjectures. En Suisse, la profession bancaire observait un silence monolithique, la presse faisait preuve d'une grande retenue, et la justice regardait le plus souvent ailleurs. Les banques n'avaient absolument pas à se préoccuper de l'origine de l'argent amené par leurs clients. Depuis, les pressions internationales et la révélation de scandales retentissants ont engendré de nouvelles lois, basées sur la notion de « blanchiment d'argent », qui fait de la manipulation de fonds d'origine illicite un crime en soi. Ces dispositions – en Suisse, il s'agit avant tout des articles 305 *bis* et 305 *ter* du code pénal, et de la « Loi sur le blanchiment d'argent dans le secteur financier » (LBA) de 1998 – contraignent les banques à identifier les propriétaires réels des fonds déposés chez elles et à vérifier la finalité des transactions qu'ils effectuent. Il s'est trouvé des magistrats assez audacieux pour

1. Groupe informel de coordination économique réunissant l'Allemagne, le Canada, les États-Unis, la France, la Grande-Bretagne, l'Italie et le Japon. Plus politique, le G-8 est constitué des pays du G-7 et de la Russie.

utiliser ces nouveaux outils, parfois avec un enthousiasme qui heurte les sensibilités des professionnels de la finance. Leurs enquêtes ont permis de connaître en détail les relations de nombreuses banques avec des clients importants. Ces procédures ont fourni à ce livre une matière première irremplaçable pour comprendre les mécanismes de la finance *offshore*.

En plaçant au-dessus de leurs têtes l'épée de Damoclès du blanchiment, cette mutation juridique a aussi rendu les banquiers plus bavards. Certains, notamment les plus jeunes, ne considèrent plus comme une noble tâche l'accueil des capitaux soustraits illicitement à leur pays d'origine. Mais s'ils parlent plus volontiers, c'est le plus souvent à condition que leurs noms ne soient jamais publiés. Cela explique que ce livre fasse parfois usage de témoignages anonymes.

Aujourd'hui, la carapace de secret qui entourait le monde compliqué et cupide des paradis fiscaux a commencé à se fendre. Il vaut la peine de s'engouffrer dans la brèche : la réalité qu'elle laisse entrevoir a beaucoup inspiré la fiction. Parfois, elle la dépasse largement.

PREMIÈRE PARTIE

Riches et discrets

1

Ils étaient nos meilleurs clients…

Avec l'argent est venu le scandale. Le stéréotype d'une Suisse opaque et magouilleuse s'est ancré dans la conscience collective depuis longtemps. On ne compte plus le nombre de films où le méchant se sert de quelque banque ou société helvétique pour commettre son forfait : Michael Douglas lorsqu'il spécule sans vergogne dans *Wall Street*, Telly Savalas lorsqu'il complote contre la paix du monde dans un James Bond (*Au service secret de Sa Majesté*)… la liste est interminable. « Des mythes », rétorquent les banquiers. Mais il suffit d'une visite un peu informée de Genève, où se concentrent 40 % de la place bancaire suisse, pour se convaincre que le « mythe » repose sur des faits bien réels. Dans ce centre de services financiers voué au bien-être des « super-riches », on tombe littéralement sur des affaires retentissantes à chaque coin de rue. Dictateurs africains, ministres corrompus d'Europe de l'Est, politiciens sud-américains à l'éthique douteuse, espions et escrocs : la clientèle est aussi variée que discutable. Le Suisse qui voyage s'aperçoit rapidement que les populations du tiers-monde n'ignorent rien de cette réalité. « L'argent de nos dirigeants est chez vous », voilà la phrase qui revient du Mexique à l'Inde, après les compliments usuels sur l'excellence des montres et du chocolat *made in Switzerland*.

Le « Chicago du crime financier »

En octobre, lorsqu'il fait beau, des groupes de touristes qui visitent Genève se retrouvent le long des quais du Rhône pour écouter placidement les explications de leurs guides. « Au XIVe siècle, les marchands de toute l'Europe se retrouvaient ici », expliquent ces derniers. Puis les visiteurs montent dans les wagonnets à roulettes tirés par un petit véhicule imitant une locomotive. Le faux train les emmène voir le Jet d'eau, l'Horloge fleurie, une sorte de butte jardinée agrémentée d'un mécanisme de montre, ou le mur des Réformateurs, grande sculpture rappelant que des intégristes protestants ont gouverné la cité il y a quelques siècles. En se limitant à ces sites connus, on risque cependant de manquer le plus intéressant : la face cachée d'une ville qui compte l'une des plus grandes concentrations d'affaires de criminalité financière au monde.

Le touriste curieux de ces sujets pourrait partir du boulevard du Théâtre, au cœur du bien nommé « quartier des banques ». Il longerait une synagogue restaurée grâce à la générosité du banquier Edmond Safra, mort dans l'incendie de son appartement monégasque. De l'autre côté de la rue se trouve l'hôtel Tiffany. C'est là que se cachaient les espions chargés en 1990 par l'agence américaine de détectives Kroll de découvrir les fonds secrets de Saddam Hussein. Son demi-frère, Barzan El-Takriti, était client d'une société financière logée dans un immeuble voisin.

A cinquante mètres de là, le touriste apercevrait l'immeuble de calcaire blanc de la banque Pictet. C'est devant sa porte que fut arrêtée, en 1995, la belle-sœur de l'ancien président du Mexique Carlos Salinas, alors qu'elle tentait de retirer 84 millions de dollars et un faux passeport appartenant à son mari. Les enquêteurs suisses et américains soupçonnent ce dernier, Raul Salinas, d'avoir été « arrosé » par les trafiquants de cocaïne du cartel de Cali en échange de facilités de transport à travers le Mexique. En face de Pictet se trouve la banque Darier, Hentsch & Cie, qui a compté parmi sa clientèle un certain Jean-Christophe Mitterrand. En tournant à gauche, le touriste dépasserait le mur des Réformateurs et pénétrerait dans les rues étroites de la Vieille Ville, près du Palais de Justice, complexe aux murs épais dont les financiers de la place ont appris à se méfier. Un peu plus bas, dans une rue en pente, se trouvait le bureau de l'ancien agent secret français Pierre Lethier. Celui-ci a perçu une commission de quelque 15 millions d'euros pour avoir aidé le groupe pétrolier Elf à reprendre la raffinerie allemande Leuna. Soupçonné d'avoir fait profiter des tiers de sa généreuse gratification, ce militaire cultivé aurait transféré son argent aux îles Vierges et demeure introuvable depuis l'été 2000.

En prenant à droite du Palais de Justice, le touriste parviendrait très vite à l'étude de l'homme de confiance de l'époux de Benazir Bhutto, Premier ministre du Pakistan jusqu'en 1996. Les sociétés créées par cet avocat ont abrité les fonds que le couple ministériel recevait de sociétés occidentales désireuses de faire affaire dans le pays.

Deux cents mètres plus loin, le visiteur découvrirait un bâtiment assez laid plaqué de granit rose. Derrière une porte intimidante flanquée de miroirs se trouve la banque SCS-Alliance, qui abritait les comptes de Pavlo Lazarenko. Cet ancien Premier ministre ukrainien entreposait ici les pots-de-vin que les investisseurs étrangers lui versaient pour obtenir des contrats en Ukraine. Dans le même bâtiment, une banque, devenue par la suite succursale du Crédit agricole, gérait les comptes secrets du président gabonais Omar Bongo.

En marchant dix minutes, le touriste parviendrait rapidement au bord du lac, devant le Jet d'eau. A moins de deux cents mètres sur la droite travaillait le gestionnaire de fortune qui fit parvenir à Alfred Sirven de quoi vivre confortablement durant sa cavale aux Philippines. Sur la rive opposée habite toujours celui qui fut l'homme fort d'Elf en Afrique, André Tarallo. Pour retrouver son point de départ, le quartier des banques, le visiteur n'aurait plus qu'à longer le Rhône dans le sens du courant. En dix minutes, il passera encore devant l'étude d'avocats où l'ancien intendant du Kremlin, Pavel Borodine, accusé de corruption, a créé ses sociétés-écrans, devant la banque qui gérait les commissions occultes du président du Kazakhstan, puis celle qui finançait les avions du marchand d'armes français Pierre Falcone, devant celle qui accueillait les fonds de Jacques Heyer, le gérant de fortune de l'ancien responsable du RPR Didier Schuller, enfin devant le palace où vit, reclus, l'intermédiaire saoudien qui devait vendre, en échange d'abondantes commissions, des frégates françaises à l'Arabie Saoudite. En marchant d'un bon pas, il ne faut pas plus d'une heure pour effectuer dans son intégralité cet itinéraire parsemé de quelques scandales financiers bien connus.

On comprend mieux, à la lumière de cette promenade, cette citation d'un criminologue américain, Alan Block[1] : « Il y a tellement de membres de la communauté du crime financier qui résident à Genève que cette ville doit représenter pour eux ce que Chicago était pour Al Capone. » Le jugement est sévère, car il y a beaucoup de Chicago dans l'univers de la finance *offshore*. Mais la densité des affaires découvertes durant les dernières années à Genève amène à s'interroger : quels sont les services qui ont attiré, en si grand nombre, de tels clients ?

Le vol du siècle

Une enquête, en particulier, apporte beaucoup d'éléments de réponse à cette question. Elle porte sur le cas de blanchiment d'argent le plus massif découvert en Suisse ces dernières années. Les sommes en cause sont si énormes que le magazine *Jeune Afrique* a pu sans exagération qualifier l'affaire de « hold-up

1. In *Journal of Financial Crime*, vol. 4, n° 3, Cambridge, 1997.

du siècle ». Des documents extraits de la procédure et jamais encore publiés permettent de comprendre comment les banques ont laissé se produire ce pillage sans précédent.

Le Nigeria est le pays le plus peuplé d'Afrique, avec près de 100 millions d'habitants, et le principal producteur de pétrole du continent. De 1993 à 1998, il fut gouverné par un authentique dictateur, le général Sani Abacha. S'il fallait lui trouver un équivalent historique, on pourrait peut-être le comparer à Caligula ou Néron, tant son règne fut marqué d'épisodes brutaux et grotesques. Ce militaire au visage couturé de cicatrices rituelles vivait entouré de sa garde prétorienne dans son palais présidentiel d'Abuja, la capitale du Nigeria. Les seules personnes qui avaient le privilège de le voir étaient son conseiller à la sécurité nationale Ismaïl Gwarzo, un puissant homme d'affaires libano-nigérian, Gilbert Chagoury, et les deux fils du général, notamment Mohammed Sani Abacha, qui a été emprisonné après avoir été accusé par le nouveau gouvernement d'avoir assassiné la femme d'un opposant au régime de son père. Le général recevait aussi la visite de nombreuses prostituées. C'est d'ailleurs en abusant quelque peu de leurs services et du Viagra qu'il serait mort d'une crise cardiaque, le 8 juin 1998. Une autre version de la mort du tyran veut que ce dernier ait péri empoisonné, comme un vrai empereur romain.

En cinq ans de règne, le général et sa famille ont détourné au moins 3 milliards de dollars des caisses de l'État, dont seulement 800 millions avaient été restitués au nouveau gouvernement du Nigeria avant 2002. Les enquêtes ouvertes dans plusieurs pays ont permis de retrouver, en Suisse, 560 millions de dollars apportés par la famille du dictateur, un peu moins au Luxembourg, et plus de 100 millions au Liechtenstein. Plus d'un milliard de francs suisses ont transité par la Grande-Bretagne et l'île de Jersey, et des sommes considérables auraient disparu du côté du Brésil, de Singapour, de Hong Kong, des États-Unis, du golfe Persique et de la France. Dans tous les pays où elle a déposé des fonds, la famille Abacha a bénéficié de l'assistance intéressée d'un cercle très large d'hommes d'affaires, d'avocats et de banquiers. Les personnes et les institutions impliquées sont si nombreuses qu'il faut en conclure que le système bancaire international dans son ensemble s'est rendu complice de ce vol géant.

Pour piller l'État, le petit clan qui entourait le général a dû se répartir les tâches. Au départ du cheminement des fonds, on trouve souvent le conseiller à la sécurité nationale, Ismaïl Gwarzo. Sa technique était efficace, mais sans finesse : entouré des hommes de la garde présidentielle, il se présentait aux guichets de la Banque nationale du Nigeria, et repartait chargé de sacs de billets qu'il se faisait remettre sous les prétextes les plus divers, par exemple l'organisation des campagnes de promotion de l'image du Nigeria à l'étranger. Au total, 1,6 milliard de dollars aurait été détourné de la sorte. Le fils préféré du général, Mohammed Sani, né en 1966, prenait ensuite le relais. Épaulé par Abubakar Bagudu, un homme d'affaires proche du régime, il voyageait régulièrement en Europe pour ouvrir des comptes en banque, prétendant diriger une compagnie d'aviation, des tanneries ou des sociétés immobilières.

L'un de ses voyages l'amène, le 12 septembre 1995, devant un bâtiment gris qui domine de son architecture pompeuse la Paradeplatz, grande place du centre des affaires de Zurich. C'est là que se trouve le siège du Credit suisse[1], la deuxième banque du pays. Mohammed Sani Abacha porte sur lui un vrai-faux passeport nigérian qui l'identifie simplement comme « Mohammed Sani ». Il est accompagné de son frère aîné, Ibrahim Abacha, qui mourra en 1996 dans un accident d'avion, et d'un avocat zurichois réputé, Hans Weber, qui sert de « rabatteur » pour le Credit suisse. Dans le jargon bancaire, on appelle cela un « apporteur d'affaires » : il recommande de nouveaux

1. L'ancien « Crédit suisse », en allemand Schweizer Kredit-Anstalt, n'est désormais plus connu que sous l'appellation multilingue de « Credit suisse » – sans accent.

clients à la banque, et peut toucher une rémunération de celle-ci lorsqu'un compte est ouvert. Hans Weber était l'un des apporteurs les plus réputés de la place de Zurich. Selon une source proche de l'enquête, « les banques s'arrachaient ses services » pour acquérir des clients. C'est aussi un spécialiste de la gestion de fortune, qui fournit à ceux qui le demandent les structures juridiques qui permettent de protéger leur argent de la curiosité d'autrui. A la fin de l'entrevue au Credit suisse, il fait monter ses clients dans une limousine et les conduit au Liechtenstein, un paradis fiscal situé à une heure de route de Zurich, dont les « fondations » comptent parmi les structures juridiques les plus opaques de la planète. Quoique central, son rôle n'a guère été évoqué dans les rapports publiés en Suisse au sujet de l'affaire Abacha. Lui-même prétend, de façon peu plausible, n'avoir « rien à faire avec cette histoire ». On verra qu'il n'est pas le seul « apporteur » à avoir ouvert les portes du système bancaire international aux Abacha.

Lors de leur passage à Zurich, les jeunes « hommes d'affaires » africains étaient aussi munis de la recommandation de Gilbert Chagoury, un client de trente ans du Credit suisse de Genève. Âgé d'une cinquantaine d'années, Gilbert Chagoury est toujours l'un des hommes les plus puissants du Nigeria, en dépit de ses liens étroits avec le régime des Abacha. Son nom a disparu de la procédure engagée par le nouveau gouvernement après qu'il eut restitué des sommes importantes. Son groupe de travaux publics, C & C, a construit une bonne partie de la nouvelle capitale nigériane, Abuja, et l'homme est aussi actif dans le pétrole. Sous l'ère Clinton, Gilbert Chagoury avait ses entrées à la Maison-Blanche, grâce à un don de 460 000 dollars au Parti démocrate américain. Il a aussi été reçu à l'Élysée. Citoyen britannique, il porte les titres de conseiller du président du Bénin Mathieu Kérékou et d'ambassadeur de Sainte-Lucie, un paradis fiscal des Caraïbes, auprès des Nations unies. Originaire du Liban, résidant fréquemment à Paris, il est à la tête d'un vaste clan familial. Son frère Roland, ambassadeur de l'île de Grenade à l'Unesco, a été médaillé, des mains du pape, de l'ordre de Saint-Sylvestre. En 1995, la fortune placée par la famille Chagoury entre les mains des gestionnaires du Credit suisse atteignait 125 millions de francs. Après l'éclatement de l'affaire, ils ont été transférés dans une autre banque suisse, Pictet & Cie.

La recommandation de cet homme puissant et bien connu a joué un rôle crucial dans l'accueil des fonds des Abacha. Lors d'une conversation téléphonique avec un cadre de la banque, Patrick Bornand, Chagoury a présenté les deux Africains comme ses « filleuls », qui seraient les fils d'un riche homme d'affaires nigérian. Ce mensonge lui a plus tard valu d'être condamné à une amende record d'un million de francs suisses par la justice genevoise.

Selon les déclarations du Credit suisse à la Commission fédérale des banques (CFB), qui a enquêté sur l'affaire, le jour où les clients nigérians et leur avocat ont été reçus à Zurich, le service africain n'était pas au complet et le compte 6389316 « Seuze » a été ouvert par un gérant peu expérimenté. La banque ne se serait aperçue de la véritable identité des jeunes « hommes d'affaires » qu'en 1999, après que 200 millions de dollars – deux fois plus qu'initialement prévu – eurent été versés sur le compte.

L'explication est commode, mais aussi un peu courte. Car, à l'époque des faits, le Credit suisse disposait au Nigeria d'un homme expérimenté, Jean-Jacques Monod, qui connaissait parfaitement le client Mohammed Sani. En septembre 1997, il l'a rencontré en compagnie de Gilbert Chagoury, et le jeune homme lui a été présenté comme le fils du président Abacha. Un autre cadre du Credit suisse, Bernhard Lippuner, basé à Genève, savait grâce à ses contacts dans l'industrie pétrolière que Mohammed était en fait un proche du général Abacha. Il a même déclaré à la CFB qu'en 1997 Patrick Bornand, le responsable hiérarchique du compte « Seuze », l'avait appelé pour lui demander des renseignements au sujet du pseudo-Mohammed Sani. Patrick Bornand a contesté cette version des faits.

Il y a un autre détail curieux : lorsqu'un compte important est ouvert, les documents le concernant circulent parfois jusque dans les plus hautes sphères de la banque, où ils sont visés pour approbation. En l'espèce, toutefois, la Commission fédérale des banques estime qu'il est impossible de savoir si des membres de la direction générale ont eu connaissance de l'ouverture du compte : ceux qu'elle a interrogés ne se souviennent de rien. Et son rapport sur l'affaire signale que les documents originaux qui auraient pu porter leurs visas « n'ont pas pu être retrouvés ».

Les pots-de-vin géants de l'industrie française

Le comportement de l'Union bancaire privée (UBP), l'une des plus grandes banques de gestion de fortune de Genève avec quelque 80 milliards de francs suisses en dépôt, est tout aussi intriguant. Les premiers comptes y avaient été ouverts en avril 1995 par le frère du général Abacha, Abdulkadir. Pour garantir une confidentialité maximale, des sociétés des îles Vierges constituées par Fidulex, une filiale spécialisée de la banque, détenaient formellement les comptes. Comme les deux fils à Zurich, Abdulkadir Abacha avait été présenté par un vieux client de la banque, Ronny Douek, homme d'affaires israélien actif au Nigeria, qui faisait gérer une partie de sa fortune – environ 30 millions de francs suisses –, auprès de l'UBP. Dans les documents internes de la banque, il est désigné comme « notre excellent client, le 15464 BM ».

Malgré cette introduction, les responsables du service anti-blanchiment de l'établissement, qui venait juste de se mettre en place à l'époque des faits, ont rapidement eu des doutes au sujet de leur nouveau client. En novembre 1995, ils rédigent un « mémo » confidentiel destiné à l'un des directeurs de la banque, Guy de Picciotto, dans lequel ils affirment que « de fortes présomptions existent que les fonds [...] sont le produit de la corruption ». Ils évoquent même l'existence pour la banque d'un « risque de sécurité » qui pourrait se concrétiser « en cas d'avènement d'un régime qui inscrirait la propreté à son programme ». Cette note prémonitoire n'a pas été suivie d'effet. Dès 1995, la banque a, il est vrai, décidé de clôturer les comptes ouverts chez elle par des hommes politiques nigérians, mais elle n'a pas appliqué cette décision.

En janvier 1997, deux autres comptes sont ouverts pour des sociétés nigérianes, Allied Networks et Technical Management. A nouveau, un « apporteur » est à l'œuvre : Gabriel Katri, un proche des propriétaires de l'UBP. Cet homme d'affaires actif en Afrique explique aux banquiers que la société Allied lui a été présentée par André Kamel, directeur pour le Nigeria du géant français de la construction et des travaux publics Dumez[1]. Ce dernier a appuyé la demande d'ouverture de compte Allied en adressant à la banque une lettre de recommandation. Un autre groupe de construction français, Fougerolles[2], fait de même pour Technical Management. D'avril 1997 à janvier 1998, le compte Allied reçoit 57 millions de dollars de la part de Dumez. Fougerolles verse environ 33 millions d'euros sur le compte de Technical.

De 1995 à 1998, la banque n'est jamais parvenue à déterminer l'identité des possesseurs réels de ces deux comptes – c'est-à-dire les deux fils du général Abacha. Durant l'été 2000, le chef du service anti-blanchiment de l'UBP à l'époque, Michel Pasteur, a tenté d'expliquer cette curieuse impuissance à la justice genevoise. Selon lui, c'est Guy de Picciotto en personne qui, d'un coup de téléphone, lui a « sauf erreur » donné « l'ordre le plus strict » d'accepter d'ouvrir les comptes en dépit du « sentiment très négatif » de son service. Picciotto conteste formellement avoir jamais donné un tel ordre. Pourtant, selon Pasteur, ce type d'intervention téléphonique d'un membre de la direction générale était courant : « Compte tenu de la structure

1. Dumez fait partie du groupe Vinci Constructions depuis l'an 2000.
2. Fougerolles est intégrée au groupe Eiffage depuis 1992.

hiérarchique, nous n'avions pas les moyens de résister à ce type de pressions », a-t-il ajouté. En octobre 1997, Michel Pasteur et ses collègues déclarent au conseil d'administration que la seule solution est de clôturer les comptes. Leur suggestion n'a pas été appliquée.

Un compte ouvert à l'UBP au nom de la société Mercury Aviation a aussi servi à d'importants détournements de fonds. La société française Aérospatiale[1] et le gouvernement nigérian avaient conclu un contrat portant sur la fourniture de petits avions d'entraînement à hélice. Or, le Nigeria a payé le double du prix convenu, versant une moitié à l'Aérospatiale et l'autre sur le compte de Mercury Aviation. Ces appareils ont été oubliés dans un hangar immédiatement après leur acquisition. Dans un mémo adressé à Guy de Picciotto le 3 mars 1998, le chef du service juridique de la banque, Georges Pittet, décrit la transaction comme un « financement insolite d'aéronefs de la part d'une société proche du gouvernement nigérian », et suggère de la dénoncer aux autorités. Son conseil ne sera pas suivi, notamment parce que l'argent provenait d'une source officielle, la Banque centrale du Nigeria. « On ne pouvait tout de même pas imaginer que cette institution serait elle-même complice de la corruption », explique un cadre de l'UBP.

Dans le flot des commissions, on peut encore relever celles qu'a versées la société Pasteur Mérieux, l'un des principaux producteurs mondiaux de vaccins. Pasteur Mérieux a vendu des vaccins, au prix du marché, pour plus de 22 millions de dollars à une société anglaise, Morgan Procurement. Cette structure, contrôlée par l'homme d'affaires du régime, Abubakar Bagudu, a ensuite revendu les vaccins au gouvernement du Nigeria pour… 111 millions de dollars, soit cinq fois le prix du marché ! Le copieux bénéfice engendré par cette opération a été en partie versé sur des comptes ouverts à l'UBP. Pasteur Mérieux a aussi versé 3,6 millions de dollars de commissions à Mohammed

1. Cette société fait désormais partie du groupe européen EADS.

Sani Abacha et à son homme d'affaires, Abubakar Bagudu. Le chef du « département Afrique » du groupe Aventis Pasteur, Pierre Mazelier, qui était déjà en fonction à l'époque des faits, explique que le versement de cette commission n'avait rien d'insolite pour lui : « J'ai rencontré Abubakar Bagudu à plusieurs reprises. Il m'a fait bonne impression, il était intelligent, impeccablement habillé et éduqué. C'est lui qui nous a suggéré de passer par Morgan Procurement. Il n'a pas eu besoin de se montrer très explicite pour que je comprenne qu'il était très proche du pouvoir. Pour nous, passer par un intermédiaire de ce genre était classique. Quant à la commission, elle a été déclarée au ministère français des Finances. Je n'ai appris que bien plus tard, en juin 1998, que Morgan avait revendu nos vaccins au Nigeria à un prix beaucoup trop élevé[1]. »

Reste à comprendre l'immobilisme de la banque devant les avertissements répétés de ses propres services de lutte contre le blanchiment. Un mémo adressé en novembre 1997 par le gestionnaire de plusieurs comptes nigérians, Gilles Zimra, à la direction de la banque, offre un élément d'explication : parlant du travail du service anti-blanchiment, il estime qu'il « est rare de voir autant d'efforts déployés pour détruire une relation avec un client [Ronny Douek] de cette importance. Il est aussi rare de voir une telle méconnaissance dans le domaine du *private banking* [banque privée] ». Dans un autre mémo, il dit avoir « du mal à concevoir que nous puissions compromettre un tel réseau de relations durement acquis au fil des années ». La résistance du gérant a donc triomphé des scrupules d'autres employés. Économiquement, en tout cas, le calcul était bon : l'UBP a gagné au moins 4 millions de francs suisses de commissions en gérant les comptes des proches du régime Abacha entre 1995 et 1999.

1. Pasteur Mérieux Connaught fait aujourd'hui partie du groupe Aventis Pasteur. Cette société est le seul des groupes français mentionnés dans ce chapitre à avoir accepté de donner des précisions sur les versements effectués au profit du clan Abacha.

Évasion de fonds vers les paradis fiscaux

Avant le 1er avril 1998, il n'y avait pas en Suisse de loi contre le blanchiment d'argent, seulement des prescriptions des autorités de surveillance et une « Convention de diligence », sorte de *gentleman's agreement* du secteur bancaire pour lutter contre l'argent criminel[1]. Après cette date, en revanche, les banques et tous les autres intermédiaires financiers ont été soumis à l'obligation de dénoncer à un « Bureau de communication » spécialement créé à cet effet les transactions « dont ils savent ou doivent présumer » qu'elles proviennent d'un crime. A l'UBP, quelques employés « présumaient » que l'argent de leurs clients nigérians provenait du trafic d'influence et de la corruption à grande échelle. En mars 1998, le service anti-blanchiment de l'UBP recommande la dénonciation aux autorités de plusieurs comptes nigérians. Mais deux comptes ouverts par le ministre des Finances du régime Abacha, Anthony Ani, sont fermés et l'argent envoyé à la banque Barclays de l'île de Man, un petit paradis fiscal sous souveraineté britannique. Les commissions versées par Dumez et Fougerolles filent vers le Luxembourg (banque MM Warburg) et le Liechtenstein (banque LLB), avec la bénédiction du comité anti-blanchiment de la banque, et, plus curieusement, celle de la justice genevoise, qui n'avait pas encore ouvert d'enquête sur les agissements des Abacha. Ironiquement, le comité a invoqué l'existence au Liechtenstein de « procédures d'entraide » pour justifier ce transfert. Deux ans plus tard, le Liechtenstein fut placé sur la « liste noire » des paradis fiscaux les moins coopératifs en raison, notamment, du caractère parfaitement inopérant de ces procédures.

1. L'une des circulaires de la Commission fédérale des banques stipule notamment que « les intermédiaires financiers ne doivent pas accepter des fonds dont ils savent ou doivent présumer qu'ils proviennent de la corruption ou du détournement de fonds publics ». Sa portée pratique, en l'espèce, semble avoir été singulièrement limitée.

Lorsqu'elle finira par dénoncer ses clients nigérians aux autorités, en septembre 1999, l'UBP omettra de signaler l'existence antérieure des comptes Allied et Technical – la loi, il faut le dire, n'oblige pas les banques à annoncer d'anciennes relations. Sur les 185 millions de dollars liés au clan Abacha qui ont transité par cette banque, seuls 50 millions s'y trouvaient encore au printemps 2002, lorsque la famille Abacha a accepté de rendre l'essentiel de l'argent volé au gouvernement du Nigeria. Le reste a été retrouvé au Luxembourg et au Liechtenstein, et une partie a disparu.

Les lettres magiques

Malgré leur caractère suspect, déjà évident pour les professionnels de la lutte anti-blanchiment de l'époque, les fonds des Abacha ont fait preuve d'une remarquable aptitude à se frayer un chemin dans le système financier international, comme le montre une autre opération de détournement. Les gouvernements russe et nigérian avaient convenu de construire dans le pays africain une aciérie géante, Ajaokouta. Celle-ci n'a jamais été achevée et n'a jamais fonctionné. Le gouvernement russe a cédé à vil prix une partie de la dette due par le Nigeria pour ce projet au fils du général Abacha, Mohammed Sani, et à Abubakar Bagudu, qui l'ont revendue à leur propre gouvernement pour plusieurs centaines de millions de dollars, payés directement sur ordre du général Abacha. En simplifiant, on peut dire que le Nigeria a payé très cher le fils de son président pour une usine qui ne fonctionnera jamais.

En avril 1997, la Banque centrale du Nigeria verse 282 millions de dollars à Mohammed Sani Abacha et à son bras droit Abubakar Bagudu pour le « rachat » de la dette d'Ajaokouta. Les fonds partent d'abord en Grande-Bretagne, où une première banque, Merrill Lynch, refuse de les accepter. Le duo tente alors sa chance auprès d'un autre établissement, Goldman

Sachs, qui commence par avertir les autorités financières britanniques. Comme celles-ci ne réagissent pas, la banque continue à gérer l'argent et l'envoie en Suisse, dans sa filiale de Zurich. En septembre 1997, la banque éprouve un certain malaise, dû peut-être à l'adoption prochaine de la loi sur le blanchiment par le Parlement suisse. Les fonds sont donc « déménagés » en direction du Crédit agricole et de la banque Barings de Genève. Mais Barings ne garde l'argent que quelques mois : devenue plus soupçonneuse après son absorption par le géant hollandais ING, elle demande aux clients d'aller mettre leurs millions ailleurs. Une partie de l'argent part au Crédit agricole de Genève, et une autre tranche – 137 millions de dollars – à la Citibank de Jersey. Ces millions-là termineront leur voyage à la Deutsche Bank de l'île, où une partie de l'argent reposait encore au début 2002.

Dans leur périple compliqué, ces fonds ont bénéficié de l'attention toute particulière de deux professionnels réputés : Jacques Wittmer et Hani Kalouti. Le premier est un avocat d'affaires aussi actif que discret, dont le cabinet – l'un des plus grands de Genève – affirme « avoir l'expérience pour résoudre créativement les nombreux problèmes complexes des clients internationaux ». Parmi ces « problèmes complexes », il y a la constitution de structures juridiques plus ou moins compliquées que les puristes appellent « véhicules de placement » et les autres, au choix, sociétés-écrans, sociétés « bidon » ou simplement *offshore*.

Ce service peut coûter très cher : selon une source bancaire, le tandem Abacha-Bagudu a payé au moins 50 000 dollars pour la création des structures destinées à apparaître comme les propriétaires formels de leurs comptes. Contrairement à certaines banques, Jacques Wittmer savait parfaitement qui était le jeune « Mohammed Sani » et avait coutume d'intervenir auprès des banques en sa faveur. Ainsi, en juin 1998, il appelle directement Barings pour la supplier de ne pas fermer le compte des fils Abacha, « compte tenu du décès du père », car l'avocat a besoin de temps pour organiser un nouveau transfert des fonds. Quant au second intervenant, c'est un financier indépendant, ancien employé de la Citibank, possesseur de passeports koweïtien et suisse. Il assurait le placement des fonds sur les marchés internationaux.

Pour convaincre Barings d'accepter leurs fonds, les deux Nigérians, déjà nimbés de l'aura sérieuse et discrète de leur avocat, bombardent la banque de lettres de recommandation. Le vice-président de la Citibank de Londres, Naveed Ahmed, adresse ainsi un message de quatre lignes qui affirme que le client Mohammed Sani est « respectable, fiable et bon pour les engagements bancaires normaux ». Pasteur Mérieux envoie une missive de teneur similaire, qui assure que la société Morgan Procurement « est un partenaire important au Nigeria ». Selon Aventis Pasteur, « rendre ce service faisait partie de la relation commerciale normale ». Il est remarquable de constater qu'en dépit de leur caractère laconique, ces lettres ont atteint leur but : convaincu par les recommandations flatteuses des Nigérians, Barings a ouvert le compte. A l'époque des faits, ces documents extrêmement succincts, émis par des sociétés connues, suffisaient pour garantir à des fonds, même très douteux, le libre passage dans presque n'importe quelle banque. Ce phénomène de transhumance a été facilité par une caractéristique commune aux paradis fiscaux : lorsqu'un établissement suisse, par exemple, a des soupçons sur la probité d'un client ou la provenance de ses fonds, il ne peut pas le dire à ses concurrents, secret bancaire oblige. Les banques peuvent refuser l'argent qu'on leur propose, mais pas l'empêcher de continuer son parcours ailleurs.

Un porteur de valises

Les transferts bancaires sont un bon moyen de cacher son argent, mais il en existe d'autres, dont l'un, aussi primitif qu'efficace, est encore utilisé aujourd'hui. Il y a quelques années, il était parfaitement acceptable pour les banques de recevoir de pleines valises de billets – à condition, comme d'habitude, qu'elles viennent de bons clients. C'était le cas de Danilo Djurovitch, un homme d'affaires suisse actif au Nigeria, notamment dans le pétrole. Djurovitch était fortuné et avait ses entrées à la banque Mirabaud & Cie de Genève, un établissement privé très chic. Au Nigeria, il faisait partie d'un réseau de transports de fonds organisé de la sorte : le conseiller à la sécurité nationale du président, Ismaïl Gwarzo, allait chercher de grands sacs de billets à la Banque centrale, sous la protection des fusils de la garde prétorienne du régime. Il en donnait ensuite le contenu au fils du général Abacha, Mohammed Sani, qui transvasait les millions dans d'autres sacs. Ceux-ci étaient transmis par le directeur d'une filiale de la Compagnie nationale des pétroles, Haruna Abubakar, à Jean-Pierre Decker, un cadre suisse de la société pétrolière Addax. Installée notamment à Londres et à Genève, Addax est un nain comparé aux majors du pétrole comme Elf ou Shell. Mais elle s'était taillé, sous le règne des Abacha, une part significative du riche marché pétrolier du pays.

Une fois entré en possession de l'argent, Decker transmettait les sacs à Danilo Djurovitch, qui les embarquait dans un avion privé. Ces petits appareils à réaction permettent de voyager en comité réduit et confortablement. Ils dispensent aussi ceux qui les utilisent de toute formalité douanière, car il n'y a presque jamais de contrôle aux terminaux privés des aéroports. Arrivé à Genève, Djurovitch allait ensuite porter l'argent dans des banques, en expliquant que l'utilisation intensive de l'argent liquide au Nigeria l'obligeait à transporter physiquement ses millions. Lors d'un seul déplacement, en 1997, il a amené dans deux grandes valises 12 millions de dollars au siège genevois de la Banque Edouard Constant. Une fois l'argent ainsi mis en sûreté, il était versé sur les comptes des fils Abacha. Jean-Pierre Decker appelait ensuite les banques pour s'assurer de la bonne réception de l'argent qu'il avait eu entre les mains au Nigeria.

Les bons comptes et les bons amis d'Indosuez

Le directeur d'Addax au Nigeria, un Français nommé Richard Granier-Deferre, avait un ami banquier, Jean-Jacques Bovay, qui travaillait au Crédit agricole Indosuez (CAI) de Genève. Ses relations suivies dans le monde pétrolier avaient fait de Bovay une sorte de vedette parmi les gérants de fortune de la banque. Son témoignage, livré en novembre 2000 au palais de justice de Genève, est très révélateur de la mentalité de certains financiers de la place.

Selon Bovay, Richard Granier-Deferre, qui avait déjà amené d'autres clients nigérians au Crédit agricole, l'a contacté en 1997 pour lui proposer une affaire lucrative – mais risquée : « M. Granier-Deferre m'a demandé si CAI était prêt à accueillir les comptes de Mohammed Sani Abacha et Mohammed Abba Sani, les deux fils du président Abacha. » D'emblée, le banquier savait donc parfaitement à qui appartenaient les fonds qu'on lui proposait – plus de 50 millions de dollars. Il savait aussi que les sommes provenaient pour partie de la Banque Edouard Constant – là où Djurovitch avait amené ses 12 millions en liquide – qui voulait s'en débarrasser parce que, selon l'expression de Bovay, ses employés « faisaient du nettoyage ». Granier-Deferre avait assuré à son ami que l'argent provenait de « commissions » sur divers contrats. « Pour moi, avoue candidement Bovay, il s'agissait d'un trafic d'influence » qui ne pouvait être « pénalement répréhensible ». « J'estimais ne pas devoir me préoccuper de la question des pots-de-vin », ajoute-t-il, puisque les fils n'étaient pas fonctionnaires… et donc, le banquier n'a procédé « à aucune vérification » sur la provenance des fonds. D'une écriture ronde et un peu enfantine, Bovay a quand même précisé sur le formulaire d'ouverture des comptes que l'essentiel de la fortune des deux fils s'était faite avant l'arrivée de leur père au pouvoir, et qu'elle provenait notamment de compagnies d'aviation. C'était une manière de se dédouaner au cas où des problèmes surviendraient.

Malgré la provenance douteuse des fonds, les comptes sont ouverts. Avec, selon Bovay, l'assentiment du service anti-blanchiment de la banque à Genève et de la direction générale du Crédit agricole, à Paris. L'accord, affirme-t-il, a été donné par téléphone, « compte tenu du secret bancaire ». Par la suite, les comptes ont reçu d'autres versements, dont certains étaient aussi étonnants que considérables : par exemple, ces 27 millions de dollars versés par la China Civil Engineering Corp., active dans les chemins de fer, depuis une obscure banque de Nanyang, en République populaire de Chine.

Jean-Jacques Bovay a aussi expliqué au juge pourquoi il s'est engagé dans une affaire aussi risquée. D'abord, il fallait s'emparer de ces clients, sinon la concurrence s'en serait chargée : selon lui, un autre établissement genevois, la banque Bruxelles-Lambert, était sur les rangs pour accueillir les fonds des deux fils. En outre, chaque gérant est payé en fonction des clients qu'il apporte. Dans sa déposition, Bovay explique qu'il était destiné à bénéficier personnellement de la gestion de certains fonds après son départ de la banque : « Dans le cadre de négociations verbales, il était prévu que j'obtiendrais un contrat d'apporteur qui m'aurait garanti 25 % des bénéfices réalisés par la banque » sur les ouvertures de nouveaux comptes. Finalement, le gestionnaire a été écarté de la banque en 1999, parce qu'il avait été rémunéré, à l'insu de sa hiérarchie, par d'autres clients sensibles, deux ministres et le président du Kazakhstan, un État pétrolier d'Asie centrale considéré comme passablement corrompu.

Les amis de Bovay au sein de la compagnie Addax ont aussi perçu des commissions dodues – probablement 500 000 francs suisses – pour avoir « apporté l'affaire ». Selon Bovay, Granier-Deferre et Jean-Pierre Decker ont reçu cet argent de la banque sur un compte ouvert au nom d'une société-écran, Garlen Trading. C'est également le cas du gestionnaire attitré des Abacha, Hani Kalouti. Il n'y a pas de petits profits dans le monde de l'*offshore*.

2

Au service des grandes fortunes

Les frères Abacha et leurs comparses ne se sont jamais rendus dans une banque sans proposer d'y placer quelques millions – et, bien souvent, ils ont été accueillis à bras ouverts. Les sommes d'argent qu'ils contrôlaient par le biais de leur réseau international les classaient sans effort dans un segment de clientèle que les banques privées du monde entier s'arrachent : les « *high net worth individuals* », que l'on peut simplement traduire par le terme français de « grandes fortunes ». Celui qui a plusieurs dizaines de millions de dollars à confier à un établissement bancaire entre automatiquement dans cette catégorie. Comme les Abacha, il aura droit à un traitement adapté à l'importance de ses avoirs.

Presque toujours, ce service spécial pour les très-riches comprend l'utilisation d'un outil que les affaires de blanchiment ont presque rendu fameux : la société de domicile, dite aussi société *offshore*. La particularité de ces structures est que leur siège social se trouve hors du pays où réside celui qui les possède. La très grande majorité des comptes ouverts pour le clan Abacha était détenue par de telles sociétés. Outre les noms que nous avons déjà cités, on peut donner ceux de Brenstol ltd, Faroly Establishment, Parade Development, Safimex Enterprises… la liste est très longue : en tout, environ 500 sociétés-écrans auraient été constituées dans divers pays pour abriter les fonds venus du Nigeria.

Qu'est-ce qu'une *offshore* ? Pour un avocat genevois, professionnel de la chose comme beaucoup de ses confrères, il s'agit simplement d'« une société que vous pouvez prendre sous le bras ». L'avocat et son client signent une convention[1] qui permet au premier d'administrer la société pour le compte du second. Les documents retraçant les transferts bancaires de la société sont conservés chez l'avocat – en général, ils tiennent dans un petit dossier. Une fois la convention signée, l'avocat téléphone à un bureau spécialisé dans la vente de sociétés, par exemple panaméennes. Il demande quelles sont les sociétés disponibles et, deux minutes plus tard, reçoit une liste de noms. Le nom choisi, tous les documents nécessaires peuvent être apportés en une heure au bureau de l'avocat : le certificat d'actions, les statuts, l'acte constitutif, sans oublier une résolution du conseil d'administration panaméen donnant à l'avocat le « pouvoir général » d'administrer la société. La constitution d'une société panaméenne coûte 1 000 dollars, plus 150 dollars par an environ pour les frais administratifs. Dans la plupart des cas, le rôle de la structure se limite à détenir un compte bancaire à son nom, ou une participation dans une autre société.

Cette entité virtuelle – la société n'a pas de bureau, pas de personnel et pas d'activité autre que comptable – a plusieurs avantages pour le client. Créer une *offshore*, c'est d'abord se protéger soi-même, car posséder une société permet d'effectuer toutes sortes de transactions sans engager sa responsabilité personnelle, et donc ses biens, en cas de litige ou de dettes. Ensuite, dans toutes les transactions financières, l'utilisation de la société permet à l'ayant droit initial de ne pas apparaître comme émetteur ou récipiendaire des fonds. Le nom de

1. Une telle convention est dite « de fiducie » : l'investisseur remet son bien à un tiers, le « fiduciaire », qui en assure la gestion et apparaît dans toutes les transactions comme le propriétaire effectif des fonds. Ce mécanisme de dessaisissement est largement utilisé dans le monde de la finance *offshore*. Certains pays, en particulier la France, ne reconnaissent pas la validité des systèmes de fiducie.

l'actionnaire principal de la société de domicile n'est en effet connu que d'un petit nombre de gens : quelques personnes dans la banque où les fonds sont déposés – mais c'est une évolution récente –, l'avocat qui l'a constituée, et un ou deux confrères à l'étranger, là où la société est enregistrée. Lorsque cette juridiction n'exige pas que le propriétaire des actions soit inscrit dans un registre public et qu'elle empêche la communication de données bancaires à des tiers, le nom du possesseur réel de la société peut être extrêmement malaisé à trouver pour qui n'est pas dans la confidence. Les avocats ou les détectives qui recherchent des fonds déposés dans un paradis fiscal savent que le mur invisible que constituent les sociétés-écrans peut être terriblement difficile à percer : « Je travaille souvent pour des gens qui recherchent en Suisse des fonds de leur ex-conjoint, d'un associé, ou de quelqu'un qui les a escroqués, explique un détective genevois. J'ai vu de grands cabinets d'avocats anglo-saxons passer deux ans de recherches intensives à tenter de percer une structure *offshore*. En principe, c'est impossible. Mais il y a parfois des gens qui parlent dans les cabinets d'avocats ou les fiduciaires qui ont constitué la société. On peut réussir à les piéger, en donnant des coups de fil bidon, ou en les infiltrant… »

Les sociétés de domicile n'ont jamais été l'apanage d'une poignée de criminels machiavéliques. Elles sont un produit de consommation courante dans le monde des grandes fortunes, comme le montre l'exemple d'Arlette Ricci. Cette dame a passé le plus clair de l'automne 2001 à l'hôtel La Cigogne, un établissement discret du centre de Genève. A 330 francs suisses la nuit, il y a tout de même de quoi ruiner un cadre bien payé – et la maison ne fait pas de rabais pour les séjours de longue durée. Mais Arlette Ricci appartient à une classe différente, celle des millionnaires. Elle a vécu en Suisse, aux Bahamas, au Canada et en Australie. Le cosmopolitisme est un luxe qu'elle n'a aucun mal à s'offrir. Sa tenue témoigne de son appartenance à la bonne société européenne : cheveux tirés en arrière, chemisier rayé, broches en diamant et collier de perles. Elle s'exprime parfaitement dans plusieurs langues.

En 1980, son mari, Giovanni Ricci, un Italien devenu très riche après avoir hérité de la fortune familiale, décide de mettre son argent à l'abri, en Suisse. Il transfère environ 30 millions de francs suisses vers la Banque scandinave à Genève. L'argent n'est pas déclaré, et, comme Giovanni Ricci s'entend de plus en plus mal avec sa femme, il lui cache l'existence de ce patrimoine. Pour plus de discrétion, son avocat genevois, Bernard Lachenal, un spécialiste du service aux étrangers fortunés, crée deux sociétés de Curaçao, dans les Antilles néerlandaises : Finadato et Lenora. L'avocat en est l'administrateur, le riche Italien l'actionnaire unique. Sur les documents bancaires de l'époque, le nom de Giovanni Ricci n'apparaît nulle part : les titulaires officiels des comptes, ce sont Lenora et Finadato.

Arlette Ricci a son idée sur l'utilisation de ces sociétés : « Mon mari ne voulait pas que j'hérite de sa fortune, parce qu'il avait une maîtresse. Ces sociétés ne servent qu'à cacher le nom du propriétaire véritable. Si vous n'avez pas un plan de cachotteries, c'est inutile. Surtout que les gens qui s'occupent de ces sociétés, il faut les payer des millions. C'est comme cela que ça se passe en Suisse. En plus, les sociétés de mon mari possédaient des comptes dans plusieurs banques : c'est leur manière d'agir à ces gens-là, ils divisent tout et ça devient tellement compliqué. » Arlette Ricci est encore persuadée qu'à force de cachotteries, une partie de la fortune de son défunt mari dort toujours quelque part dans une banque suisse, ce que les avocats de ce dernier démentent énergiquement. Quoi qu'il en soit, ce témoignage montre que les mécanismes utilisés par les Abacha – sociétés-écrans, constituées et gérées par une équipe de professionnels, comptes en banque multiples, parfois dans plusieurs pays – sont un attribut classique du « vieil argent » européen, aussi sûrement que la bonne élocution, les broches et les cheveux tirés en arrière de Mme Ricci. Les politiciens corrompus du tiers-monde n'ont fait que les adopter, comme ils avaient auparavant adopté le costume-cravate occidental.

Montage à la mexicaine

Si l'on en croit les professionnels de la finance *offshore*, les très-riches qui constituent leur clientèle sont d'éternels angoissés : plus leur fortune s'accroît, et plus devient pressant leur besoin de discrétion. La complexité des « cachotteries » augmente donc avec les moyens dont on dispose, comme augmente la crainte d'être dépouillé d'une partie de son argent par un membre de la famille, par un créancier, ou par les autorités. Les clients les plus fortunés sont donc demandeurs de montages très compliqués et très chers – les 50 000 dollars déboursés par les Abacha chez Jacques Wittmer n'ont rien d'exceptionnel pour ce genre de service.

Un bel exemple d'une telle structure, appelée « *trust* à plusieurs couches », a été analysé par les enquêteurs qui se sont penchés sur la fortune de Raul Salinas, frère de l'ancien président du Mexique. En 1992, un homme d'affaires présente Raul Salinas à une gestionnaire de fortune, Amy Elliott, qui travaille alors pour le géant américain Citibank. Raul veut rester très discret, car, dit-il, il a peur que l'existence d'un compte lui appartenant à l'étranger puisse être utilisée contre son frère. Citibank fait alors appel à une filiale suisse spécialisée dans la construction de montages ultra-opaques, Confidas, basée à Genève. Beaucoup de banques privées de la place – par exemple ABN-Amro, UBP ou Lloyd's – disposent de telles filiales, qui remplissent la même fonction qu'un cabinet d'avocats d'affaires et permettent aux banques d'offrir un service très complet en matière de sociétés-écrans ou, comme on dit dans le jargon, de « véhicules de placement ».

Lors de la mise en place du montage, un employé de Confidas écrit : « Le client a un haut besoin de confidentialité vu son arrière-plan familial. Amy [Elliott] ne saura même pas les noms des compagnies… Veuillez noter que le client est très sensible à l'usage de son nom et ne veut pas qu'il circule dans la banque[1]. »

Cititrust, une autre filiale de Citibank implantée aux îles Cayman, dans les Caraïbes, crée donc la société Trocca. Seul un document conservé aux îles Cayman, juridiction britannique qui, à cette époque, interdisait strictement la communication de ce genre d'informations à des tiers, mentionne Raul Salinas comme étant le propriétaire réel de Trocca. En outre, une poignée d'employés de Confidas et de la banque en Suisse – que la loi obligeait déjà à connaître les possesseurs de comptes – était dans la confidence.

Les « actionnaires » et « directeurs » de Trocca étaient d'autres structures *offshore*, Brennan ltd, Buchanan ltd et Tyler ltd. Le propriétaire de Trocca était un *trust* (fiducie), c'est-à-dire une structure par laquelle le client remet ses fonds à un tiers désigné par lui, le *trustee* (fiduciaire), en général un avocat, qui doit les gérer selon ses instructions, et le plus souvent à son profit exclusif. Son utilisation permet notamment de conserver une fortune indivise, ce qui évite des querelles entre les héritiers. Elle permet aussi aux millionnaires et milliardaires de payer moins d'impôts, puisque le patrimoine mis à la disposition du *trust* ne leur appartient plus – c'est du moins ainsi que le veut la théorie. Dans la pratique, toutefois, il est très fréquent que les banques acceptent des ordres directement de l'ancien possesseur des fonds, sans jamais consulter le *trustee*. Physiquement, le *trust* peut se réduire à deux documents, un acte de fondation et une liste des bénéficiaires au profit desquels les actifs doivent être gérés.

Le *trust* de Raul Salinas était désigné par un sigle mysté-

1. Sous-comité permanent aux investigations du Sénat américain, *Private Banking and Money Laundering : A Case Study of Opportunities and Vulnerabilities*, Rapport de minorité, Washington DC, 9 novembre 1999.

rieux, PT-5242. Confidas assurait sa gestion administrative, ainsi que celle de la pyramide de sociétés qu'il contrôlait. En 1995, les autorités suisses ont bloqué 27 millions de dollars à la Citibank de Genève, et 105 millions dans d'autres banques. Les enquêteurs suisses et américains estiment que cet argent provenait de cartels de la drogue, et représentait leurs droits de passage à travers le territoire mexicain, que Raul Salinas pouvait assurer grâce à ses connexions familiales. Lui prétend qu'il s'agit d'un simple « fonds d'investissement » alimenté par ses amis [1].

Comment les sociétés-écrans permettent-elles de payer moins d'impôts ? Prenons l'exemple d'une structure que son propriétaire, un jeune entrepreneur suisse, a mise en vente par petites annonces pour 50 000 francs. On commence par créer une société anonyme (SA) en Suisse, ce qui est la partie la plus coûteuse de l'opération. A Londres, une société anglaise détient les actions de la SA suisse. Une société de Gibraltar détient les actions de la société anglaise. Si la société suisse fait des bénéfices, ceux-ci sont versés sur les comptes ouverts en Suisse par la maison mère de Gibraltar... ce qui réduit les impôts et permet aux actionnaires de toucher leurs dividendes en tout anonymat. Ce montage peut être entièrement créé depuis Genève, par des avocats spécialisés, une banque ou des sociétés de révision comptable. Cette attractivité fiscale explique que les structures *offshore* soient devenues incontournables dans pratiquement toutes les transactions commerciales internationales d'envergure. Mais tous les pays ne les pratiquent pas avec le même enthousiasme. La France, par exemple, impose le patrimoine qu'un contribuable détient par le biais d'une société-écran de la même façon que s'il lui appartenait directement. Cela explique que la France ne soit pas un centre

1. Au début 2002, dix ans après l'ouverture des premiers comptes, les informations recueillies dans le cadre de l'enquête suisse ont été transmises au Mexique.

important de distribution de ce type de structure, au contraire de la Suisse : on estime qu'un tiers des quelque 400000 sociétés panaméennes existantes a été vendu à Genève.

Pavillons de complaisance

Il est fréquent que des sociétés *offshore* possèdent des objets de valeur à la place de gens riches. Les bateaux de luxe sont ainsi presque toujours détenus par des sociétés du Luxembourg ou des îles Anglo-Normandes. Par exemple, le promoteur immobilier franco-libanais Christian Aouad, poursuivi par des créanciers, peut très bien prétendre que le *Sirena A*, un joli yacht ancré dans le port de Nice, ne lui appartient pas, même s'il l'utilise régulièrement pour ses vacances. Formellement, le navire est en effet propriété de Byron Ventures ltd, une société anglo-normande. Dans le contrat de droit belge qui fait de Byron Ventures le propriétaire du *Sirena A*, Aouad n'apparaît qu'à titre de « garant personnel » du navire.

De même, on pourrait penser que la richissime Mouna Ayoub possède le plus grand voilier du monde, le *Phocéa*. Cette femme très médiatisée qui aime porter des robes en or massif donne régulièrement des entretiens télévisés sur ce navire. Pourtant, le *Phocéa* bat pavillon des îles Cayman et appartient légalement à une obscure société des îles Anglo-Normandes, Tranquil ltd, dont les liens avec Mouna Ayoub ne sont pas connus avec précision. Si l'on désire louer ses six doubles cabines, ses jet-skis et ses quatorze membres d'équipage – compter 175000 dollars la semaine – il faut s'adresser à Tranquil, qui n'est qu'une boîte postale domiciliée chez un spécialiste de la gestion de navires de luxe, Sarnia Yacht, à Guernesey. Ce type de subtilité juridique peut se révéler utile, par exemple si un ex-mari manifeste des prétentions financières et songe à faire saisir le navire.

Produit de luxe, mais aussi produit de masse, les sociétés de domicile sont disponibles en différentes variétés. La société anonyme suisse ferait une magnifique *offshore* – il n'y a pas besoin de divulguer les noms des actionnaires – si elle n'était pas si chère : au moins 50000 francs suisses. La panaméenne est une classique du genre, avec des coûts de fonctionnement réduits. Appelées « BVI » (dire « biviaye » pour ne pas être ridicule), les 250 à 400000 sociétés des îles Vierges britanniques sont encore plus simples administrativement que les panaméennes. Les Delaware, du nom de l'État américain qui les héberge, peuvent se commander par Internet en quelques jours et pour quelques centaines de dollars. Les uruguayennes garantissent un anonymat total. Et ainsi de suite… selon les Nations unies, il pourrait y avoir dans le monde quelque 3 millions de sociétés-écrans.

Ces dernières ont peut-être connu leur heure de gloire au cours des années 1980, lorsque leur nombre a explosé. A l'ère du moins-d'État et de la libéralisation des mouvements de capitaux, posséder une *offshore* passait pour un signe de richesse, de sophistication et d'intelligence. Mais, au cours des dernières années, ce véhicule quasi indispensable du placement extraterritorial a quelque peu perdu de sa superbe. Efficaces contre les créanciers divers, les sociétés de domicile le sont moins face à la justice pénale. En Suisse, l'obligation faite aux banquiers depuis le début des années 1990 de connaître le propriétaire réel des fonds a rendu possible cette évolution. Les banques ont bien tenté de freiner les ardeurs de la justice en prétendant qu'elles ne pouvaient donner des documents concernant des comptes ouverts par leurs nombreuses filiales des Caraïbes. En 1993, le procureur général de Genève Bernard Bertossa a sèchement balayé cet argument : « Une banque suisse ne saurait se prévaloir d'un secret bancaire auquel serait prétendument liée une filiale étrangère pour refuser la production de documents qu'elle possède elle-même », notait-il dans un mémoire. Le procureur avait bien compris que la localisation de comptes aux Bahamas est souvent de pure forme et que la gestion effective de l'argent continuait à se faire en Suisse. Depuis, la plus haute juridiction suisse, le Tribunal fédéral, a accéléré l'érosion du pouvoir dissimulateur des sociétés *offshore*. Il a refusé de reconnaître à Kourtas, une fondation liechtensteinoise contrôlée par le président du Gabon Omar Bongo, toute forme d'immunité diplomatique. Il a tourné en dérision les avocats de la famille Bhutto, qui tentaient de s'opposer aux progrès de l'enquête en invoquant le respect des droits de l'homme au Pakistan. Les fonds des Bhutto étaient déposés dans les banques au nom de sociétés des îles Vierges (Capricorn Trading et autres) créées par leur avocat suisse. « On ne voit pas en quoi elles pourraient être concernées par la situation des droits de l'homme au Pakistan », notait le Tribunal dans un jugement rendu à l'automne 2001. Les sociétés-écrans ne sont plus exactement ce qu'elles étaient [1].

Beaucoup d'œufs, beaucoup de paniers

Les riches clients internationaux des banques suisses ont parfaitement intégré le vieil adage qui veut que l'on ne mette pas tous ses œufs dans le même panier. La famille Abacha, par exemple, a pris soin de disperser les fruits de son énorme pillage entre plusieurs pays : on a identifié des fonds provenant du Nigeria dans au moins neuf juridictions, notamment Londres, Jersey, la Suisse et le Luxembourg. Dans chaque pays, plusieurs banques ont été utilisées. En Grande-Bretagne, des fonds ont été repérés dans 23 établissements ; en Suisse, 17 banques ont été en contact, à un moment ou à un autre, avec l'argent du clan. Cette dispersion méthodique des avoirs s'explique par le souci qu'avaient les Abacha de ne pas attirer

1. Plusieurs organisations internationales étudient actuellement les moyens d'en limiter l'usage, voire d'interdire certaines formes de véhicules. Au sujet de ces organisations, lire la troisième partie du livre « Sus aux paradis ».

l'attention sur eux en déposant trop d'argent dans une seule banque. Mais elle est pratiquée par tous les clients très fortunés qui placent leur argent à l'étranger : utiliser plusieurs banques, c'est limiter les risques que son patrimoine puisse être affecté par les problèmes financiers d'un établissement. C'est aussi se prémunir contre les effets du blocage, à la demande d'un tiers, d'une partie des fonds. Ensuite, comme le montre l'affaire Abacha, tout ce dont l'argent a besoin pour circuler d'un établissement à l'autre, ce sont des lettres de recommandation de grandes sociétés et la bonne réputation d'un avocat ou d'un gérant de fortune.

Ajoutée à l'utilisation de véhicules *offshore*, cette diversification est d'une redoutable efficacité pour retarder les enquêtes judiciaires. En cas d'escroquerie et de détournement de fonds, elle empêche en effet la plupart des victimes de récupérer leurs biens. Il faut beaucoup de temps et beaucoup d'avocats – donc beaucoup d'argent – pour retrouver des sommes éparpillées entre plusieurs juridictions. La banque SASEA, qui fut à l'origine de l'une des plus retentissantes faillites frauduleuses de l'histoire suisse, utilisait 250 sociétés de domicile pour ses opérations financières. Aujourd'hui, plus de dix ans après l'effondrement de la banque, ses victimes continuent à rechercher leur argent. Dans de nombreuses affaires de ce type, les lésés se heurtent à la mauvaise volonté d'autorités judiciaires débordées, qui tirent prétexte du caractère international d'une procédure pour se déclarer incompétentes et transmettre le dossier à un autre pays, à une autre justice, généralement pas moins débordée et pas moins incompétente.

L'éparpillement international des opérations permet aussi de dérouter les juges, dont peu sont formés à la criminalité financière internationale. Les visiteurs du palais de justice de Genève, une ancienne prison réaménagée dans un style post-moderne luxueux et froid, remarquent parfois la présence, dans les cabinets des juges d'instruction, d'immenses diagrammes composés de rectangles colorés et de flèches entrecroisées. Il s'agit de reconstitutions informatiques, produites au moyen d'un logiciel spécial, des transactions financières découvertes dans des procédures de criminalité économique. Ces schémas, souvent d'une extrême complexité, peuvent occuper des parois entières, et atteindre des dimensions fort encombrantes. L'un des plus grands diagrammes de ce type, haut de deux mètres et large de trois, a été réalisé au cours de l'enquête concernant l'ancien Premier ministre ukrainien Pavlo Lazarenko. Arrêté à Bâle avec un passeport panaméen de complaisance, il purge une peine de prison aux États-Unis. On le surnommait « Monsieur 20 % » parce qu'il prenait toujours sa part des contrats qu'il approuvait lorsqu'il était en fonction, au début des années 1990. Quelque 200 millions de dollars ont ainsi rempli les poches du Premier ministre.

Mis au point par un homme d'affaires ukrainien qui travaillait pour Lazarenko, le parcours suivi par les fonds entre 1994 et 1998 est un véritable chef-d'œuvre de complication – et une vraie torture pour les enquêteurs qui ont eu la lourde tâche de le démêler. Sur le diagramme, fruit de deux ans de patient labeur, on constate que le politicien avait déposé, entre 1996 et 1998, 86 millions de dollars sur un compte ouvert à la banque genevoise SCS-Alliance. Une partie de la somme a été ensuite retirée en liquide, une autre a été virée sur d'autres comptes ouverts dans la même banque. L'argent est reparti sous forme de chèques vers une banque des Bahamas, avant de continuer sa course dans une banque de Vienne, et aux États-Unis… Les sommes venues d'Ukraine ont utilisé plusieurs portes d'entrée dans le système bancaire : une banque en Pologne, une banque à Amsterdam, une autre à Londres, sans oublier bien sûr celle de Genève. Puis elles se dispersaient entre Zurich, la Hongrie, le Liechtenstein et Chypre. La machiavélique complexité de ce système a notablement compliqué le travail de ceux qui ont tenté de retrouver les fonds.

Vrais-faux passeports

Lazarenko et son passeport panaméen ne sont pas le seul exemple d'une usurpation d'identité par des clients de banques suisses. Ce procédé paraît même presque aussi courant que l'utilisation de sociétés *offshore* et de circuits financiers complexes. Parfois, les banques savent parfaitement que leur client dispose d'une fausse identité. Ainsi, le frère du général Abacha, Abdulkadir, s'est métamorphosé en 1996 en « Abdul Kadiri » grâce à un passeport nigérian mis à sa disposition par le gouvernement. Selon une note interne de la banque UBP, Abdulkadir aurait expliqué que « son nom de famille ne figurait plus [sur le document] étant donné que le président porte le même nom ». Les deux fils du général Abacha ont utilisé la même méthode pour ne pas se faire repérer. Leurs passeports nigérians – authentiques mais porteurs de noms fictifs – étaient établis aux noms d'Alhaji Sani Mohammed et d'Abba Mohammed Sani, ce qui leur a permis d'entrer au Credit suisse sans être immédiatement associés au dictateur. Raul Salinas avait également un second passeport, établi au nom de Juan Guillermo Lopez Gutierrez, qui était déposé dans un coffre de la banque Pictet & Cie, à Genève.

Le second passeport, parfois établi sous un nom d'emprunt, est à la portée de n'importe qui, à condition d'avoir de l'argent. Devenir citoyen du Belize, un petit État d'Amérique centrale, prend quatre semaines et coûte de 50 000 à 60 000 dollars. Nul besoin d'avoir mis les pieds dans le pays : il suffit de payer et d'avoir « bon caractère », selon la terminologie officielle. En principe, un casier judiciaire vierge est obligatoire, mais une « déclaration sous serment » suffit « si vous avez du mal à obtenir ce certificat du service de police », comme l'explique le site Internet d'une société financière canadienne spécialisée dans l'obtention de ces passeports. Le second passeport est notamment utile si « vos biens font l'objet d'un litige de la part de vos débiteurs ou de votre ex-conjoint(e), ou si vous êtes très fortement imposé ». Sur ce marché, Belize est en concurrence avec d'autres juridictions comme la Grenade, dont le passeport coûte moins cher (40 000 dollars), est disponible plus vite (sept jours), tout en offrant des avantages similaires : « protéger et jouir des fruits de votre labeur » et « le placement sûr et confidentiel des avoirs »[1].

Les clients, grands et petits

Si notre touriste curieux retournait au boulevard du Théâtre, point de départ de son excursion dans le « Chicago du crime financier », il ne verrait autour de lui que des immeubles bourgeois, luxueux et sévères. La plaque de métal doré fixée à côté de l'entrée est souvent le seul indice permettant de comprendre quelles activités se pratiquent derrière les façades en pierre de taille. Encore est-elle, souvent, peu explicite. Les banques privées genevoises, considérées en Suisse comme la crème de la crème de la gestion de fortune, se contentent de leurs initiales : M & Cie ; D, H & Cie ; L, O & Cie. En principe, on ne pénètre pas dans ce genre d'établissement par simple curiosité. Pour entrer, il faut appartenir au peuple des *high net worth*, des millionnaires.

Presque personne ne vit dans ce quartier. Parfois, les pas d'un banquier ou le ronronnement d'un moteur de fourgon blindé perturbent le calme de la rue. Le long du boulevard se trouve la banque Mirabaud & Cie, l'une des plus aristocratiques de la ville et de Suisse. Sa porte en bois est très haute, épaisse, intimidante. En entrant, on se trouve face à une volée de marches qui rend plus solennelle la silhouette de l'huissier posté derrière la paroi vitrée d'une seconde porte. Elle ouvre sur

1. Toutes ces informations sont disponibles sur le site www.belize.com et sur les liens afférents.

un atrium de marbre, classique et sans excès : la finance calviniste de la ville a le goût de cette forme particulière de modestie que les Britanniques nomment *understatement.* C'est là que veillent deux huissiers, dont les visages se penchent avec sollicitude vers les visiteurs. Ici, comme dans les autres banques privées, on ne vous demandera jamais qui vous êtes, ou ce que vous venez faire. Ce serait un crime de lèse-client, une violation grossière du secret bancaire de la part de l'huissier... Non, il suffit de dire avec qui vous avez rendez-vous, et l'on vous conduira immédiatement dans un salon privé, décoré de tableaux anciens figurant des paysages alpestres, où vous resterez seul pendant quelques instants. Il ne faut pas que les clients traînent trop dans le vestibule : ils pourraient y croiser d'autres clients, et même, dans le pire des cas, quelqu'un qui pourrait les reconnaître. Lorsqu'il vous conduit vers le petit salon privatif où vous pourrez vous entretenir en toute quiétude avec votre banquier, l'huissier marche d'un pas rapide. Il s'agit de minimiser le risque, déjà infime, de contact entre clients. Dans les couloirs silencieux, on ne croise que des huissiers et des portes de coffre-fort. A toutes les fenêtres, des rideaux opaques protègent l'intérieur de la banque des regards indiscrets. Les portes des petits salons où l'on reçoit les visiteurs sont d'une épaisseur stupéfiante – plusieurs centimètres de bois dur, recouverts d'un capitonnage de cuir rouge qui leur donne une courbure évocatrice d'abondance et de richesse. Cet ornement n'est pas uniquement esthétique. Le revêtement de cuir étouffe les sons et décourage l'indiscret qui aurait l'idée d'écouter aux portes. Un luxe de précautions : l'expression prend tout son sens dans les couloirs vides et feutrés des banques privées.

Cette discrétion poussée à l'extrême s'explique par la mentalité particulière des clients. Les très-riches – c'est du moins ainsi que les voient les professionnels qui gèrent leur fortune – sont en permanence travaillés par la crainte de perdre. Ceux qui résident dans les pays moins développés redoutent les coups d'État, la guerre, l'effondrement économique. Ceux qui travaillent dans des pays riches où les impôts sont élevés – la France, l'Allemagne ou l'Italie, partout où les prélèvements obligatoires dépassent ou approchent 50 % – tentent de mettre leur patrimoine hors de portée du fisc. Tous peuvent vouloir se prémunir contre les prétentions d'un ex-conjoint, les exigences d'héritiers dépensiers, ou les querelles juridiques qui peuvent déchirer une famille lorsqu'elle doit partager une fortune entre ses membres. « Le but des gens est de continuer à protéger l'indépendance de leur famille, sans déclarer l'argent, pour que l'État ne le prenne pas », explique un haut responsable de l'UBS. « Certains ne veulent pas que leurs enfants sachent que papa a de l'argent. Ils nous disent de ne parler à personne d'autre qu'eux, même pas à leur femme ou leurs enfants », ajoute un collègue du Credit suisse. Pour beaucoup de clients, confier leur argent à une banque helvétique est encore le meilleur moyen de calmer cette angoisse d'être riche.

Le service VIP

Dans les banques qui, comme Mirabaud & Cie, pratiquent la gestion de fortune, les clients importants, par quoi on entend généralement ceux qui possèdent plusieurs dizaines de millions de francs suisses, ont droit à un traitement spécial. Leur gestionnaire prend en charge le traitement de l'ensemble de leur patrimoine, des bateaux aux immeubles en passant par le placement en Bourse.

L'ancien maire de la ville brésilienne de São Paulo, Paulo Maluf, entrait dans cette catégorie privilégiée. A la Citibank de Genève, un impersonnel cube moderniste situé le long du Rhône, sa fortune – 100 millions de francs au bas mot – était contrôlée par un *trust* familial, théoriquement créé au profit de ses enfants. Héritier d'une riche famille d'industriels, Maluf a été gouverneur de la province de São Paulo durant la dictature militaire des années 1970, puis maire de la gigantesque mégalopole (plus de 10 millions d'habitants) dans les années 1990. La justice brésilienne l'a soupçonné d'avoir alimenté illégalement son compte – jamais déclaré aux autorités de son pays – grâce aux chantiers de travaux publics entamés à l'époque où il était maire. La gestion de son argent était confiée aux bons soins d'une cellule de banquiers spécialement affectée aux clients très riches et appelée « *T-group* ». Ces groupes d'élite assignés aux très grandes fortunes existent dans la plupart des banques privées.

Il n'est pas indifférent de constater que l'avocat de Paulo Maluf n'était autre que le discret Jacques Wittmer, et que c'est à la Citibank que travaillait le financier koweïto-suisse Hani Kalouti, qui a géré l'argent des clients nigérians de l'avocat. Les deux hommes œuvraient main dans la main pour gérer la fortune de Maluf, le rencontrant à plusieurs reprises au Brésil ou en Europe, notamment dans un palace de Cannes. Comme cela arrive souvent, Paulo Maluf se faisait assister de proches parents : son fils, Flavio, appelait régulièrement Genève pour s'enquérir du devenir du patrimoine caché de la famille. C'est d'ailleurs en vérifiant les appels passés par les Maluf que les enquêteurs brésiliens ont découvert l'existence de leur compte suisse. L'argent fut transféré en 1997 à la Deutsche Bank de Jersey, là où ont abouti certains fonds nigérians dont s'occupait Jacques Wittmer. A ce niveau, quand les fortunes se comptent en centaines de millions de dollars, le monde devient vraiment un village.

Les noms de ces clients privilégiés sont le secret le plus jalousement gardé par les banques. Certains d'entre eux, les plus célèbres, circulent cependant dans les milieux financiers. Parmi les autres clients du *T-group* de la Citibank, on compterait ainsi le cheikh Ahmed Zaki Yamani, ancien ministre du Pétrole de l'Arabie Saoudite, dont la fortune s'élève sans doute à plusieurs milliards de dollars.

C'est aussi le pétrole qui a fait du sultan de Brunei, petit État enclavé dans le territoire de la Malaisie, l'homme le plus riche du monde. Selon plusieurs banquiers, il fait gérer des milliards de dollars à l'UBS de Zurich. Un tel client mobilise en permanence une équipe de gestionnaires pour lui tout seul : au moins dix personnes assurent un suivi constant de son patrimoine. L'UBS, dont la division « banque privée » est la plus grande du monde avec plus de 700 milliards de francs suisses sous gestion en 2001, possède quelques autres clients de ce calibre, dont beaucoup viennent du golfe Persique. La famille royale saoudienne, qui contrôle une fortune si vaste qu'elle est pratiquement incalculable, disposerait de plusieurs centaines de millions de francs dans cet établissement, répartis entre Genève et Zurich. L'émir du Qatar aurait plusieurs milliards de francs dans la même banque. Ces milliards furent bloqués par la Suisse en 1995, lors d'un coup d'État qui vit l'actuel émir succéder de force à son père. Les deux hommes finirent par se partager l'argent à l'amiable, mais cet épisode fit douter certaines têtes couronnées du Golfe de la fiabilité du havre bancaire suisse : leur argent serait-il aussi bloqué si un coup d'État se produisait chez eux ? La banque – qui s'appelait alors Société de banque suisse ou SBS[1] – dépêcha dans le Golfe une délégation de hauts responsables pour rassurer les monarques inquiets. Ces voyages de haut niveau font aussi partie du service.

Un autre membre de la famille royale qatarie fait gérer son argent à Genève : le très influent Hamad Al-Thani, ministre des Affaires étrangères et oncle maternel de l'émir, qui disposerait de plusieurs centaines de millions dans une banque de la place. Il est surnommé « Monsieur 10 % », car ses revenus proviennent largement de commissions prélevées sur les contrats signés par les compagnies pétrolières étrangères avec le Qatar. Mais les monarques qui ont choisi de faire confiance à

1. L'Union de banque suisse et la SBS ont fusionné en 1998 pour donner naissance à l'UBS actuelle.

la place financière suisse ne viennent pas tous du Golfe : selon un ancien employé de Paribas, une partie de la fortune du prince Rainier de Monaco était gérée dans la filiale genevoise de l'établissement français.

Pour satisfaire les exigences de ce genre de clients, les plus grandes banques privées genevoises disposent dans leurs murs d'équipes de cuisiniers qui peuvent servir à tout moment des repas fins dans de la vaisselle de porcelaine. Les très-riches peuvent occuper pendant plusieurs jours des salons privés pour éplucher leurs comptes en toute quiétude, avec l'assistance de plusieurs gestionnaires. Mais le service qui leur est dû ne s'arrête pas aux portes de la banque. Pour d'évidentes raisons de discrétion, c'est souvent par le biais d'une rencontre en tête-à-tête, et non par téléphone, que les banques et leurs plus grands clients maintiennent un contact régulier. Lorsqu'une personnalité importante lui fait l'honneur de se déplacer en Suisse pour vérifier l'état de sa fortune, il arrive que la banque organise entièrement son voyage. Comme l'explique un employé de la banque privée Jacob Safra, « pour les clients VIP, ceux qui sont au-delà de 50 millions de francs, il existe chez nous une cellule qui s'occupe spécialement d'eux, pour leur donner le traitement VIP. On sait exactement ce qu'ils aiment, on offre des fleurs et des cigares, et on envoie la limousine à l'aéroport ». Le banquier réserve aussi les suites que les clients occuperont dans leur palace. Il accompagne Madame faire des courses dans les magasins de luxe, ou achète lui-même bijoux, fourrures et chocolats, sur instruction de ses clients. Il pousse parfois l'abnégation jusqu'à distraire les enfants des clients en les emmenant dans les discothèques pour riches de Genève, une ville qui a la réputation partiellement méritée d'être assez ennuyeuse la nuit.

Un certain nombre de super-riches sont allés plus loin et ont créé en Suisse des structures qui se consacrent uniquement à la gestion de leur fortune : on appelle cela des *family offices* ou « bureaux de famille ». Ces organisations comptant de un à cinquante employés sont en principe réservées aux fortunes d'au moins 250 millions de dollars. L'un des hommes les plus riches de Grande-Bretagne, Bernie Ecclestone, le maître de la Formule 1, fait gérer son immense fortune – au moins 3 milliards de dollars – avec l'aide d'une société discrète du centre de Genève, MWM Management. Le directeur de MWM, Jürg von Ins, se décrit lui-même comme un « conseiller financier » essentiellement au service « d'un seul gros client », que sa pudeur d'ex-banquier suisse lui interdit de nommer. Seul devant la multitude d'écrans qui remplissent les bureaux de sa société, son rôle est d'effectuer les opérations bancaires – achat d'actions ou d'autres titres – au meilleur prix, en comparant les tarifs pratiqués par les banques. Mohammed Al-Fayed, milliardaire égyptien actif dans la distribution et père du dernier compagnon de la princesse Diana, peut compter à Genève sur les services d'un gestionnaire italien assez dandy. D'autres « offices de famille » comprennent surtout des fiscalistes : leur rôle est alors essentiellement d'aider les clients de la banque dont ils dépendent à s'installer en Suisse. Ce service d'immigration très spécial a remporté un grand succès auprès d'Européens extrêmement riches et parfois célèbres[1].

La plupart des grandes fortunes disposent en Suisse d'un homme de liaison qui surveille la gestion de leur argent par les banques. Ainsi, le très rigoriste cheikh Ali ben Mussalam, qui a négocié l'achat par l'Arabie Saoudite de frégates françaises La Fayette, dispose à Genève d'un financier personnel qui fait aussi office de traducteur et de guide dans le milieu bancaire local. La société de ce dernier, Alcifinances, sert en quelque sorte de « bureau de famille » au cheikh, dont la fortune est estimée à quelques centaines de millions de francs suisses.

Certaines fortunes sont si grandes que le directeur de la banque lui-même en devient le gestionnaire attitré. Zouari

1. A ce sujet, voir chapitre 3.

Mardam, ancien directeur général de la Swiss-Saudi Bank de Genève, a longtemps fait office d'homme de liaison de la famille royale saoudienne sur place. « Il leur trouvait les jets privés pour se déplacer rapidement et intervenait dans les transactions », confie un banquier qui l'a côtoyé. De même, l'un des directeurs de la filiale de la Citibank de Genève, Michael Jensen, passe beaucoup de temps au service du prince saoudien Al-Walid, célèbre pour sa frénésie d'investissements de par le monde.

Le *nec plus ultra*, c'est de disposer d'une banque entièrement à son service. C'est ainsi que la filiale genevoise de la banque Lloyd's a été créée à l'origine pour servir un seul client, le prince Aga Khan, commandeur des Ismaéliens, une communauté religieuse implantée en Asie centrale. On raconte que sa fortune familiale a été constituée grâce aux offrandes des fidèles qui donnaient chaque année à l'Aga Khan son poids en or et en pierreries. La pratique a depuis été abandonnée, mais Sadruddin Aga Khan est toujours un client de la Lloyd's, et un directeur général adjoint de l'établissement s'occupe personnellement de ses comptes.

Le prix du secret bancaire

Bien que leur nombre soit en augmentation, les milliardaires demeurent une espèce très rare. Selon le magazine *Forbes*, la terre entière ne comptait pas plus de 475 spécimens en 2001, dont 274 aux seuls États-Unis[1]. On compte davantage de fortunes de plus de 100 millions, quelques milliers d'individus dont la répartition géographique est moins bien connue. Ces très-riches sont bombardés en permanence de propositions émanant des banques, qui sont de plus en plus nombreuses à se lancer dans ce secteur très lucratif qu'est la gestion de fortune

1. Cité par *The Economist*, 16 juin 2001.

privée. La concurrence internationale est intense : en Suisse, les filiales de banques américaines – dont certaines, comme Goldman Sachs, n'acceptent aucun client en dessous de 20 millions de francs – ont développé une forte présence dans la catégorie des super-riches. Comme ce marché hyperconcurrentiel paraît saturé, les banques concentrent leurs efforts d'acquisition sur ceux qui n'ont « que » quelques millions ou quelques dizaines de millions de francs à investir.

Traditionnellement, les fortunes privées sont divisées en plusieurs catégories. La banque de détail (« *retail* » en anglais) est celle où les clients font la queue au guichet. Ils n'ont que quelques dizaines de milliers de francs à mettre de côté, mais, même à ce niveau modeste, la qualité du service en Suisse est déjà supérieure à la moyenne internationale : « Ici, même avec quelques milliers de dollars, le client aura droit au tapis rouge, il sera impressionné par le luxe des banques. Lorsqu'il ouvre un compte, on lui propose à boire, il est bien reçu. Lorsqu'il revient, la secrétaire le reconnaît. Pour ceux qui viennent d'anciennes banques nationalisées en Grande-Bretagne ou en France, c'est comme de passer de C & A chez Hermès », explique François Micheloud, directeur de la société financière Micheloud & Cie, à Lausanne. Ces égards donnent au client l'impression d'être un peu traité comme les milliardaires que l'on reçoit en grande pompe aux étages supérieurs.

Viennent ensuite les gens « aisés » (« *mass affluent* » dans le jargon), qui possèdent quelques centaines de milliers de francs et souvent un compte numéroté, qui garantit l'anonymat vis-à-vis de la majorité des employés de la banque. A partir du million, la banque suisse offre déjà le service « banque privée » : même sans rendez-vous, le client est reçu pendant au moins quelques minutes par son gérant attitré ou un remplaçant qui connaît ses affaires, dans un salon privatif confortablement aménagé. De temps en temps, la banque lui offre un cadre de photo, un cendrier ou un stylo de luxe, pour lui marquer son attachement.

La catégorie des simples millionnaires est très appréciée des banques suisses. Moins riches que les « VIP », ses représentants sont beaucoup plus nombreux : le seul Credit suisse, deuxième banque helvétique, possède 200 000 comptes qui entrent dans la catégorie « banque privée ». Il y aurait dans le monde plus de 7 millions de millionnaires disposant d'une fortune totale de 27 trillions de dollars, un chiffre quatre fois plus élevé qu'en 1986[1].

Ces clients, dont la majorité vit à l'étranger, n'ont pas le temps de suivre au jour le jour l'évolution de leur patrimoine. Ils ne peuvent s'offrir un homme de liaison comme les milliardaires et délèguent donc entièrement la gestion de leur fortune à la banque – c'est ce que l'on appelle le « mandat de gestion ». Ce système permet au banquier de multiplier à loisir les opérations de placement, et donc les commissions qui vont avec. Un gestionnaire de fortune genevois explique que les « petits » clients se font parfois exploiter : « On dit que c'est une espèce à poils laineux, parce qu'ils se font tondre par les banques. J'ai connu un type qui avait gagné l'équivalent de 5 ou 6 millions d'euros au Loto. Il a choisi d'ouvrir un compte dans une banque privée genevoise. On lui a fait un rendement de 2,75 %, alors qu'à ce moment-là, vers 1994-1995, les Bourses explosaient. On se foutait de lui. Le rendement normal, à cette époque, c'était 10 %. »

Si cette clientèle-là ne se plaint pas trop lorsque les performances sont médiocres, c'est encore grâce au secret bancaire. Un avocat suisse qui travaille beaucoup avec les banques l'admet : « La clientèle des patrons de petites et moyennes entreprises est numériquement la plus importante. On la "tond" plus facilement, car le client se dit que c'est le prix du secret fiscal. » Échapper aux impôts, c'est d'abord cela qui intéresse les petits clients. Et les banques suisses, on va le voir, sont passées maîtres dans l'art subtil de leur faciliter la tâche.

1. *The Economist*, « A survey of the new rich », 16 juin 2001.

Sous les platanes trapus du boulevard du Théâtre, au cœur du « quartier des banques », notre touriste curieux disposerait d'un poste idéal pour observer cet être craintif et discret qu'est le « petit » client. Quelques signes qui ne trompent pas permettent de le voir arriver de loin. Il vient à pied, pour éviter de laisser sa voiture devant la banque. Il est seul : le compte en Suisse est une « affaire très privée », pour reprendre l'expression d'une brochure de défense du secret bancaire publiée en 2001 par les banques genevoises. Il y a dans sa démarche une espèce de nervosité, car il transporte souvent des sommes importantes en liquide. Il serre contre sa poitrine une pochette où sont cachés les détails de ses affaires financières, ou tire derrière lui une petite valise qui indique que son escapade en Suisse ne se prolongera pas longtemps. Il entre tête baissée, rapidement, presque furtivement, dans la pénombre accueillante du porche de la banque. Lorsqu'il s'en va, toujours seul, il lance autour de lui des regards vaguement anxieux. La peur d'être percé à jour est le corollaire – désagréable – de la discrétion. Inutile de lui demander qui il est, où il va, ce qu'il fait là : lorsqu'on veut le questionner, il commence à se tortiller avec gêne, comme si tout son être exprimait le désir d'être laissé en paix.

Dans la majorité des cas, ce malaise s'explique aisément : le client a caché aux autorités de son pays qu'il avait de l'argent en Suisse. Il est difficile de savoir quelle proportion de l'argent déposé en Suisse par des étrangers est de l'argent « gris », donc non déclaré. Il n'existe aucune statistique fiable à ce sujet, et pour cause : le banquier lui-même préfère ne pas être au courant. « On ne pose pas de questions sur la façon dont les gens déclarent leurs impôts, explique Peter Arnold, ancien fiscaliste en chef du Credit suisse à Zurich. On ne peut pas dire que tout est déclaré ou que rien ne l'est. Simplement, discuter de cela ne fait pas partie de la relation avec le client. »

Lors d'une réunion organisée durant l'été 2001 dans un palace de Zurich par l'Association suisse des banquiers (ASB), Raymond Baer, représentant de l'une des plus grandes banques privées du pays, a cependant admis que 25 % des actifs totaux de son établissement proviennent de l'évasion fiscale. Rapportée à l'ensemble de la place financière, cette estimation signifie que la moitié des fonds privés[1] déposés en Suisse sont de l'argent « gris ». Sur 4 000 milliards de francs gérés par les banques helvétiques, cela voudrait dire que 1 000 milliards au moins n'ont pas été déclarés au fisc. Le Genevois Jacques Rossier, partenaire de la banque Darier, Hentsch & Cie, qualifie ce chiffre de « pas irréaliste ». Mais comme, par définition, il n'existe pas de chiffres fiables dans ce domaine, la proportion de fonds « gris » pourrait être beaucoup plus élevée. D'autres banquiers estiment ainsi que la proportion de comptes non déclarés atteint 60 % à 80 % des fonds dans les banques spécialisées dans la gestion de patrimoines privés.

On comprendra mieux l'intérêt économique que peut représenter un compte en Suisse au travers de l'exemple réel d'un haut fonctionnaire italien qui reçut, en 1968, une somme de 200 000 francs suisses. Par dévouement envers l'État italien, qu'il avait fidèlement servi au cours de sa carrière, il refusa de placer cette somme à l'étranger. A sa mort, au milieu des années 1990, son patrimoine, usé par la fiscalité et des années de haute inflation, se montait encore à 200 000 francs. Si elle avait été placée en Suisse, cette fortune s'élèverait aujourd'hui à plus d'un million de francs.

L'Internationale des capitaux en fuite

On parle toutes les langues sur la planète de la finance *offshore*, et les clients des banques suisses viennent du monde entier. Le site Internet d'une société financière de Lausanne, Micheloud & Cie, spécialisée dans l'ouverture de comptes

1. Par opposition aux fonds « institutionnels » comme les fortunes des fonds de pension qui administrent les retraites de milliers d'employés.

suisses pour des clients étrangers à partir de quelques milliers de dollars, donne une idée de la palette très vaste des clients de la place financière suisse. Il y a là, évidemment cachés sous des pseudonymes, un professeur d'université du Bangladesh, un entrepreneur sud-africain produisant des pièces détachées pour automobiles, un consultant en informatique anglais qui se fait rémunérer sur son compte suisse par ses clients étrangers, un analyste financier canadien, un marin norvégien, un ingénieur australien…

Les contingents provenant des trois grands pays voisins de la Suisse – Allemagne, France et Italie – représentent certainement la majorité des clients. Dans ces pays, le niveau des prélèvements obligatoires pour un indépendant peut atteindre 70 %. Ces impôts confinent parfois à l'absurde. Prenons l'exemple d'un garagiste français qui décide de s'acheter un nouvel élévateur pour soulever les voitures durant les réparations. Son ancienne machine lui permettrait de travailler plus dans les moments de forte demande. Mais s'il la conserve, il devra payer deux fois l'impôt qui frappe ce genre d'investissement : une fois sur l'ancien appareil, une fois sur le nouveau. Pour ces entrepreneurs qui se considèrent comme assommés de charges, la tentation du compte suisse peut devenir irrésistible. Les salariés ordinaires sont moins concernés, car la transmission automatique de leur fiche de salaire par leur employeur leur laisse peu de possibilités d'évasion fiscale, à moins – et ils sont de plus en plus nombreux dans ce cas – qu'ils ne perçoivent des revenus substantiels à l'étranger.

Comme la Suisse est un pays trilingue, les clients de ces trois pays peuvent être servis dans leur langue maternelle, à Zurich pour les Allemands, à Genève pour les Français, à Lugano, ville suisse située à une heure de Milan, pour les Italiens. Cette proximité géographique et culturelle rend la Suisse encore plus attrayante pour ce type de clientèle.

Les pays du Bassin méditerranéen, comme la Grèce et l'Espagne, sont également bien représentés, en raison de l'évasion fiscale qui y est pratiquée massivement. Les Scandinaves aussi, qui fuient des taux d'imposition très élevés. Mais même les États-Unis, où les impôts sont plus bas, fournissent une proportion substantielle de la clientèle, en raison d'une institution désignée en parler américain par le terme cru de «*fuck you money*». Un avocat genevois explique le concept : « J'ai comme client un gros industriel de l'emballage, il a mis quelques millions de dollars de côté ici pour être tranquille en cas de problème dans son entreprise. C'est son "*fuck you money*". Cet argent permet d'être à l'abri du besoin, car il est hors de portée des convoitises extérieures, que ce soit celle de son ex-femme, d'un créancier éventuel ou des autorités fiscales. » Selon un banquier, les Américains représentent 10 % à 15 % des fonds étrangers en Suisse.

Clients français : une histoire d'amour et de paranoïa

Les Français représentent un segment très particulier de la clientèle des banques suisses. De l'avis des banquiers consultés sur la question, c'est celle qui craint le plus de se voir découverte par le fisc de son pays. C'est pourquoi les banquiers suisses prennent, dans leurs contacts avec les Français, des précautions plus grandes encore qu'avec les autres clients.

Historiquement, les Français sont à l'origine de l'introduction du secret bancaire en Suisse. En 1932, en effet, un agent fiscal français saisit dans la succursale parisienne d'une banque bâloise un carnet d'adresses contenant quelque 1500 noms de clients, dont plusieurs députés, des généraux, des industriels – dont les frères Peugeot – et même un évêque. Révélée par les journaux, évoquée à la tribune de l'Assemblée nationale, l'affaire provoqua un immense scandale. Dans ce contexte agité, la Suisse rendit punissable « de prison ou d'amende », en 1934, toute personne qui, ayant eu connaissance de l'identité des clients dans le cadre de ses activités professionnelles, la révélerait à des tiers sans y être autorisée par le client. Cette disposition de l'article 47 de la loi sur les banques constitue le noyau dur de son secret bancaire. Plus tard, les banques prétendirent que cette mesure avait été introduite pour protéger les Juifs allemands qui tentaient de mettre leurs biens hors d'atteinte du régime nazi. Cette théorie n'a pas résisté à l'examen historique[1], et la violente polémique qui a secoué les banques suisses au sujet du traitement des victimes de l'Holocauste et de leurs héritiers après la Seconde Guerre mondiale, entre 1996 et 1998, a fait disparaître ses dernières apparences de légitimité.

Depuis les années 1930 au moins, les banques suisses n'ont donc cessé de profiter de l'instabilité politique française, et de la propension des citoyens de l'Hexagone à l'évasion fiscale. Un fils de banquier genevois, qui désire rester anonyme car il travaille lui-même dans une banque, évoque des souvenirs familiaux remontant à mai 1968 : « Il y a eu une telle arrivée d'argent que ma grand-mère a dû aller prêter main-forte à la banque où travaillait mon père. Ils avaient mobilisé les femmes des employés pour compter les valises de billets qui arrivaient ici, sans quoi la banque n'aurait pu faire face. » En 1981, le même phénomène s'est reproduit, comme en atteste un autre banquier : « Les coffres de la banque Pictet étaient si pleins d'argent amené par des Français effrayés par le gouvernement socialiste que les employés avaient du mal à fermer les coffres le soir. » Même les boîtes aux lettres des banques débordaient d'enveloppes apportées nuitamment par des épargnants français paniqués.

1. L'ouvrage déjà cité de Nicholas Faith, en 1983, fut le premier à contester la vérité établie par les banques sur les origines du secret bancaire. Comme l'ont montré les recherches récentes de la Commission indépendante d'experts sur les relations entre la Suisse et le Reich nazi, les banques de l'époque étaient parfois plus soucieuses d'« aryaniser » leur personnel que de protéger les Juifs persécutés par les nazis. L'ouvrage de la Commission sur les relations des banques suisses avec la France durant la Seconde Guerre mondiale qualifie d'ailleurs le mythe du secret bancaire protecteur des Juifs d'« inanité ».

La dernière grande migration d'argent français vers la Suisse remonte à l'arrivée de la monnaie unique européenne. A force de travail et de paiements « au noir » – c'est-à-dire en liquide et non déclarés –, beaucoup de petits entrepreneurs ont réussi à se constituer des économies conséquentes, qu'ils ont parfois conservées durant des années dans l'intimité de leur domicile. Un banquier suisse a ainsi eu la surprise de découvrir, sous le matelas d'un ostréiculteur breton, plusieurs millions de francs français en liquide que l'introduction de l'euro obligeait à déplacer rapidement.

Les témoignages de trois banquiers privés permettent de comprendre comment s'organisent les rapports avec ce type de clients. Ces professionnels doivent rester anonymes, car leurs hiérarchies, jamais bavardes sur les profils de clientèle et sur les précautions prises pour garantir la confidentialité des placements, ne les ont pas autorisés à s'exprimer.

« Nos clients français, explique l'un d'eux, sont des industriels, des commerçants, des architectes, en somme des gens qui reçoivent régulièrement de l'argent au noir dans le cadre de leur travail. Leurs entreprises sont parfois de taille modeste : ça peut être un garage, une boucherie, une épicerie. Ces gens peuvent avoir 4 ou 5 millions de francs suisses de côté. Ce sont de très bons clients, essentiellement parce qu'ils ne demandent jamais de comptes. » Le patron de la plus fameuse boucherie de Saint-Tropez comptait au nombre de ces petits indépendants adeptes du paradis fiscal suisse.

Trucs et astuces de la banque privée

La sécurité et la confidentialité de leurs communications avec les banques obsèdent les clients français. Les conversations téléphoniques font l'objet de précautions scrupuleusement respectées : « Les Français sont les plus paranoïaques de tous, explique un deuxième banquier, parce que leur fisc est le plus sévère, non seulement pour ce qui est du taux d'imposition, mais aussi de la dureté des contrôles. Le plus souvent, ils nous appellent de cabines publiques, parce qu'ils ont peur d'être écoutés. Lorsqu'ils appellent depuis une cabine, ils ne donnent jamais leur nom, seulement celui du compte. Ou alors ils appellent de chez eux, mais restent très vagues. » Certains n'appellent jamais depuis la France. « J'ai un client français actif dans l'agroalimentaire, poursuit notre gestionnaire, il fabrique des saucissons et des choses comme ça, il avait quelques millions de francs suisses chez nous. Il n'appelle que depuis chez un parent qui habite en Suisse, jamais depuis la France. »

Les employés des banques savent parfaitement obscurcir le sens de ces conversations : « Au téléphone, on ne mentionne jamais rien qui ait un rapport avec la banque. On appelle pour dire bonjour, et le client nous rappelle depuis une cabine publique, explique le troisième banquier. Lorsqu'il répond au téléphone, le gestionnaire du compte ne donne jamais le nom de sa banque, seulement son prénom, et il identifiera son interlocuteur au son de sa voix. En cas d'écoute, cela permet de mener une conversation anodine entre deux individus qui se connaissent. » Voici ce que cela peut donner : « Allô, ici Dominique. (C'est le banquier.) – Ici Jean. – Bonjour, Jean (le banquier a reconnu sa voix). – Salut, Dominique. On en est où ? – 342 (342 000 francs, donc). – Merci. » La conversation reste suffisamment allusive pour ne pas donner de preuves aux agents du fisc qui pourraient être à l'écoute. Les clients ne donnent jamais à la fois le nom de leur compte et leur propre nom.

Pour parfaire ce dispositif, la majorité des comptes ouverts dans les banques privées suisses est désignée par un numéro. Cela permet au nom du client de ne jamais apparaître dans la documentation bancaire. Ainsi les documents d'ouverture de compte de la banque genevoise UBP stipulent que « sous réserve de dispositions particulières prises pour l'envoi de mon courrier, mon nom ne devra plus figurer, dans la mesure du possible, dans mes relations avec votre banque ». A cet effet, le compte peut aussi porter un nom de code (« Bonaparte » dans le cas du frère de Raul Salinas). Le compte numéroté garantit que très peu de personnes, à l'intérieur même de la banque, peuvent faire le lien entre un compte et le nom du client qui le détient.

Comme l'explique l'un de nos banquiers, « beaucoup de clients viennent directement au siège de la banque, sans prendre rendez-vous, par souci de discrétion. Il ne faut pas qu'ils passent plus de cinq minutes dans le hall d'entrée de la banque, afin de ne pas être reconnus. On n'envoie jamais les relevés de comptes par la poste à de tels clients. Ils louent un coffre à la banque, qui leur permet de conserver leurs relevés bancaires sur place. Mais il arrive souvent que les relevés soient immédiatement détruits dès que le client les a lus. La banque privée, ça marche sur la confiance ». Si une correspondance est absolument nécessaire, le client pourra envoyer des documents au domicile privé du banquier, sans mentionner le nom de la banque. « J'ai reçu des documents bancaires chez moi, explique un ancien de l'UBS. Et, pour que je ne m'étonne pas, on m'a dit : "Ici, c'est la banque privée, ça marche comme ça." »

S'il est vraiment très méfiant, le client pourra utiliser une signature spéciale, différente de celle qu'il utilise d'ordinaire, pour signer ses relevés de compte. La possibilité de recourir à cette « signature conventionnelle » est expressément prévue dans les documents d'ouverture de compte de l'UBP.

La même prudence entoure les allées et venues des clients autour de la banque. « Les clients empruntent souvent la porte de derrière, réservée en principe au personnel, poursuit l'un de nos gestionnaires. Surtout pour sortir, lorsqu'ils sont venus prendre de l'argent liquide, car les retraits atteignent facilement 50000 ou 100000 francs suisses. » Toutes les banques privées suisses disposent d'une seconde entrée, souvent située dans une cour isolée des rues passantes. Elle évite que le client puisse être attendu à sa sortie. De même, les banquiers conseillent toujours à leurs clients de garer leur voiture loin de la banque : cela évite que leur plaque d'immatriculation ne puisse trahir leur identité et laisser deviner le but de leur visite en Suisse.

Le caractère très confidentiel de ces relations peut amener les banquiers à utiliser un moyen de communication curieusement primitif, mais discret : les cartes postales. Typiquement, un banquier genevois enverra une carte postale du lac Léman et signera « votre ami de Genève ». Il écrira une phrase comme « ça me ferait plaisir d'avoir de vos nouvelles », afin de faire comprendre au client qu'il a une question précise à lui poser ou une instruction à lui demander. L'un de nos gestionnaires confirme la relative banalité de cette pratique : « J'ai beaucoup de Français parmi mes clients, surtout des gens âgés, qui sont chez nous depuis trente ans. Ils ont déposé en Suisse ce que j'appellerais la réserve de guerre, c'est-à-dire de l'argent auquel ils ne touchent pas, mais qui permet de faire face en cas de situation difficile. Ça peut nous arriver d'écrire des cartes postales où l'on dit, par exemple, “bonjour, je vous confirme que la longueur de votre bateau est bien de tant de long”. C'est un code mis au point avec le client pour lui indiquer combien il y a sur son compte. »

Notre banquier est tout aussi méfiant lorsqu'il se rend en France. « Je n'emporte aucune carte de visite, aucun document de la banque, même pas du papier à en-tête, rien. Si l'on me pose la question, je dis que je suis analyste financier, surtout pas gérant de fortune. Avant de partir, je téléphone et je donne rendez-vous aux clients. Pas au même endroit : j'ai entendu parler d'un banquier suisse qui donnait tous ses rendez-vous dans sa chambre d'hôtel. Le fisc l'a su et des agents sont allés attendre les clients à la sortie. Tout ce que je prends avec moi, ce sont les numéros de compte et des numéros de téléphone des clients, qui sont brouillés, par inversion des chiffres, selon un code préarrangé avec mes collègues. Il faut être parano, parce que les clients le sont. » A l'UBS, les précautions ne sont pas moindres, comme l'explique un ancien employé : « Avant de partir en voyage, on enlève l'en-tête de l'UBS de tous les papiers. On a aussi mis au point un logiciel qui efface automatiquement toutes les données concernant la clientèle sur les ordinateurs portables ou les agendas électroniques, au cas où ils tomberaient entre de mauvaises mains. »

Lorsqu'un compte est ouvert, seuls son gestionnaire attitré et un remplaçant savent à quel client il correspond. Au-delà, la circulation de cette information est très limitée. Comme l'explique un gestionnaire, « les seuls à avoir une connaissance d'ensemble des noms, ce sont la direction générale, qui s'occupe personnellement des plus gros comptes, le service anti-blanchiment et le service de la documentation, qui archive les documents relatifs à toutes les ouvertures de compte. Mais il les conserve dans un bureau interdit au reste du personnel, où personne, à part les gens de la documentation eux-mêmes, ne peut pénétrer. Ce cloisonnement interne sert à maintenir la discrétion ».

Ce cloisonnement vaut aussi pour les filiales suisses des grandes banques internationales, et il est opposable à leur plus haute hiérarchie. Comme le note un rapport du Sénat américain[1], les employés des banques américaines qui se rendent dans des juridictions dotées d'un secret bancaire pénalement protégé comme la Suisse doivent signer une déclaration leur interdisant de ramener aux États-Unis des informations sur l'identité des détenteurs de comptes. Cela énerve Jean Peyrelevade, le président du Crédit lyonnais : « La Suisse et le Luxembourg n'acceptent de lever le secret bancaire que vis-à-vis des autorités judiciaires, par exemple dans le cas d'enquêtes sur le blanchiment. [...] Je peux ordonner une inspection de Paris dans n'importe quelle filiale du Crédit lyonnais, sauf en Suisse et au Luxembourg. C'est inacceptable. [...] Il faut faire en sorte que le secret bancaire ne puisse plus être opposable à l'intérieur

1. US Senate, Permanent Subcommittee on Investigations, *Private Banking and Money Laundering : A Case Study of Opportunities and Vulnerabilities*, Washington DC, 1999.

d'un groupe[1]. » Les inspections d'experts-comptables étrangers (les « réviseurs ») dans les filiales suisses des banques internationales sont certes possibles. Les autorités étrangères de surveillance des marchés (Commission des opérations de Bourse – COB – en France, Securities and Exchange Commission – SEC – aux États-Unis) peuvent également conduire des enquêtes en Suisse depuis 1999. Mais ils ne peuvent toujours pas avoir accès aux informations concernant l'identité des clients.

La hantise de l'espionnage fiscal

Les clients comme les banquiers ont des raisons de se montrer prudents. Les autorités fiscales françaises jouissent en Suisse d'une réputation d'impitoyable sévérité. Or, les incursions étrangères en territoire helvétique à des fins d'espionnage bancaire, bien que parfaitement illégales, sont une pratique réelle. Jean-Luc Vez, le directeur de l'Office fédéral de la police, chargé du contre-espionnage, ne cherche d'ailleurs pas à le cacher. Avec son accent indéfinissable dû à une pratique intensive du bilinguisme et ses lunettes de technocrate, ce haut fonctionnaire est un représentant typique du grand commis de l'État, version suisse. « L'espionnage qui vise les banques et la haute technologie a augmenté depuis la fin de la guerre froide, car les services étrangers se reconvertissent dans le renseignement économique, explique-t-il. Cela fait presque partie des relations normales d'État à État. Il y a parfois des cas délicats qui ne sont pas toujours rendus publics, par exemple dans le domaine du renseignement fiscal. »

Le cas le plus célèbre d'espionnage fiscal franco-suisse remonte à plus de vingt ans. Le 15 avril 1980, deux employés des douanes françaises, Bernard Rui et Pierre Schultz, furent

1. *Le Monde*, 10 octobre 2001.

arrêtés à la gare de Bâle par des agents de la police fédérale. Ils avaient tenté de soudoyer un employé de l'UBS pour obtenir des informations sur les clients français de la banque, lui promettant 3,2 millions de francs français contre un listing informatique de 4000 ou 5000 noms. Mais l'employé était plus scrupuleux qu'ils ne le pensaient : loin de trahir le secret bancaire, il avertit sa direction, qui alerta le ministère public de la Confédération. Schultz et Rui, qui avaient aussi tenté de corrompre un employé de la SBS, furent condamnés avant d'être libérés sous caution. Les douaniers français, très remontés, avaient protesté contre leur emprisonnement et bloqué la frontière. Le ministre du Budget de l'époque qui avait la tutelle des douanes, un certain Maurice Papon, dut soutenir ses hommes et l'affaire suscita quelques tensions diplomatiques. Cela explique que les autorités suisses et françaises se soient montrées très discrètes sur les cas survenus par la suite.

Un haut fonctionnaire suisse qui désire garder l'anonymat – question de diplomatie, justement – explique que les douanes françaises continuent d'enquêter « avec agressivité » sur le territoire helvétique : « Ils sont postés de façon officielle dans les zones frontalières, à l'aéroport de Genève par exemple, mais ils peuvent aussi se rendre en mission d'observation en ville, pour voir si des Français se rendent dans tel ou tel établissement financier. Ils ciblent les employés étrangers qui ont une position intéressante dans une banque ou un cabinet d'avocats, et font pression sur eux pour qu'ils leur remettent des informations sur des clients français de leur établissement. »

Selon le ministère des Finances à Bercy, qui dirige les douanes françaises, de telles opérations ne peuvent être que des « initiatives individuelles à la petite semaine ». Des sources policières suisses estiment au contraire qu'il s'agit d'une politique conséquente et signalent, au cours des dernières années, les incidents suivants :

– Des douaniers français en « vacances payées » ont été observés par la police fédérale dans les stations de ski huppées de Crans-Montana et de Verbier. « On les appelle les mangeurs de sandwich, ironise un policier suisse, parce qu'ils passent le week-end à "planquer" dans leurs voitures pour noter les plaques d'immatriculation et les adresses. » « Ils regardent si des Français achètent des chalets ou des appartements, puis ils vont les faire chanter en les menaçant d'une amende », explique un autre agent fédéral.

– Des douaniers postés dans des camionnettes à vitres teintées ont pris des clients en photo devant le siège genevois de Paribas.

– La douane française a fait irruption dans un avion de ligne qui s'apprêtait à décoller de Genève vers Paris. « Ils ont confisqué les agendas électroniques, les portables, les ordinateurs », explique un policier suisse. L'incident est qualifié de « rarissime » par un responsable de l'aéroport de Genève.

L'homme chargé d'endiguer le flot d'espionnage fiscal français en Suisse se nomme Pierre Jordan. Voix grave et allure de père tranquille, il correspond à peu près au stéréotype traditionnel du policier de série télévisée. Son bureau se trouve dans les étages supérieurs du ministère public de la Confédération, un pesant immeuble de béton situé à un jet de pierre du siège du gouvernement suisse. On ne pénètre dans ces « étages de sécurité » qu'à travers de lourdes portes rotatives en verre blindé, et seulement si l'on est muni d'un badge spécial. « En Suisse, il y a chaque jour entre 600 et 900 milliards de francs de transactions, explique Pierre Jordan. Le miel attire les abeilles, c'est évident. Les adversaires du système financier suisse aimeraient avoir une part du gâteau, gérer une partie de cette fortune. » Il évoque aussi l'existence de « cas en cours au niveau fiscal ». Ce danger permanent d'espionnage explique que Pierre Jordan et la quinzaine de fonctionnaires qu'il contrôle directement maintiennent d'étroites relations avec les dirigeants des grandes banques suisses : « Il est très rare que les banques nous demandent l'ouverture d'une enquête ou qu'elles nous fassent part de leurs problèmes, il en va de leur renom. Mais nous avons de très bons contacts avec leurs services de sécurité ou leur direction. On fait du conseil et de la prévention contre l'espionnage économique et financier. Les cas particuliers sont examinés avec un homme de confiance. »

Pierre Jordan admet volontiers que certains États étrangers puissent s'intéresser à « des gens très puissants » résidant en Suisse. On pense par exemple au demi-frère d'Oussama Ben Laden, Yeslam Bin Ladin, Saoudien naturalisé suisse qui gère depuis Genève une partie de l'immense fortune familiale. Il a été l'objet de pressions de la part du principal responsable de la CIA en Suisse, qui avait tenté d'obtenir sa collaboration dans l'enquête concernant son demi-frère. « Nous avons un principe : chacun est maître chez soi. Je ne peux tolérer qu'un service ami fasse des choses dans notre dos » – et ce, même si la cible des agents étrangers « travaille avec de l'argent criminel ». Question de souveraineté nationale, un sujet sur lequel les Suisses se montrent souvent intraitables.

La Suisse s'est d'ailleurs dotée d'un passage spécifique du code pénal, l'article 273, qui, selon un ouvrage de référence sur le secret bancaire suisse[1], « a été mis en place pour lutter spécialement contre les investigations d'autorités administratives, fiscales ou douanières [étrangères] désireuses d'obtenir des informations sans passer par le canal de l'entraide judiciaire ». « Quoique la condamnation au titre de cet article soit peu fréquente, il est invoqué assez couramment, à titre préventif, chaque fois qu'une autorité étrangère cherche à obtenir [des renseignements bancaires] », indique ce livre. Les douaniers français ne sont pas les seuls fonctionnaires étrangers contre qui l'article 273 a été utilisé : en l'an 2000, un Espagnol rétribué par les douanes autrichiennes pour enquêter sur des trafiquants de viande basés en Suisse orientale a été arrêté par la police fédérale. Un agent de la Guardia di Finanza italienne a été arrêté au Tessin à peu près à la même époque.

1. Paolo Bernasconi *et al.*, *Le Secret bancaire suisse*, *op. cit.*

A part les douanes et les services fiscaux, d'autres services étrangers s'intéressent à la place financière suisse, par exemple l'agence anti-drogue américaine, la DEA, qui avait traqué le trafiquant de haschich Brian Degen jusque dans son coûteux chalet de Verbier, en Valais. Les services de renseignement ne sont pas en reste. Un agent britannique de la société de détectives privés Kroll, considérée comme très proche de la CIA, a passé plusieurs mois en prison en Suisse après avoir été surpris dans son hôtel en train d'espionner la société fiduciaire genevoise qui gérait les affaires de Barzan El-Takriti, l'homme de confiance de Saddam Hussein.

L'équivalent français de la CIA, la DGSE (Direction générale de la sécurité extérieure), n'est pas en reste. Selon un Français proche de ce service, « Xavier Guillon, ancien assistant de l'amiral Lacoste, qui dirigeait la DGSE à l'époque du *Rainbow Warrior*, avait été chargé d'analyser les mouvements financiers occultes. Il a fait une synthèse pour Lacoste au sujet, notamment, de la Suisse ». Dans son livre[1], l'ancien espion français Pierre Lethier, inquiété dans le cadre de l'affaire Elf, explique quelles étaient les attributions du « résident » de la DGSE à Genève : « Contrôler les structures financières secrètes de l'État français, depuis toujours installées en Suisse. » Exemple de ce « contrôle » : lorsque le gouvernement français négocie avec l'Iran la libération des otages détenus au Liban, sans en informer la DGSE, Lethier actionne ses « sources suisses et allemandes ». Il apprend ainsi que l'argent promis par la France pour rembourser les parts de l'Iran dans le projet de réacteur nucléaire Eurodif est passé par la Deutsche Bank, à raison de 165 millions de francs français, et par deux banques japonaises pour les 135 millions restants.

Selon un policier suisse, « l'un des buts de la DGSE est de freiner l'évasion de capitaux. A Genève, ils tentent de recruter des gens, des Français, dans des banques et ailleurs, pour obte-

1. *Argent secret*, Paris, Albin Michel, 2001.

nir des informations et les transmettre à Paris. Ce n'est pas toujours un hasard si des clients des banques se font piquer à la frontière ». Ce n'est pas non plus un hasard si des documents de la police fédérale mentionnent explicitement les États-Unis, la France et l'Italie comme des « menaces » pour la Suisse dans le domaine de l'espionnage économique.

Lorsque l'on dispose de bonnes sources, et moyennant finance, il est effectivement possible de se procurer des renseignements concernant la clientèle des banques suisses. De 1997 à 1999, un détective basé à Zurich a vendu, pour quelques milliers de francs suisses, des extraits de comptes confidentiels à des contacts en Suisse et à l'étranger. Les précieux documents changeaient de mains en pleine rue – c'est d'ailleurs ainsi que le détective et ses complices ont été arrêtés par la police fédérale. Deux employés de banques alimentaient cette filière : l'un à l'UBS, qui vendait ses informations à partir de 300 francs suisses seulement, l'autre, une assistante de gestion qui avait eu la mauvaise idée de s'amouracher du détective incriminé, à l'ancienne SBS. Outre la corruption pure et simple, les détectives opérant en Suisse utilisent diverses méthodes pour percer le secret bancaire : fouiller les poubelles des banques à la recherche de relevés, poser des micros dans les bureaux et des « mouchards » électroniques sur les ordinateurs des cibles... ces dernières vont du mari qui cache ses comptes suisses à une épouse en instance de divorce au directeur commercial qui détourne les fonds de son entreprise vers une banque helvétique.

Pourquoi y a-t-il en Suisse tant de gens qui intéressent les services étrangers ? Pour le savoir, il faut aller rôder sur les bords du lac Léman, là où se terrent en grand nombre des réfugiés politiques très spéciaux : les fugitifs fiscaux.

3

Les « *boat people* du Léman »

« Une enclave de l'oligarchie financière sur la rive gauche du Léman » : c'est ainsi que, dans les années 1970, l'écrivain suisse Jean Ziegler, détracteur infatigable des financiers de son pays, décrivait le village de Cologny, à côté de Genève[1]. Le vocabulaire marxisant de l'essayiste a vieilli, mais Cologny demeure la villégiature préférée des très-riches de la région, notamment des étrangers venus trouver en Suisse un climat fiscal plus doux que celui de leur pays d'origine. Les Français sont nombreux à avoir choisi cet exil doré. Certains les appellent ironiquement les « *boat people* du Léman ».

Non loin du centre de Cologny, se dresse, au bord d'une route, un impressionnant portail en fer forgé. Grâce à une petite caméra, le gardien vous observe dès que vous vous placez devant le portail, et il faut impérativement passer par lui pour accéder aux villas situées à l'intérieur. Cette résidence n'a rien à envier à ces « communautés closes » (*gated communities*) qui se multiplient aux États-Unis, nourries par la crainte des vols et des agressions. Parmi les habitants présents et passés, on compte un coureur automobile français, un prince saoudien, des diamantaires iraniens. L'endroit est très calme, car beaucoup de « résidents » ne sont presque jamais là.

Des domestiques philippines marchent d'un pas rapide sur

1. Jean Ziegler, *Une Suisse au-dessus de tout soupçon*, Paris, Éd. du Seuil, 1976.

les petites allées gazonnées qui courent entre des immeubles sans grâce construits dans les années 1980. Il faut traverser tout le complexe pour atteindre une villa bien située, celle de M. Z. Si nous ne l'identifions pas plus précisément, c'est parce que ce dernier a usé d'un argument presque humanitaire avant de nous recevoir : « J'ai été cambriolé quatre fois en France, et trois fois en Suisse. Si vous donnez mon nom, je ne pourrai plus me sentir en sécurité. On pourrait même vouloir m'enlever. » En échange, nous avons le droit de le voir chez lui, privilège rare, car l'homme, qui voyage constamment entre Marbella et ses propriétés françaises, n'est pas facile à rencontrer.

Près d'un garage où attendent deux Range Rover et un coupé Mercedes, on se heurte à un second portail muni de caméra. Une domestique ouvre et M. Z. apparaît dans l'embrasure d'une immense porte en bois patiné, qui tranche singulièrement sur le dessin anguleux de sa maison. Il porte une veste de satin noir, une chemise blanche et des souliers de cuir légers. L'intérieur de la villa est décoré de lustres de cristal, de portraits de membres de sa famille en style réaliste et de bronzes contemporains achetés chez un spécialiste de la décoration d'intérieur. Le sol est de travertin poli. Du salon, on embrasse d'un regard la rade de Genève et les monts du Jura.

M. Z. « pèse » – c'est le terme usuel – sans doute plus de 100 millions de dollars. Pendant vingt-cinq ans, il a vécu en région parisienne, où il dirigeait une entreprise de machines d'emballage. « J'ai fabriqué, explique-t-il en sirotant un café, des milliards de pots en plastique. » En 1991, il est devenu instantanément membre du club des très-riches en vendant son entreprise. Et il a déménagé.

Pourquoi venir en Suisse ? M. Z. avance diverses explications – c'est plus tranquille, sa femme a étudié là – avant d'en venir à l'essentiel : les impôts. « En France, vous êtes laminés : l'État prend 50 % à 55 % d'impôts de succession. Si vous ajoutez l'impôt sur la fortune qui vous prend 2,5 % par an, en deux générations, vous n'avez plus rien. Ici, l'impôt sur les héritages est de 6 %. Ça explique qu'il y ait ici pas mal de gens d'un certain âge qui veulent sauvegarder leur fortune. » Sans oublier le caractère chicanier de l'administration française : lorsqu'il était chef d'entreprise, M. Z. a eu droit à un contrôle fiscal tous les trois ans, et on lui a demandé de justifier jusqu'à ses tickets de parking. « J'étais en règle, assure-t-il. Je n'ai jamais eu le temps ou l'envie de faire de l'évasion fiscale. »

Pour s'installer, M. Z. a utilisé une filière bien rodée. Il a fait appel à un avocat d'affaires genevois qui avait travaillé pour sa société. L'homme de loi a du temps à consacrer aux démarches d'immigration, car il ne plaide pas. Comme le dit joliment son client, il « gère des situations », c'est-à-dire qu'il sert d'homme de confiance à de riches étrangers qui font des affaires en Suisse, y ont déposé de l'argent, ou veulent s'y installer. L'avocat s'est occupé de tout : présenter aux autorités suisses un dossier complet sur les activités du nouvel arrivant, trouver une maison et surtout, surtout, négocier le « tarif », c'est-à-dire les impôts que M. Z. va devoir payer pendant le reste de son séjour. On appelle cela le « forfait fiscal » : il s'agit d'un taux minimal qui est parfois relevé, mais jamais abaissé. Aller quémander un rabais aux impôts suisses, c'est courir le risque de perdre son permis de résidence. « Si vous êtes ici, c'est que vous avez les moyens de l'être. Sinon, vous partez », explique M. Z.

Lui n'a jamais cessé d'avoir les moyens. A peine installé, au début des années 1990, il a dû subir les sollicitations de cinq ou six gérants de fortune. Traînant dans les cocktails, dînant avec des banquiers et des avocats, fréquentant les soirées de charité ou les vernissages, ces professionnels savent vite qu'une nouvelle fortune est arrivée en ville. « J'ai dit non, et comme ce sont des gens bien élevés, ils n'ont pas insisté. »

Seuls les gens qui « pèsent » ont droit au système utilisé par M. Z. Comme il le dit, « les Suisses ne veulent pas faire entrer chez eux tous les souffreteux de la terre ». Le forfait fiscal a été inventé dans les années 1950 pour encourager les touristes étrangers à établir leur résidence principale sur les bords du lac

Léman, une région très prisée des Anglais depuis le XIXe siècle. Il est applicable uniquement à ceux qui n'ont pas d'activité lucrative en Suisse. Généralement, la valeur du logement choisi par le nouvel arrivant détermine le montant du forfait. La somme que l'étranger devra payer est négociée entre son représentant – souvent un avocat – et l'administration fiscale du canton où il veut s'établir. Le rôle de l'avocat peut aller plus loin : celui du couturier Pierre Cardin, le Genevois Dominique Warluzel, l'a aidé à trouver les domestiques dont il avait besoin. Les banques aussi, par l'intermédiaire de leurs *family offices*, offrent au riche étranger des services d'installation « clés en main » qui comprennent l'inscription de ses enfants à l'école, le choix de sa résidence, l'achat de son bateau, la création de structures *offshore* pour abriter sa fortune, sans parler des introductions qu'elles fournissent au client dans la bonne société locale, par exemple les clubs de golf. Leurs spécialistes se chargent de vendre les biens de l'émigrant dans son pays d'origine, pour lui éviter d'avoir à payer des impôts dans deux États. Les employés des « offices » sont souvent d'anciens fonctionnaires des administrations fiscales cantonales – celles-là mêmes qui négocient les forfaits avec les avocats des riches immigrés.

Le forfait fiscal est une très bonne affaire pour ceux qui ont la chance d'en profiter : avec une fortune estimée à 3 ou 4 milliards de francs suisses, le fondateur des entreprises danoises Lego, Kjeld Kirk Kristiansen, qui vit désormais dans le canton de Zoug, paye seulement 19 400 francs suisses par an[1]. Domiciliée au Tessin, la rentière Heidi Horten, habituée de la jet-set et veuve d'un roi des supermarchés dont la fortune lui rapporte quelque 150 millions de francs par an, ne paie qu'un seul malheureux million, alors que le fisc allemand lui en prendrait 75 chaque année. Les quelque 1 200 « *boat people* » fiscaux du canton de Vaud payent en tout 32 millions de francs d'impôts, soit une moyenne de 26 000 francs par personne, ce qui semble

1. *Beobachter*, octobre 2001.

très honnête pour des gens qui doivent s'engager à dépenser au moins 180 000 francs par an dans ce canton. L'impôt sur les successions est aussi avantageux (6 % à Genève pour les héritiers directs, rien dans d'autres régions comme le Valais) en comparaison européenne.

En principe, le forfait est réservé aux retraités. Les individus encore actifs préfèrent s'établir en Belgique – qui accueillerait au moins 100 000 réfugiés fiscaux venus notamment des Pays-Bas ou de France[1] – ou à Londres, qui leur offrent des conditions plus attractives. Mais le système fiscal suisse comporte aussi quelques lacunes bien pensées qui permettent aux bénéficiaires du forfait de ne pas rester complètement inactifs : l'immigrant peut ainsi « librement et activement » gérer sa fortune personnelle, et dispose souvent d'une société spécialement créée à cette fin. Quant aux revenus qu'il pourrait percevoir dans d'autres pays, le fisc suisse les ignore complètement.

Les autorités helvétiques affirment à qui veut l'entendre que la Suisse n'est pas un paradis fiscal. En un sens, c'est vrai : un Suisse marié et sans enfants gagnant 200 000 francs par an reverse à peu près 25 % de son revenu à l'État. Le taux de l'impôt sur le revenu peut même atteindre 50 %. Mais les riches étrangers, qui sont au bénéfice d'une législation dérogatoire, paient beaucoup, beaucoup moins – 0,75 % dans le cas de Heidi Horten. Le pays offre aussi un avantage pour les entrepreneurs qui, comme M. Z., ont vendu leur société : la Suisse ne prélève rien sur ce type de transaction, alors qu'en France l'impôt sur les gains en capitaux atteint 26 %.

Au sein même de la Suisse, les cantons rivalisent pour offrir les meilleurs forfaits[2]. Les disparités sont criantes : de Schwyz à Berne, les impôts pour un millionnaire peuvent être multipliés par quatre. L'alpestre Valais, plus pauvre et plus montagneux

1. *BusinessWeek*, 23 juillet 2001.
2. Les cantons qui composent la Suisse sont des entités souveraines dans de nombreux domaines comme la santé ou la police. Ils disposent d'une très large autonomie en matière fiscale.

que la moyenne, a la réputation d'être particulièrement agressif dans ce domaine, ce qui force d'autres cantons à maintenir leurs forfaits à des niveaux relativement bas.

Lorsqu'un canton réussit à attirer les grosses fortunes en nombre suffisant, il en retire des bénéfices substantiels. Genève, le champion dans cette catégorie, accueille une centaine de nouveaux arrivants chaque année. On estime que les contribuables bénéficiant d'un forfait lui rapportent 300 à 400 millions de francs suisses par an, presque de quoi assurer le service de l'énorme dette – pas loin de 10 milliards de francs – accumulée par ce canton de 400 000 habitants qui dépense beaucoup pour ses prestations sociales.

Alors que les étrangers ordinaires ont toutes les peines du monde à obtenir une autorisation de séjour même après avoir trouvé un travail en Suisse, l'obtention d'un permis de résidence n'est pas un problème pour les réfugiés fiscaux. Certes, sur le papier, l'ordonnance fédérale « limitant le nombre des étrangers » semble assez restrictive : l'étranger qui veut obtenir un permis par voie simplifiée doit avoir plus de 55 ans, des « attaches étroites » avec la Suisse et aucune activité lucrative. Mais ce texte permet aussi d'accorder un permis à d'« autres étrangers » lorsqu'il y a des « raisons importantes » pour le faire. L'âge limite, par exemple, peut être bien plus bas que les 55 ans requis. Le canton de Genève a ainsi accueilli un multimillionnaire de 28 ans sans que le gouvernement suisse, responsable ultime de la politique migratoire, y voie la moindre objection : le jeune homme assure qu'il dépensera au moins 350 000 francs suisses par an en territoire helvétique, et paiera un forfait calculé sur la base de cette somme. Quant aux « attaches étroites », avoir passé une fois ou l'autre des vacances en Suisse – c'est assez fréquent chez les gens fortunés – suffit largement à remplir cette condition.

Certaines régions de Suisse sont prêtes à aller très loin dans l'espoir d'attirer un riche étranger. Apprenant que le pilote de Formule 1 Michael Schumacher, après avoir résidé plusieurs années dans le canton de Vaud, songeait à s'installer dans la petite commune de Nottwil, le président du gouvernement cantonal de Lucerne a demandé au ministère suisse de la Défense de mettre un aérodrome militaire tout proche à la disposition du champion. Le ministre a refusé : excellente nouvelle pour la commune concurrente de Wolfhalden, en Appenzell, qui dispose d'un aérodrome civil à proximité. Michael Schumacher a obtenu des autorités de Wolfhalden le droit de construire sa villa en zone agricole, ce qui est en principe interdit, mais les recours déposés par des organisations écologistes ont finalement fait échouer ce projet.

Les fiscalistes helvétiques pensent que le système de forfait a un bel avenir devant lui. L'accord de libre circulation signé entre la Suisse et l'Union européenne va rendre encore plus simple l'installation d'Européens fortunés. Cela devrait déplaire au gouvernement français qui, de tous les voisins de la Suisse, est sans doute celui qui voit du plus mauvais œil le système du forfait fiscal. Cela n'a rien d'étonnant, car les Français représentent la majorité des quelque 6000 à 10000 bénéficiaires de forfait installés en Suisse[1]. Pour tenter d'endiguer la fuite de leurs contribuables, les autorités françaises harcèlent de différentes manières les candidats au départ. Elles commencent par refuser de reconnaître la résidence suisse des émigrés. Certains ont été suivis pour vérifier qu'ils passaient bien moins de six mois par année sur le territoire français. Les voitures un peu voyantes munies de plaques suisses sont fréquemment arrêtées dans la zone frontalière. Des fouilles, parfois intégrales, se produisent à la frontière. Leur effet est d'autant plus traumatisant que les personnes visées peuvent être des vieilles dames très comme il faut que rien n'a préparées à un tel traitement. Ces actes d'intimidation peuvent pousser certains exilés à quitter la

1. Il est très difficile d'obtenir des chiffres valables pour l'ensemble de la Suisse dans ce domaine qui relève de la compétence des cantons. Cette estimation datant d'octobre 2001 émane de l'Administration vaudoise des finances.

Suisse. Ce fut le cas du styliste Pierre Cardin, qui s'établit à Genève il y a quelques années avant de repartir, excédé par les tracasseries que lui imposaient les services fiscaux français.

Les réfugiés fiscaux : une galerie de portraits

En dépit de ces désagréments, la liste des bénéficiaires français du forfait fiscal suisse comprend un nombre impressionnant de personnages célèbres. Parmi les sportifs, qui forment un contingent important, citons les coureurs automobiles Alain Prost (Vaud) et Jean Alesi (Genève) ; les joueurs de tennis Yannick Noah (Vaud) et Guy Forget (Neuchâtel) ; le skieur et membre du Comité olympique international Jean-Claude Killy (Genève). Dans la catégorie des artistes, les noms sont également prestigieux même si Alain Delon, naturalisé suisse, a en principe perdu les privilèges qui s'attachent au forfait, spécialement réservé aux étrangers. L'actrice Isabelle Adjani vit discrètement dans un immeuble chic du centre de Genève. Le chanteur Charles Aznavour, implanté depuis 1976 à Cologny, dit apprécier le « respect de la sphère privée » qui règne en Suisse et l'absence de « harcèlement administratif » typique, selon lui, de la France – en particulier pour ceux dont la fortune justifie une traversée du Léman. L'écrivain Bernard Clavel a quitté l'Irlande, où les artistes sont exemptés d'impôts, pour s'établir à Vufflens-le-Château (Vaud), ancien lieu de résidence de Michael Schumacher.

Chez les industriels, les sommes en jeu sont beaucoup plus importantes. Les installations récentes comprennent celles des bijoutiers Boucheron, dans le canton de Vaud ; des Wertheimer, propriétaires de Chanel dont la fortune est estimée à plusieurs milliards d'euros, à Cologny ; des Fournier, fondateurs du groupe de distribution Carrefour, ou encore des Dumas, qui auraient retiré 1,6 milliard de dollars de la vente de leur entreprise, Hermès. Corinne Bouygues, héritière du groupe de construction qui porte son nom, vit à Genève ; Caroline Arpels a émigré en Suisse en 1998 après la vente de sa société de parfums et de bijoux Van Cleef & Arpels. L'opticien Alain Afflelou vit à Genève depuis 1998 : la vente de 70 % de sa société lui aurait rapporté 125 millions de francs suisses. Le patron d'Adidas Robert-Louis Dreyfus s'est exilé du côté de Davos, en Suisse orientale, d'où il se rend régulièrement au siège allemand de son groupe par hélicoptère.

La liste pourrait s'allonger démesurément si l'on incluait des industriels moins connus du grand public comme M. Z. Et, derrière ceux qui ont fait le pas de s'installer en Suisse, il y a la cohorte bien plus nombreuse des millionnaires vivant en France, mais qui entretiennent une relation secrète avec un compte numéroté du pays voisin. Figures du sport ou des arts, héritiers fabuleusement riches, entrepreneurs qui ont réussi : derrière ce portrait succinct des réfugiés fiscaux se dessine la clientèle type de la place financière suisse.

Des hôtes encombrants

Aux côtés de cette foule de célébrités, la Suisse accueille aussi des personnages plus discrets, actifs dans les trafics de cigarettes, d'armes et de bois précieux. L'asile fiscal offert aux étrangers et un régime libéral d'autorisations de séjour pour les millionnaires expliquent que nombre de figures douteuses, parfois considérées comme criminelles dans le reste de l'Europe, aient été accueillies à bras ouverts sur le territoire helvétique.

La Suisse, comprenant que l'établissement sur son sol d'une véritable communauté de gros trafiquants menaçait son image de marque, a commencé à se débarrasser des cas les plus voyants. En juin 2001, un membre de l'une des plus grandes organisations de trafic de cigarettes d'Europe, Gerardo Cuomo, a été condamné par un tribunal de Lugano, où il résidait, avant d'être extradé vers l'Italie, pour « participation à une organisation criminelle ». Cuomo travaillait pour Francesco Prudentino, considéré par l'Italie comme le chef d'une mafia des Pouilles, la Sacra Corona Unita. Au Tessin, il avait mis en place un réseau de recyclage des profits générés par le trafic de cigarettes entre le Monténégro, petit État intégré à la Yougoslavie, et l'Italie. Il disposait d'un réseau de porteurs de valises, dont plusieurs ont été condamnés, d'une société financière à Chiasso, et d'un ami très bien placé, le juge Franco Verda. Après la publication de photos le montrant de fort joyeuse humeur sur le bateau de Cuomo, le magistrat a été condamné pour corruption passive. L'avocat Francesco Moretti, qui avait obtenu l'autorisation de séjour de Cuomo, a été arrêté pour blanchiment en Italie : une voiture à double fond transportant l'argent de la redoutable mafia calabraise, la N'Drangheta, faisait halte chaque semaine à son bureau de Chiasso. L'avocat aimait tant ses clients italiens qu'il était devenu le parrain de la fille du « boss » de la N'Drangheta, Francesco Sergi.

Ce cas est loin d'être isolé. L'un des chefs du trafic de cigarettes entre l'Europe et le Monténégro, Srecko Kestner, s'est aussi installé au Tessin. Son autorisation de séjour lui a été retirée en août 2001, parce que son entreprise d'eaux minérales n'avait pas créé assez d'emplois. A Genève, un autre maître de l'industrie monténégrine des cigarettes, Stanko Subotic, s'est installé dans une somptueuse villa près de Cologny. Dans le canton de Zoug, l'Ukrainien Leonid Minine, trafiquant d'armes, de bois tropical et de diamants, lié au président du Liberia Charles Taylor, passait pour un honnête commerçant en pétrole, avant son arrestation en Italie en août 2000[1]. D'autres affaires ont montré que la Suisse avait abrité le produit de fraudes sur l'huile d'olive, massivement subventionnée par l'Union européenne, et sur le beurre.

A la suite de cette série d'affaires, les autorités suisses ont promis de mettre fin à l'impunité pour les trafiquants et frau-

1. *Facts*, n° 27, 2001.

deurs qui opèrent sur leur territoire. Un Iranien qui avait escroqué le fisc allemand de millions de marks en montant une fausse société d'import-export de téléphones portables a été extradé au début de l'année 2002. « Nous voulons que les trafiquants de cigarettes disparaissent de Suisse, ils dérangent les voisins », affirme Ulrich Ursprung, directeur de l'Administration fédérale des contributions. Un autre fonctionnaire, policier celui-là, fait part de son malaise : « Pour le trafic de cigarettes, nous n'accordons pas l'entraide à d'autres pays. C'est difficile à expliquer, car on ne sait pas où s'arrête le simple trafic de cigarettes et où commence l'organisation criminelle. On ne sait pas non plus d'où vient l'argent qui permet d'acheter les cigarettes de contrebande en premier lieu. Les policiers étrangers affirment que l'argent vient du trafic de drogue. Les cigarettes ne se trouvent pas en Suisse. Elles arrivent en Hollande et ne paient pas de taxes car elles sont censées être réexportées hors de l'Union européenne. Elles vont jusqu'au Monténégro, puis sont envoyées clandestinement en Italie. Le produit de la contrebande vient ici, car nous accordons une sorte d'immunité à cet argent. Il y a en Suisse quelques personnes qui sont des trafiquants de cigarettes notoires. Ils s'établissent en Suisse parce qu'ils ont de l'argent, et cet argent vient d'activités illégales, voire criminelles. »

Vivons heureux, vivons cachés

Ce bref passage en revue de l'immigration fiscale ne serait pas complet s'il ne faisait mention d'un groupe à part, celui des hommes d'affaires dont on ne sait rien, sauf qu'ils sont invraisemblablement discrets et fortunés. Syed Mohammad Razi Haider Jaffrey est un exemple tout trouvé. Ce Suédois par mariage a fait aménager sur la rive droite du Léman un curieux palais en style indo-arabo-romain, bardé de caméras à l'extérieur, de marbre et de miroirs à l'intérieur. Un ours blanc empaillé se dresse dans le vaste jardin, non loin du garage rempli de voitures de luxe. Jaffrey a créé sa société suisse, Wingate Capital, en 1998. Ses moyens semblent énormes : pratiquement inconnue, Wingate s'est acheté un immeuble prestigieux en plein cœur de la rade de Genève, rebaptisé depuis « Wingate House ». De rares initiés ont décrit le luxe inouï de ses équipements de vidéoconférence et des aménagements intérieurs. Seul le petit cercle des professionnels qui l'entourent semble savoir ce que fait Syed Jaffrey pour gagner sa vie. Et ils ne veulent rien dire.

On en sait un peu plus sur Alex Raccah, un mystérieux habitant de Cologny qui possède la nationalité suisse. Trônant dans un immense bureau rempli d'œuvres du XVIIe siècle français, son avocat, Marc Bonnant, le décrit comme « un homme d'affaires et un commerçant à ma connaissance parfaitement honorable ». Sur les marchés, la rumeur affirme que Raccah a été très actif dans le commerce du palladium, un métal précieux dont les cours ont explosé à la fin des années 1990. Il possède des intérêts en Russie, au Nigeria, au Soudan. La meilleure description que l'on peut donner de lui est encore celle d'un « gros brasseur d'affaires », car la nature réelle de ses activités demeure indiscernable à l'observateur extérieur. Pourquoi, par exemple, a-t-il touché plusieurs dizaines de millions d'euros de la part de la société publique russe qui devait construire l'aciérie d'Ajaokouta, au Nigeria, dont on a vu qu'elle a surtout enrichi la famille Abacha ? « Activité d'intermédiaire », a répondu Raccah au juge devant lequel il comparaissait comme témoin. Ils sont nombreux, dans ce métier bien particulier, à avoir fait de la Suisse leur seconde patrie.

4

La valse des commissions

Plutôt jovial et bon vivant, Jean Caillet a longtemps résidé à Pully, une commune riche de la côte lémanique. En 1981, alors qu'il travaillait dans le commerce de matières premières, ce propriétaire d'une Porsche a quitté la France pour des raisons politiques : « Je ne voulais pas, explique-t-il, devenir un employé des révolutionnaires », c'est-à-dire du gouvernement socialiste. Il a émigré en Suisse et, depuis, il voyage de pays en pays pour négocier des contrats, contre rétribution.

Comme tous les membres de la discrète confrérie des intermédiaires, Jean Caillet est peu disert sur la nature exacte de ses activités. « Je ne suis pas un exhibitionniste. Je ne parle pas de ce que je fais. Que voulez-vous que je vous dise ? Si vous obtenez un contrat, il y a des frais d'intermédiaire. »

Durant l'été 2001, un journaliste de l'île Maurice a découvert un relevé de comptes détaillé concernant les transactions financières de Jean Caillet dans ce paradis fiscal de l'océan Indien. On y trouve des sommes de 2 900 000 dollars une fois, de 4 500 000 euros une autre, versées à la Deutsche Bank de l'île Maurice par des sociétés comme TotalFinaElf, Vivendi Telecom International ou Alcatel CIT. Le métier d'intermédiaire est bien payé.

A force de pratique, Jean Caillet a établi sa propre typologie des commissions que touche un intermédiaire. « Si vous apportez une affaire à quelqu'un qui vous récompense, c'est une commission noble – dite aussi "commission bête et méchante".

Si ça va dans la poche du ministre, c'est une commission non noble. Il y a eu beaucoup d'affaires où un ami du président pouvait vous obtenir un contrat. Ça se passait partout. » Les choses ont changé depuis l'entrée en vigueur dans de nombreux pays d'une convention internationale proscrivant le versement de commissions aux fonctionnaires d'un État étranger. « Aujourd'hui, assure Jean Caillet, je pense qu'il y a des contrats pour lesquels pas un franc de commission n'est versé » – une déclaration qui en dit long sur l'omniprésence de cette pratique avant l'entrée en force de la convention anti-corruption, élaborée sous l'égide de l'OCDE[1].

Aux côtés d'intermédiaires indépendants comme Jean Caillet, de nombreuses sociétés françaises dépendant de grands groupes industriels ont compris que la Suisse offrait des conditions favorables pour le versement de commissions occultes et leur corollaire, les caisses noires. On y parle le français. Les impôts consentis aux sociétés dites « de service » (parce qu'elles ne produisent pas de biens matériels) sont faibles. Le secret bancaire permet de garantir la confidentialité des transactions, ce qui est important lorsqu'il y a des commissions à la clé.

Ces unités délocalisées par les multinationales sont appelées sociétés de service, sociétés financières... l'exemple d'Elf-Aquitaine International (EAI), qui versait à Genève des salaires occultes pour le compte du groupe pétrolier, est devenu célèbre. On connaît moins la Compagnie financière Michelin, Peugeot Finances NV ou Renault Finances, toutes installées en Suisse romande. Les sociétés de ce genre ont pour mandat officiel de gérer les liquidités de grands groupes. Mais certaines d'entre elles étaient aussi des centrales de distribution de pots-de-vin.

Jusqu'à récemment, l'une de ces « financières », Rivunion, occupait un immeuble de verre bleuté, juste à côté de l'aéroport

1. Cette convention est entrée en vigueur en 1999, la Suisse l'a ratifiée en l'an 2000.

de Genève. Depuis les nouvelles normes anti-corruption, cette filiale du groupe Elf n'a plus la même utilité et son activité a considérablement décliné. Durant l'été 2001, son directeur, Paul-Roger Machard, a été entendu comme témoin par la justice genevoise, qui s'interrogeait sur la nature des services rendus par l'entreprise : c'est notamment par Rivunion qu'ont transité les fonds remis à Christine Deviers-Joncour, ex-maîtresse de Roland Dumas et instrument d'Alfred Sirven, qui fut le directeur d'EAI. Selon un magistrat qui a enquêté sur ce dossier, Rivunion « agissait dans des opérations sensibles qui impliquaient le versement de commissions, sur les instructions de la direction d'Elf. Pendant des années, c'est elle qui avançait les fonds distribués pour obtenir des contrats pétroliers. Cela permettait de verser cet argent aux autorités des pays concernés avant d'avoir eu l'aval formel des autorités françaises comme les douanes, qui autorisaient ensuite le groupe à déduire les commissions de ses impôts. Finalement, Elf remboursait Rivunion ».

Des documents établissent comment fonctionnait ce système au début des années 1990. Le directeur de Rivunion à cette époque, Claude Gosselin, se rendait personnellement au Liechtenstein, à quatre heures de voiture de Genève, dans l'étude de l'avocat fiduciaire Herbert Batliner. Celle-ci avait constitué un réseau de sociétés-écrans nommées Pimarex, Versima, Iserco, Socap, Timor, Bussar, Zarni et Fernana. Un avocat d'Elf a eu cette jolie expression pour désigner ces structures : « Ce sont des sociétés pour payer des sommes. » C'est en effet par elles que transitaient les versements destinés aux décideurs politiques dans les pays producteurs : en Afrique, au Moyen-Orient, mais aussi dans les républiques de l'ex-Union soviétique. Une « déclaration au conseil d'administration », non signée et non datée, adressée à la société Versima, laisse entrevoir l'ampleur des montants en jeu : « Par la présente je déclare vis-à-vis le conseil d'administration que lors des revenus de commission se montant à FS 88790213. – et US$ 39442976. – selon le compte pertes et profits de l'année 1990 il s'agit en effet de commissions (*sic*). » Une partie de cet argent s'est aussi retrouvée, plus tard, sur les comptes suisses d'Alfred Sirven et d'André Tarallo.

L'industrie pétrolière tout entière utilise abondamment les commissions. La justice genevoise a ainsi découvert que plusieurs compagnies américaines, notamment Amoco et Mobil, avaient « arrosé » de centaines de millions de dollars les comptes ouverts dans plusieurs banques suisses par les plus hauts dirigeants du Kazakhstan. Les commissions partaient des États-Unis, déguisées en frais de prospection géologique ou de conseil juridique par un « consultant » américain, James Giffen, avant d'atterrir sur les comptes suisses du président Nursultan Nazarbaïev et du ministre du Pétrole, Nurben Balgimbaïev. Au Crédit agricole de Genève, c'est Jean-Jacques Bovay, le banquier des Abacha, qui gérait leurs comptes – et touchait, lui aussi, des commissions occultes de la part de ses clients.

Les sociétés financières peuvent, encore, être utilisées pour faire sortir des bénéfices du pays où se trouve la maison mère – cela permet notamment de payer moins d'impôts. Les pétroliers italiens ont été des utilisateurs enthousiastes des « pompes à phynances » installées en terre helvétique. Le géant russe Gazprom possède à Saint-Gall, en Suisse orientale, une filiale, Itera, par laquelle transitent des sommes considérables. Une société financière lausannoise, Forus Services, a reçu près de 340 millions de dollars, de 1996 à 1998, de la part de sociétés comme Air France, British Airways, KLM ou Lufthansa. Ces sommes ont été payées par les compagnies aériennes en échange du droit de survoler la Sibérie. On peut se demander pourquoi ces millions, au lieu d'être directement versés au Trésor russe ou à la compagnie nationale Aeroflot, devaient passer par une obscure société suisse contrôlée par Boris Berezovski, alors l'oligarque le plus influent de Russie.

Une corruption très officielle

A cette même époque, l'intendant de l'administration présidentielle russe se nommait Pavel Borodine. Le contrat de rénovation du Kremlin, octroyé à deux sociétés de Lugano, Mabetex et Mercata, lui aurait rapporté des dizaines de millions de dollars si la justice genevoise n'était pas intervenue pour bloquer ses comptes. Borodine a été régulièrement invité à s'expliquer sur les versements qu'il a reçus en Suisse[1]. Au palais de justice de Genève, lors des auditions, il est resté muet, sur les conseils de son avocat, Dominique Poncet. L'étude de ce dernier, professeur de droit et avocat connu à Genève, a aussi compté parmi ses clients le président gabonais Omar Bongo, Alfred Sirven ou Silvio Berlusconi. Il connaît les ficelles du métier de commissionneur : « Je distinguerais trois types de commissions : celle que l'on verse à l'intermédiaire, celui qui procure le contrat en négociant sur place ; la commission occulte, le pot-de-vin, versée à une entité sans contrepartie réelle ; et la commission mixte, versée à un intermédiaire qui distribue les douceurs tout en faisant bien son travail. Pour la commission occulte, il faut que l'argent vienne des fonds "noirs". On ne peut pas faire d'affaires dans de nombreux pays du Sud sans ce type de versement. Les gens considèrent que vous les offensez si vous ne leur donnez pas de cadeaux. Le problème, c'est de créer des réserves pour verser des commissions, d'où l'intérêt de certaines entreprises de se délocaliser en Suisse. Sans compter le fait qu'il y a encore quelques années, si vous étiez une société italienne travaillant dans le pétrole, vous pouviez, ici, faire un paiement en cinq heures, alors qu'en Italie il fallait au moins trois semaines pour avoir les autorisations administratives nécessaires. »

1. Pavel Borodine a été condamné à 300 000 francs d'amende pour « blanchiment » en mars 2002.

Installée dans un triste immeuble des années 1960, l'Administration fédérale des contributions (AFC), à Berne, est le centre nerveux de la collecte d'impôts au profit de la Confédération suisse. Il y a peu, l'AFC passait pour l'organisme gouvernemental le mieux renseigné du monde sur les commissions versées par les multinationales : lorsqu'une société basée en Suisse versait un pot-de-vin à l'étranger, elle pouvait le déduire de sa facture d'impôts en s'adressant à l'AFC. De même, la cour suprême suisse, le Tribunal fédéral, a examiné de nombreux litiges concernant le versement de commissions occultes. Beaucoup de contrats internationaux sont en effet « localisés » en Suisse : non seulement les commissions qu'ils génèrent sont versées là, mais toute contestation éventuelle de l'accord doit être portée devant une cour suisse. La plupart du temps, le différend passe devant une cour arbitrale composée d'avocats d'affaires, généralement à Genève ou à Zurich, puis, si le litige persiste, devant le Tribunal fédéral. Cette auguste institution a dû se pencher sur le conflit entre Elf – alors représentée par Alfred Sirven – et la société Thomson, à qui le pétrolier demandait l'équivalent de 23 millions d'euros pour des services rendus lors de la vente de frégates ultramodernes à Taïwan, en 1991. Elf prétendait que son réseau d'intermédiaires avait aidé à désamorcer la méfiance de la Chine populaire, qui considère Taïwan comme une province rebelle. Un contrat scellant l'alliance entre les réseaux d'Elf et Thomson avait été signé en 1990 dans les bureaux d'une fiduciaire bernoise, Frontier AG. Le 28 janvier 1997, le Tribunal fédéral a reconnu la validité de cet accord et condamné Thomson à payer. L'entreprise française ne s'est jamais exécutée : elle estime qu'Elf ne lui a, en fait, rendu aucun service pour décrocher le contrat.

Les mêmes frégates pourraient avoir donné lieu au versement, en Suisse, d'autres commissions. Une enquête a été ouverte en 2001 sur les activités d'un intermédiaire taïwanais, Andrew Wang. Plusieurs centaines de millions de francs lui appartenant ont été bloquées au Credit suisse de Zurich et dans d'autres banques, ce qui en fait le plus important blocage d'avoirs personnels jamais effectué en Suisse. Wang, qui avait affirmé à ses banquiers que sa fortune venait d'opérations immobilières, est soupçonné d'avoir touché de très importantes commissions liées au contrat des frégates. Très proche du parti au pouvoir à Taïwan au début des années 1990, interlocuteur incontournable de plusieurs fabricants d'armes étrangers sur l'île, il avait servi, dans cette affaire, d'intermédiaire au profit de… Thomson ! Dans un autre contrat – l'achat par l'Arabie Saoudite, en 1994, de trois frégates de même type –, l'intermédiaire s'appelait Ali Ben Mussalam, un cheikh rigoriste qui vit en permanence dans un palace genevois, l'Hôtel du Rhône, avec ses femmes, ses fils et sa suite. Les commissions prévues par le contrat initial, qui devaient être versées dans trois banques genevoises, étaient si élevées – l'équivalent de 340 millions d'euros pour le seul Ben Mussalam[1] – qu'elles ont dû être revues à la baisse deux ans plus tard.

D'autres cas montrent que les commissions étaient parfaitement admises par le système juridique suisse avant l'an 2000. Un arrêt rendu par le Tribunal fédéral en décembre 1994 détaille ainsi le système mis en place pour décrocher un contrat de livraison de 215 chars au Koweït, pour une valeur de plus de 500 millions de dollars de l'époque. Deux « consultants » koweïtiens se dissimulaient derrière une société panaméenne censée aider les fabricants des chars à obtenir le contrat, signé en 1988. Cette société devait négocier avec le ministère koweïtien de la Défense, puis, en cas de succès, recevoir 15 % du prix de vente, soit plus de 50 millions de dollars. Le fabricant des chars est ensuite revenu sur son engagement, alléguant, selon l'arrêt, que « cette convention, comme promesse de versement de pots-de-vin, serait contraire aux mœurs et, partant, nulle ». Une première juridiction arbitrale, la Chambre de commerce internationale, avait estimé que le « pot-de-vin » en ques-

1. *Libération*, 3 août 2001.

tion devait être versé. Les arbitres reconnaissaient, certes, que la commission promise était sans commune mesure avec les services rendus. Mais cela ne suffisait pas à invalider un contrat régi par le principe « vous ne recevez pas ce que vous avez mérité, mais ce que vous avez négocié ». Le Tribunal fédéral a ensuite estimé que, même s'il était impossible de déterminer la réalité de ses services, les preuves manquaient pour qualifier de « pots-de-vin » les versements promis à la société panaméenne.

Bons amis et petits cadeaux

Certes, les commissions de ce genre avaient toutes les apparences de la corruption, mais le Tribunal ne faisait qu'appliquer le droit en vigueur à cette époque. Avant l'entrée en application de la convention OCDE, les autorités de nombreux pays occidentaux (en France, le ministère des Finances) ont régulièrement avalisé les pots-de-vin versés par leurs grandes entreprises. Il faut souligner que les commissions, c'est-à-dire l'octroi par une entreprise d'une faveur financière à celui qui lui amène un client, sont un fait commercial incontournable dont l'usage ne se limite pas aux contrats de pétrole ou de vente d'armes. Comme on l'a vu dans l'affaire Abacha, elles sont largement utilisées par les banques pour rémunérer leurs « apporteurs d'affaires », qui peuvent recevoir d'elles une commission équivalente à 0,5 % des sommes qu'ils amèneront. Pour toucher une commission, il suffit de se faire l'« apporteur » de quelqu'un : ce principe est un ciment qui lie entre eux tous les acteurs de la finance *offshore*. Les magasins de luxe « commissionnent » régulièrement ceux – gestionnaires de fortune, avocats ou autres – qui leur amènent de bons clients. Un expert en bijoux genevois, que son métier appelle constamment à rencontrer des gens très riches, explique le système : « Un jour, une cliente américaine m'a demandé ce que je pensais d'un collier à un million de dollars qu'elle avait vu chez Bulgari. J'y suis allé et on m'a proposé une commission de 1 % pour que je recommande le collier à cette cliente. Moi, je refuse, mais c'est quelque chose qui se produit tout le temps. On m'a aussi proposé une commission chez Vuitton, si j'amenais des gens qui dépensaient beaucoup, ou dans des banques si j'amenais des clients qui ouvraient un compte. » Les avocats sont en principe privés de commissions, puisqu'ils touchent déjà des honoraires. Mais plusieurs témoignages laissent croire que certains d'entre eux se laissent rémunérer par les banques pour amener des clients. Pas toujours sous forme d'argent, d'ailleurs : la banque peut payer des croisières, des voyages, des billets pour la Coupe du Monde de football… Elle donnera aussi des mandats à l'avocat en échange des clients qu'il lui apportera : dans le milieu, on appelle cela *best friend policy* – en bon français, cela s'appelle le copinage.

Les banquiers eux-mêmes ne sont pas à l'abri de la tentation. Il n'est pas exceptionnel de la part d'un gérant de fortune d'accepter des petits cadeaux, par exemple une belle montre offerte par un bijoutier, en échange d'une introduction auprès d'un client difficile d'accès, comme un prince arabe. Durant le boom de la construction, à la fin des années 1980, certains banquiers suisses ont consenti des prêts gigantesques à des promoteurs en échange de rétrocessions en liquide, les « dessous-de-table », dont l'usage sur le marché immobilier est presque banal. « Au siège d'une grande banque, j'ai vu un promoteur remettre une valise de billets à un banquier qui venait de lui accorder un prêt de plusieurs millions de francs », raconte un avocat genevois. Un rapport interne de Paribas, daté de 1991, relève que le secret bancaire a favorisé ces dérives en autorisant des promoteurs « en marge de l'honorabilité » à cacher leur fortune réelle, ce qui leur permettait d'obtenir des crédits exagérés par rapport au montant de leur fortune : « Le secret bancaire permet tous les cloisonnements sur une même opération et il empêche toute concertation entre les banques créancières si le client ne consent pas à délier les banques, entre elles et à leur seul profit, du secret bancaire. »

L'appât de la commission peut aussi être utilisé pour inciter le banquier à effectuer une opération risquée ou illégale, comme le montre le témoignage suivant, qui doit rester anonyme, car le gestionnaire qui se confie – par « dégoût », dit-il – travaille pour la filiale d'une grande banque américaine en Suisse. « Un jour, un financier que je connaissais m'a demandé de mettre des clients à lui en contact avec des banquiers au Moyen-Orient. Il s'agissait de transférer les avoirs d'un dictateur africain vers le Golfe. C'était une grosse transaction, plus de 100 millions de francs. Vous savez combien j'aurais pu toucher, juste pour mettre les gens en contact ? 7 millions de francs suisses ! 7 millions… j'ai beaucoup hésité. Pendant trois nuits, je n'ai pas pu dormir, je faisais des cauchemars… j'ai refusé. Je n'aurais pas pu supporter qu'on dise un jour de moi que je suis un pourri. » D'autres n'auraient peut-être pas eu les mêmes scrupules.

DEUXIÈME PARTIE

Le monde des banquiers

5

Les castes bancaires

La finance *offshore* a contribué à faire de la Suisse l'un des États les plus riches du monde – le deuxième en termes de produit intérieur brut par habitant, le troisième en termes de pouvoir d'achat, la palme étant détenue dans les deux cas par le Luxembourg[1]. On estime que 60 % des fortunes déposées par des épargnants européens hors de leur contrée d'origine se trouvent en Suisse[2]. Quelques signes extérieurs trahissent l'omniprésence de cet argent : l'ostentation des Bentley à plaques andorraises et des Porsche luxembourgeoises qui stationnent près des banques, les prix surfaits des restaurants où les professionnels régalent leurs clients, le luxe des grands hôtels où se succèdent les suites pléthoriques des cheikhs. L'argent affleure dans les confiseries, horlogeries, bijouteries et galeries d'art au goût parfois discutable où les hôtes de la place financière dépensent sans compter. On en perçoit l'écho dans la pénombre des bars où les cravates des financiers luisent de douces irisations : les conversations portent sur le mérite comparé des BMW et des Mercedes, sur la vente de tableaux de maître ou de villas, sur des transferts bancaires supérieurs au million de dollars. Dans les grandes villes, les banques ont colonisé les centres urbains, installant d'austères palais classiques dans les rues prestigieuses, ou couvrant des quartiers

1. *The Economist*, « Pocket World in Figures », 2001.
2. *Financial Times*, 16 novembre 2001.

entiers de monotones cubes de verre et de métal. La concentration de prestataires de services financiers atteint des proportions inouïes : à Genève, on compte 53 sociétés financières pour 45 immeubles le long des quais qui bordent le lac Léman. Les 376 banques recensées en Suisse produisent plus de 12 % de la richesse du pays, trois fois plus que le secteur de la chimie. En France et en Allemagne, leur contribution à l'économie est plus proche de 4 %. Les banques suisses sont de formidables machines à faire des profits : en 2000, année record, leurs bénéfices cumulés ont atteint 19,5 milliards de francs, en hausse de 12,7 % par rapport à 1999.

Comme la moitié au moins des sommes amenées en Suisse par des clients étrangers le sont « au noir », leurs possesseurs, soucieux de limiter les contacts avec leur banque, se contentent généralement de « poser » l'argent sur un compte et laissent le banquier libre de l'investir comme il l'entend. Chaque année, en échange de ses services, la banque percevra typiquement une commission équivalant à 1,2 % de la fortune qu'elle gère. Selon un calcul couramment utilisé dans le monde de la gestion de fortune, chaque million déposé par la clientèle rapporte environ 50 000 francs de bénéfices par an à la banque, grâce aux multiples commissions et frais de gestion. Même si le client ne procède à aucune transaction, il paiera tout de même à peu près 0,5 % de « frais pour dépôt de titres ». Grâce au secret bancaire, les banques suisses peuvent se permettre de rester plus chères (de un ou deux dixièmes de pour cent) que leurs concurrentes luxembourgeoises ou britanniques. Leurs revenus, qui proviennent en majorité du secteur de la gestion de fortune privée, sont aussi plus stables que ceux des grands concurrents américains ou britanniques, qui dépendent davantage d'activités comme le financement de fusions ou les introductions en Bourse, donc de la conjoncture.

Les trois grandes régions linguistiques suisses possèdent chacune un pôle financier orienté vers une clientèle particulière. A Zurich se concentrent les opérations de l'UBS et du Credit suisse, qui comptent chacune parmi les dix plus grandes banques du monde. C'est le lieu de rendez-vous d'une très grosse clientèle internationale, et des clients allemands. Genève passe pour être la capitale mondiale de la gestion de fortune pour les riches particuliers : la plupart des banques y sont étrangères et plusieurs géants internationaux – HSBC, Deutsche Bank, Barclays, BNP-Paribas – y ont installé le centre de leurs opérations de banque privée. Au Tessin italophone, Lugano, une bourgade de 30 000 habitants, gère quelque 400 milliards de francs, venus essentiellement d'Italie.

L'influence des banques est sensible dans tout le tissu économique. En Suisse, elles payent un cinquième des impôts perçus par les collectivités publiques (environ 24 milliards de francs suisses par an) et emploient 125 000 personnes, auxquelles il faut ajouter 100 000 avocats, experts-comptables et autres gestionnaires indépendants. Ils offrent des services « parabancaires » comme le conseil financier ou la création de montages juridiques destinés à assurer la confidentialité des placements. Puis viennent les hôteliers, les agences de location de limousines et leurs chauffeurs, les gardes du corps, les convoyeurs de fonds, les chocolatiers, antiquaires et bijoutiers, les prostituées de luxe et autres animatrices de « bar à champagne » où les étrangers fortunés viennent tromper leur ennui, parfois accompagnés de leur gérant de fortune. Sans oublier l'armée des « petites mains » qui travaillent dans les banques elles-mêmes : nettoyeurs et nettoyeuses, gardiens, huissiers, concierges, courriers… C'est grâce à la contribution de tous ces métiers au bien-être de la clientèle que la Suisse est devenue ce qu'elle est. Comme le dit l'avocat genevois Dominique Poncet : « Nous sommes tous des parabancaires. »

Les maîtres des « grandes banques »

La clé de voûte de la « place financière suisse », ce sont les banques elles-mêmes : de leurs performances et de leur crédibilité internationale dépend la bonne santé du reste. Facilement réunis sous le stéréotype du comptable grisâtre à grosses lunettes et accent bizarre, les milieux bancaires helvétiques sont pourtant loin de former un tout homogène.

Le groupe le plus puissant dirige ce qu'en Suisse on appelle avec une certaine déférence les « grandes banques », c'est-à-dire UBS et le Credit suisse. En 2001, les divisions « banque privée » de ces deux établissements géraient respectivement 718 milliards et 473 milliards de francs. Le portrait dressé au début des années 1980 par le journaliste anglais Nicholas Faith de leur cadre idéal, « réservé, poli, franc-maçon, major à l'armée », a un peu vieilli. Certes, le banquier zurichois demeure profondément réticent à s'exprimer en public. Lorsqu'il le fait, son expression manque souvent de spontanéité et son discours s'écarte peu de ce que les experts en communication de la banque ont recommandé. En revanche, la carrière militaire[1] n'est plus un impératif absolu pour parvenir au faîte des grands établissements. Un passage par le glacial complexe de marbre noir des consultants de McKinsey, près de l'aéroport de Zurich, est sans doute préférable : le patron du Credit suisse Lukas Mühlemann est issu de ce monde des restructurateurs d'entreprises connus pour leurs horaires de travail démentiels et leurs ambitions personnelles très aiguisées. L'un de ses amis, Peter Wuffli, est un quadragénaire aux airs de grand jeune homme – raie de côté et lunettes métalliques –, capitaine à l'armée, qui a aussi commencé sa carrière chez McKinsey. A la fin de 2001, il a remplacé au poste de directeur exécutif de l'UBS l'Anglais Luqman Arnold. Victime d'un limogeage brutal, il était l'un des rares étrangers à s'être fait sa place dans les étages directeurs de la finance helvétique.

A ce niveau de responsabilité, les salaires, les bonus et les « parachutes dorés » qui accompagnent les démissions forcées se comptent en millions de francs. Mais s'ils se permettent de

1. Rappelons qu'en Suisse les hommes sont tous astreints au service militaire.

temps à autre de se faire photographier avec de gros cigares qui feraient le bonheur des caricaturistes, les managers des grandes banques demeurent en majorité des personnages effacés, presque modestes. Le bureau du chef de la banque privée au Credit suisse, Peter Derendinger, est typique de cet esprit « profil bas » : c'est une pièce pas très grande, encombrée de papiers et de dossiers, située dans un immeuble néo-baroque où des fontaines de mosaïque glougloutent dans de vastes patios intérieurs et qui donne sur la Paradeplatz. On n'y trouve nul tableau de maître, seulement quelques photos de sa femme et de ses enfants. Peut-être cet extérieur humble est-il dû au fait que les grandes banques sont encore des méritocraties : en gravissant les échelons depuis la base, on peut espérer parvenir au sommet. Robert Studer, le patron de l'UBS avant sa fusion avec sa grande rivale la SBS, avait commencé comme simple employé aux guichets.

Le monde fermé des banquiers privés

Contrairement aux mastodontes zurichois, les « petites banques » privées – réunies, elles gèrent tout de même près de 1 000 milliards de francs[1] – sont plutôt aristocratiques, tant dans leurs origines que dans leur fonctionnement actuel. Elles abondent notamment à Genève, qui était déjà un centre bancaire au XVe siècle, lorsque la banque florentine des Médicis y fonda une succursale. La Réforme en fit la « Rome protestante », et accéléra le mouvement : nombre de financiers partisans de la nouvelle religion s'y établirent.

1. Comme la plupart des banques privées ne publient pas de chiffres, on ne dispose que d'estimations couramment utilisées dans les milieux financiers. En 2001, la genevoise Pictet & Cie gérait 207 milliards, la zurichoise Julius Baer 140 milliards, Lombard, Odier & Cie (Genève) 110 milliards, Vontobel (Zurich) 69 milliards, l'Union bancaire privée (Genève) 59 milliards, Sarasin (Bâle) 42 milliards...

Les banques privées genevoises comptent d'ailleurs parmi les derniers lieux en Suisse où être de la « bonne religion » a encore de l'importance : dans leur grande majorité, les administrateurs de ces établissements sont issus de quelques vieilles familles protestantes, souvent alliées entre elles. Jean-Gédéon Lombard, fondateur à la fin du XVIIIe siècle de l'actuelle banque Lombard, Odier & Cie, était déjà cousin de la famille Hentsch, qui possède la banque du même nom. Ces liens familiaux entre banques perdurent. Un associé de Darier, Hentsch & Cie, Jacques Rossier, l'un des rares catholiques présents à ce niveau, est marié à une descendante de la noble famille vaudoise des Senarclens, ce qui en fait le beau-frère de Pierre Koller, associé de Lombard, Odier & Cie. Les alliances avec de grandes familles françaises ne sont pas rares : les Barbey, qui ont compté des banquiers privés dans leurs rangs, sont parents par alliance d'Ernest-Antoine Seillière, figure de proue du patronat français. Les facteurs familiaux pèsent de tout leur poids lorsque s'organise une succession : quand le banquier Bénédict Hentsch a dû quitter le collège des associés de Darier, Hentsch & Cie en raison de la faillite de la compagnie Swissair, dont il était administrateur, il a été remplacé par… sa mère, âgée de 84 ans.

Devenir associé, c'est entrer dans un cénacle extrêmement fermé et endosser une fonction considérée comme la plus prestigieuse du monde bancaire suisse. Si une banque privée fait faillite, les associés doivent rembourser les clients sur leur fortune personnelle, ce qui explique qu'ils viennent en général de familles riches. Être associé, c'est contracter « un engagement que l'on signe avec son sang », selon le mot d'un nouveau membre du club[1]. L'identification de ces quelques privilégiés à leur entreprise est presque absolue.

En récompense de leur loyauté, les associés sont fantastiquement bien payés. Il est naturellement difficile de savoir com-

1. Barthélemy Helg, de la banque Darier, Hentsch & Cie, cité dans *Le Temps*, 12 septembre 2001.

bien : les banquiers privés genevois sont très réservés sur le montant de leur fortune. Tout récemment encore, certains établissements poussaient la discrétion jusqu'à payer les employés dans des enveloppes, en liquide, pour empêcher leurs collègues de savoir combien ils gagnaient. Les banques privées traditionnelles[1] ne publient aucun chiffre et gardent secrets les salaires de leurs associés. Ces derniers passent cependant pour être les banquiers les mieux payés de Suisse. La structure particulière de leurs établissements, associations de personnes répondant sur leurs biens personnels en cas de faillite, fait qu'ils partagent chaque année le bénéfice de la banque entre eux, selon une répartition négociée en interne, dans le plus grand secret. Un familier de la scène bancaire genevoise explique que le bénéfice annuel de Lombard, Odier & Cie, le deuxième plus grand établissement privé de Genève, permettrait de distribuer chaque année 50 millions de francs suisses à *chacun* de ses six partenaires. Cette estimation est jugée généreuse, mais « dans la cible », par un ancien associé de l'établissement.

En principe, il n'est pas question pour les banquiers genevois d'afficher cet argent de manière voyante. Tout au contraire, explique un banquier qui connaît bien le petit monde des associés : « Dans ce cercle très restreint, cela veut dire moins de trente personnes, on reste calviniste. Thierry Lombard [partenaire de la banque du même nom] a un break Volvo qui date d'il y a huit ans. D'autres vont au bureau en scooter. » Un conformisme sans faille, trop étouffant pour certains, règne dans ce petit milieu : « Il faut amener les choses très doucement, sans excès, sans violence, dans une langue feutrée, ne pas choquer, explique un ancien associé. On ne peut pas être excessif quand il faut faire travailler six ou huit personnes ensemble durant des décennies. Il ne faut pas dire un mot plus haut que

1. Pictet, Lombard Odier, Darier Hentsch, Mirabaud, Bordier : ces cinq établissements sont regroupés au sein du « Groupement des banquiers privés genevois ». Lombard Odier et Darier Hentsch ont fusionné en 2002.

l'autre, il faut se tenir, pour éviter toute opposition violente entre les gens. Le travail est terriblement répétitif. On vend les actions "*blue chips*[1]" quand elles baissent, puis on les rachète quand elles montent. J'ai fait cela souvent, parce que, comme les autres associés, je gérais des comptes et je m'occupais moi-même de certains clients. » Les banques privées sont des sortes de fossiles vivants. Alors que la durée de vie d'une entreprise ordinaire n'excède pas quarante à soixante ans, elles ont toutes été fondées entre 1796 et 1844. « Quand ils doivent décider quelque chose, ils se demandent ce que leur grand-père aurait fait », explique notre ex-associé.

On reçoit beaucoup derrière les porches sévères de la rue des Granges, dont les hôtels particuliers abritent quelques-unes des bonnes familles bancaires de la cité. Les banquiers privés dînent souvent entre eux, à la maison ou au cercle de la Terrasse, un club installé dans le décor noblement vieillot d'un petit hôtel néoclassique. Leurs épouses occupent leur temps entre le soin de leur intérieur, les activités de Foyer Handicap, une organisation caritative, et la direction de la Société de lecture, cénacle snob qui possède une impressionnante collection de livres de l'âge des Lumières.

Certains banquiers donnent chaque année plusieurs millions de francs pour le fonctionnement de l'Opéra de la ville et d'autres projets d'utilité publique. A des degrés divers, tous soutiennent les bonnes œuvres de Foyer Handicap, de l'Église protestante ou de la Croix-Rouge. Mais la caste dans son ensemble souffre toujours d'une réputation de pingrerie, partiellement méritée si l'on en croit un expert-comptable qui a beaucoup pratiqué ce milieu : « C'est un monde terrible. Je me souviens de l'administrateur anglais d'une banque privée qui, avant les séances du conseil d'administration, prenait des poignées entières de cigares dans la boîte qui se trouvait sur la table pour les fourrer

1. Grandes entreprises cotées en Bourse aux États-Unis : Coca-Cola, IBM, Boeing…

dans ses poches. Les gens ramassent des stylos, des blocs de papier à lettres. Au restaurant, je devais inviter mon patron, un directeur de banque, et ses clients, parce qu'il n'avait jamais d'argent sur lui. »

L'idéologie des banquiers

Même si leur culture d'entreprise diffère, les cadres des grandes banques et les dirigeants des établissements privés s'appuient, dans leur travail quotidien, sur le même socle philosophique. Parfois dépeint comme un être froid et assoiffé de profit, le banquier suisse se considère en fait comme porteur d'une éthique. Au fil du temps, il a développé une lecture morale de l'univers qui ressemble aux slogans de ces annonces pour les services financiers *offshore* que l'on trouve partout dans la presse anglo-saxonne. Sa première mission, c'est de « garantir la protection et l'accroissement de votre patrimoine ». Ce patrimoine est digne d'être « protégé » parce que celui qui l'amène a travaillé dur : « Après tout, c'est votre argent. Vous l'avez gagné. Maintenant, profitez-en », susurre une publicité pour les cartes de crédit de la société Axxess, basée aux Bahamas. Contre qui le patrimoine des clients doit-il être protégé ? Contre les créanciers, les maîtresses, les ex-femmes et les héritiers, d'une part ; contre le fisc étranger, avant tout. Comme le dit le banquier zurichois Hans-Dieter Vontobel, « celui qui paie plus de 50 % de son revenu légalement gagné aux taxes et aux redevances est, de fait, un esclave de l'État, et il a droit à une aide particulière[1] ». N'est-il pas légitime d'aider les gens à profiter de leur fortune, ou à la conserver pour leur famille, lorsque l'État abuse de son autorité en imposant des impôts trop lourds ?

Jürg von Ins est, à Genève, le conseiller financier du milliar-

1. Déclaration au conseil d'administration de la banque Vontobel, 21 avril 1999.

daire anglais Bernie Ecclestone. Sa pensée politique résume avec une brutale simplicité celle de la place financière suisse tout entière : « Qu'est-ce qu'ils font, les politiciens ? Rien du tout ! Alors ils ont besoin de faire des lois constamment. Je crois que c'est légitime de contourner les lois qui sont faites par les gouvernements socialistes pour taper sur les capitalistes, du moment qu'on a de l'éthique. Si c'est pour faire du blanchiment, en revanche, je ne suis pas d'accord. »

En fait, sur le plan idéologique comme dans d'autres domaines, les banquiers ressemblent à leurs clients. François Micheloud, qui possède à Lausanne une sorte de bureau d'ouverture de comptes bancaires pour étrangers, résume simplement la mentalité de ceux qui ont recours à ses services : « Ce sont des gens qui ont travaillé dur pour gagner leur vie et qui ont peur de l'avenir. Ils s'inquiètent, ils pensent que rien ne va plus dans leur pays, ils ont peur de l'insécurité. Ils sont de droite. Pour eux, la Suisse est un symbole de statut, un synonyme de sécurité et de stabilité. » Pour le banquier, c'est presque une obligation professionnelle que d'être conservateur : l'immuabilité des institutions suisses fait partie intégrante de son image de marque.

L'absolue respectabilité des gens riches est l'axiome fondamental qui a guidé les banquiers suisses durant des années. Certes, les financiers du monde entier partagent le postulat selon lequel une personne qui a quelques millions à mettre de côté est *a priori* quelqu'un de bien. Mais la loyauté envers les clients a toujours été particulièrement poussée dans les banques suisses. C'est du moins ce que concluaient, en 1997, les inspecteurs de la Réserve fédérale américaine, après avoir examiné le fonctionnement des mécanismes anti-blanchiment mis en place à la succursale genevoise de la Citibank : « Les banquiers suisses [de la Citibank] ne se sentent pas obligés d'obéir aux politiques de contrôle parce qu'ils ne s'occupent que des gens très riches et que leurs clients sont au-dessus de tout reproche. » Selon Elise Bean, l'un des auteurs du dossier du Sénat américain sur cette banque, « les rapports internes de la Citibank disent eux-mêmes que la pire partie de la banque était en Suisse. Là-bas, ils estimaient que si un client est riche et ancien, c'est qu'il est propre ». On verra plus loin que les banques ont dû, dans la douleur, se débarrasser d'une partie de cette doctrine[1].

L'évasion fiscale[2] constitue à la fois une ressource vitale et une réalité quotidienne pour les banques suisses. Mais elle est rarement discutée ouvertement. Le terme même n'est pratiquement jamais employé, comme nous l'explique un ancien employé de l'UBS qui a demandé à ne pas être nommé : « On faisait de l'évasion fiscale à longueur de journée. On proposait des fondations et *trusts* aux clients pour mieux dissimuler leurs fonds. En général, ces instruments sont un signe qu'il y a de l'évasion. Tout le monde le sait mais personne n'en parle. Pour en discuter, on utilise des euphémismes – discrétion, secret bancaire, confidentialité –, tout en sachant pertinemment que ces termes recouvrent l'évasion fiscale. » Le porte-parole des banquiers privés genevois, Michel Dérobert, tenant comme ses employeurs d'une ligne dure en matière de secret bancaire, pense certes que « la soustraction fiscale n'est pas une excellente chose ». Mais il poursuit : « Faut-il pour autant augmenter l'assistance du secteur bancaire aux autorités fiscales ? Le banquier doit-il toujours savoir si son client est parfaitement en règle avec le fisc ? Si l'on va dans cette direction, on ne pourra plus accepter d'argent sans être sûr que le client est parfaitement en règle avec le fisc, et ce serait tout à fait inapplicable. Pas un seul banquier au monde ne s'assure que son client paye ses impôts. » Le banquier suisse moins que tout autre.

Depuis que le secret bancaire existe, les banquiers se sont inquiétés des atteintes qu'il pourrait subir. En 1968, ils dénonçaient déjà « la montée de la surveillance gouvernementale sur

1. Lire chapitre 7.
2. Selon la définition officielle du ministère suisse des Finances, l'évasion fiscale est « constituée d'actes qui tendent à diminuer les recettes fiscales en ne déclarant pas une partie de sa fortune ou de ses revenus ».

les activités et les attitudes des citoyens ». En 1976, Alfred Sarasin, rejeton d'une grande lignée de banquiers privés bâlois, appelait à la « vigilance pour éviter que, de concessions en gestes de courtoisie, on en vienne à sacrifier des principes essentiels de la protection des individus ». Plus récemment, le discours des banquiers a atteint des sommets de virulence. « Ce droit à la discrétion repose sur une très longue tradition [et] constitue l'une des valeurs fondamentales de la Suisse », expliquait l'Association suisse des banquiers en février 2000. « Nous croyons au droit de l'individu à préserver sa sphère privée, son individualité et sa tradition », affirme une publicité diffusée dans la grande presse anglo-saxonne par les banques privées genevoises. Pour ces dernières, la « sphère privée financière » (*financial privacy*) est même « aussi vitale que l'air que nous respirons ». Bénédict Hentsch, associé jusqu'à l'automne 2001 de la banque du même nom, pense que vivre sans le secret bancaire est simplement inimaginable : « La question est de savoir si nous défendons une valeur sans laquelle l'existence humaine se ramènerait à une vague survie agrémentée d'un peu d'argent de poche. On pourrait évidemment se demander si, lorsqu'on laisse des fortunes libres de se mettre à disposition d'entreprises nobles, on ne les laisse pas aussi libres de se mettre à disposition d'entreprises moins nobles, voire ignobles. La réponse est oui. Est-ce toutefois une raison pour supprimer tout secret et toute confidentialité dans la manière dont les individus gèrent leurs fortunes ? La réponse est non, sans le moindre doute possible. [...] Soumettre les circuits financiers intégralement à la puissance publique tue cette liberté d'entreprendre sans laquelle la vie ne vaut plus vraiment la peine d'être vécue[1]. »

Selon l'avocat zurichois Matthias Kummer, « le secret bancaire [...] représente l'une des pierres angulaires de la vie privée du citoyen, au même titre que son logement, son comportement, sa santé et ses convictions religieuses [...]. Il est donc de

1. Cité par l'*Agefi*, numéro spécial, septembre 2001.

notre devoir de rappeler à l'ordre un monde qui a tendance, avec ses "*Big Brothers*", à bafouer des valeurs aussi élémentaires ». Qui sont ceux qui menacent ainsi les libertés fondamentales ? Le Groupement des banquiers privés évoque, dans une *Lettre* d'octobre 2000, des « États dont l'histoire se caractérise par un pouvoir centralisé très fort et qui ne font pas grand cas du respect des droits des individus ». On pense immédiatement à la France, où le « *Big Brother* » financier fonctionne efficacement : les transactions sont surveillées par la Banque de France et l'administration fiscale a accès aux comptes bancaires de tous les résidents. La même *Lettre* évoque aussi les menaces non définies qui planent sur les citoyens de quelques États occidentaux : « Qui pourrait blâmer les ressortissants de certaines minorités ethniques dans divers pays que l'on ne nommera pas de mettre de côté une partie de leurs économies pour parer à toute éventualité ? »

Certes, estime le banquier genevois Jacques Rossier, « il serait excessif de dire que notre pays se trouve à la pointe d'une grande croisade universelle pour la défense de la confidentialité ». Excessif de le dire – les banquiers sont généralement mesurés dans leur discours – mais pas de le croire... Pour un autre banquier genevois, Edgar de Picciotto, la Suisse est ainsi « le dernier vrai État de droit en Europe ». De tels propos paraissent outranciers même à ce défenseur des banques qu'est le ministre des Finances Kaspar Villiger : « Il est idiot de décrire encore aujourd'hui l'asile fiscal comme un droit de l'homme. Nous vivons quand même au cœur d'un continent démocratique[1]. »

Un ami en qui vous avez confiance

Les gestionnaires de fortune sont très loin des préoccupations philosophiques de leurs dirigeants. Placés directement au contact

1. *Weltwoche*, 30 novembre 2000.

de la clientèle, ils sont les fantassins de la place financière. Ils maintiennent la relation avec le client, exécutent ses ordres de placement et tentent de lui vendre les produits financiers proposés par leur banque. En dépit du caractère délicat de leur mission – ils sont dépositaires de l'information précieuse entre toutes : l'identité des détenteurs de comptes –, d'autres acteurs du système les considèrent avec un certain mépris. Les analystes, qui surveillent l'évolution des titres cotés en Bourse, ont tendance à les considérer comme des « vendeurs d'aspirateurs », principalement occupés à baratiner la clientèle pour écouler leur marchandise. Il est vrai que le gérant passe une partie importante de son temps à causer de tout et de rien avec les détenteurs de fortune. Certains clients finissent d'ailleurs par développer une sorte d'attachement sentimental envers leur gestionnaire. Lorsqu'il quitte une banque, un gérant emmène toujours avec lui une partie de son « portefeuille clientèle » – de 10 % à 30 % selon les estimations. Sa sociabilité, son aptitude à plaire aux bonnes personnes sont ses principales armes : pour devenir une star de la gestion, il suffit de connaître assez de gens très riches. Lorsque la fille de son client se marie, le gérant de fortune est invité aux épousailles. A force de fréquenter son client, il peut devenir une sorte de membre de sa famille, un « ami en qui vous avez confiance », comme le dit la discrète banque genevoise Discount Bank and Trust dans une rare publicité : on y voit deux « quadras » accroupis sur un parcours de golf, le club à la main, qui fixent le lointain avec un air de vague détermination.

Un banquier – il préfère qu'on ne donne pas son nom, la suite de sa carrière en dépend – a accepté de décrire les gérants de fortune qu'il croise chaque jour dans les couloirs de son établissement. Le portrait n'est pas forcément représentatif, mais il est savoureux : « On est loin du protestant grisâtre. Le gérant peut être un type qui a raté ses études, mais il est rusé. Il a compris que ça rapportait davantage d'être gérant de fortune que de vendre des voitures d'occasion, mais les compétences à mettre en œuvre dans les deux métiers ne sont pas très éloignées. Ce sont des hommes de l'éphémère, décrochés du passé et du futur. Leur analyse des marchés boursiers est fondée sur le présent. Leur arrogance avec le personnel d'exécution comme les huissiers est parfois stupéfiante. Ils leur jettent les papiers à la figure, aboient des ordres avec un total manque de considération. Leur motivation est exclusivement l'argent. Ils sont sans attachement, ils vont là où est le marché. Souvent, leur espérance de vie dans une boîte ne dépasse pas deux ans. Ils peuvent venir de milieux modestes, mais il y a aussi quelques fils de bonne famille qui se font embaucher, dans l'espoir que leurs relations vont aider. La sélection est rapide et sèche, le salaire peut grimper très vite. » Un novice qui sort de l'université commence à 90000 francs, mais le salaire annuel peut très vite atteindre 200000 francs. A mesure que les avoirs amenés par sa clientèle augmentent – mais à cette condition uniquement –, le gérant voit son salaire grimper : un salaire de 750000 francs par an est considéré comme élevé, mais pas exceptionnel.

Le syndrome du maître d'hôtel

Celui qui a suffisamment de clients très riches passe dans une catégorie supérieure, celle des stars de la gestion. Leur nombre est restreint : 500 à 1000 personnes au maximum à Genève. Un gérant qui amène à une banque un « portefeuille clientèle » de 300 millions de francs peut espérer gagner 1,5 million par an. Judas Elmaleh, directeur à la filiale genevoise de la HSBC, gère plus d'un milliard de francs. A ce niveau, la volonté de mimétisme avec les clients peut devenir presque pathologique. Un connaisseur de la place financière genevoise, qui côtoie trop les gérants de fortune pour être nommé, appelle cela le « syndrome du maître d'hôtel » : « Certains gestionnaires sont comme ces gens qui travaillent chez Girardet ou au

Domaine de Chateauvieu[1], ils finissent par ressembler à leurs clients et à se prendre pour des patrons alors qu'ils sont des serviteurs. » Pour ne pas avoir l'air idiot, les gérants se sentent obligés de posséder un certain nombre de *musts* : les beaux habits, qui leur fournissent un sujet de conversation inépuisable, la montre Rolex et la villa sur la rive gauche du lac Léman. Pour la voiture, on préférera la relativement discrète mais chère Audi break à la Porsche, trop voyante, qui peut éventuellement faire office de seconde voiture. Madame fera ses courses et ses excursions à la montagne en Jeep Cherokee ou en Range Rover. Les gérants se meublent comme leurs clients : mobilier Empire, boîtes à cigares et beaux livres d'art bien mis en évidence dans le salon, mais que la plupart d'entre eux n'ouvrent jamais.

Une sorte d'escalade de la dépense les menace alors : « Ils claquent tout ce qu'ils ont, ils achètent un appartement à la montagne, passent les vacances de Noël à Maurice. Ils n'en ont jamais fini, il y a toujours plus riche que soi. En avion, on passe de l'économique au business, puis à la première classe et enfin au jet privé loué avec des amis, on a l'air bête parce que le collègue s'est acheté un chalet à Verbier alors qu'on a seulement un appartement. » Pour ces exécutants très bien payés, la mission morale du banquier suisse, telle qu'exposée plus haut, n'a plus vraiment d'importance : « Leur mission, conclut notre observateur, c'est la cupidité, amasser et ramasser de l'argent. »

Vie sociale et passe-temps

Dans un monde où le niveau de salaire dépend de la fréquentation de gens riches, la vie sociale revêt une importance consi-

1. Restaurants gastronomiques situés dans la région lémanique. L'établissement de Freddy Girardet à Crissier, sans doute l'un des meilleurs restaurants du monde, est désormais dirigé par Philippe Rochat.

dérable. Certains banquiers suisses disposent d'ailleurs d'un réseau de relations à faire pâlir d'envie un président. Edgar de Picciotto, par exemple, a fondé tout seul l'Union bancaire privée, qui gère aujourd'hui plus de 60 milliards de francs. Contrairement aux hommes d'affaires juifs sortis de nulle part qui, comme Bruce Rappaport, sont venus faire fortune à Genève après la Seconde Guerre mondiale, il descend d'une vieille lignée de commerçants. C'est un ami personnel du directeur de la Réserve fédérale américaine, Alan Greenspan, mais aussi du financier multimilliardaire George Soros ou des publicitaires londoniens Saatchi. Il a pu croiser son concurrent Edmond Safra lors des somptueuses réceptions que ce dernier donnait, pour quelques milliers d'invités, à la National Gallery de Washington. Tous les deux ans, la capitale américaine accueille en effet le gotha de la finance mondiale lors de la réunion plénière du Fonds monétaire international et de la Banque mondiale. Tout le monde est là : les ministres des Finances, les présidents des banques centrales, et les banquiers eux-mêmes, qui prêtent beaucoup d'argent aux gouvernements des pays riches et moins riches. Comme lors du forum de Davos, sorte de pendant semi-informel des réunions de Washington, les banquiers suisses – ceux des grandes banques mais aussi ceux des banques privées – sont présents en force. La part d'amusement est limitée : la plupart des banquiers commencent leur journée de travail à six heures du matin et passent leur temps à courir la capitale américaine pour rencontrer des ministres, écouter les demandes de crédits des États, et peut-être dénicher de nouveaux clients. A la fin de la réunion, cependant, les patrons de grandes banques, hauts fonctionnaires et financiers se retrouvent côte à côte à la discothèque du « Four Seasons », qui devient pour un soir le night-club des maîtres du monde.

A côté de ces événements officiels, les banquiers fréquentent assidûment les fêtes de charité, car on y rencontre beaucoup de « *prospects* », comme on appelle les clients potentiels dans le jargon de la banque privée. Le gala d'Action Innocence, une organisation qui lutte contre la pédophilie, est un exemple type de ce genre d'événement : organisé à Genève par Valérie Wertheimer, richissime émigrée fiscale dont le mari a hérité de la fortune Chanel, il a attiré en 2001 des « *people* » comme Michel Drucker, Arielle Dombasle, Véronique Jeannot, Mouna Ayoub, Pierre Cardin ou Nathalie Baye. A Genève toujours, le « grand gala pour la recherche en paraplégie » qui s'est tenu le 21 mars 2001, a réuni des célébrités comme Isabelle Adjani ou Alain Delon aux côtés d'habitués de la « jet-set » (la comtesse Jasmina de Pouzols) et de professionnels de la gestion de fortune (l'avocat d'affaires Luc Argand).

Non contentes d'infiltrer les soirées, les banques contribuent à la vie sociale en organisant elles-mêmes fêtes et parties fines. Au printemps 2001, la banque HSBC a organisé à l'hôtel Olden de Gstaad une exposition de bijoux, en collaboration avec la maison de vente Christie's. Une banque ne peut pas mettre sur pied ce genre d'événement seule, explique l'un des organisateurs, « sinon, les gens se diraient "tiens, il a son argent là", et ça, ça ne va pas ». A Gstaad, le comte et la comtesse Jérôme De Witt, réfugiés fiscaux genevois toujours présents dans les meilleures soirées parisiennes, ont bu l'apéritif au milieu des joyaux avec les fils adoptifs de l'Aga Khan et leur ami financier Santo Domingo. Mais cette soirée n'est que peu de chose en comparaison de la fête somptueuse donnée par la banque anglaise Coutts au Palace de Saint-Moritz, station de ski des Grisons qui devient chaque début d'année le véritable lieu de rendez-vous des *high net worth* du monde entier : parmi les invités de cette vénérable banque anglaise se retrouvent alors Ivana Trump, Mme Von Karajan ou Ira de Fürstenberg. Cette aristocrate très en vue à Monaco a inventé un nouveau concept, les « bijoux de maison », pour désigner ses créations, éléphants ou bouddhas taillés dans des blocs de pierres semi-précieuses... Les invitées sortent leurs plus belles fourrures et leurs plus belles parures pour l'occasion. Il n'est pas rare que de riches étrangers payent plusieurs dizaines de milliers de dollars pour être vus dans une soirée, à Gstaad ou ailleurs, aux côtés de piliers du circuit mondain européen comme Emmanuel de Brantes ou Massimo Garggia.

A l'automne, les clients et *prospects* des banques se retrouvent aux ventes de bijoux organisées dans plusieurs palaces genevois. Derrière le seuil encombré de concierges en costume et de limousines de luxe, des jeunes gens excessivement bien habillés rivalisent avec les acheteurs professionnels de Belgique ou du Moyen-Orient pour s'emparer des plus belles pièces. Certains sont des banquiers venus « faire les courses » pour leurs clients. Sous la vive lumière d'un lustre en cristal, des rangées de commissaires-priseurs prennent par téléphone les ordres de clients qui n'ont pas voulu se déplacer, alors que des femmes en vison lâchent les commentaires de circonstance : « Superbe, divin… j'aime beaucoup. » Un collier de perles estimé à 7 000 francs suisses part en quelques secondes, alors que la vente d'une parure d'émeraudes à 32 000 francs peut prendre près d'une minute.

En hiver, point n'est besoin d'être un champion sur les pistes pour briller dans les stations : c'est surtout la taille et le luxe du chalet que l'on possède qui importent. A Verbier, station où se croisent riches étrangers, banquiers privés discrets et gérants de fortune m'as-tu-vu, les limites dans ce domaine sont constamment repoussées. Durant l'hiver 2001 s'y est ouvert le « chalet septième ciel », destiné principalement à une très riche clientèle anglo-saxonne. La location, qui comprend un sauna externe, du champagne à volonté et les services de chauffeurs et de domestiques, coûte, à la haute saison, 70 000 francs suisses par semaine. En fait, Verbier n'est plus une simple station de ski. L'endroit est devenu un paradis fiscal à lui tout seul. Dès sa fondation, dans les années 1950, il a profité des fonds non déclarés de ressortissants belges qui quittaient le Congo et ont été les premiers à s'y installer nombreux. Aujourd'hui, des étrangers très aisés venus de Scandinavie, de Belgique ou de Grande-Bretagne en ont fait leur résidence permanente, attirés notamment par l'absence totale d'impôts sur la succession. Certains noient leur oisiveté dans l'alcool, d'autres sont des « faux retraités » qui continuent leur activité professionnelle à l'étranger. L'un d'eux, cadre d'un grand groupe hôtelier, a fondé sa propre compagnie aérienne, dont l'unique avion lui permet de franchir rapidement la centaine de kilomètres qui séparent l'aérodrome de Sion, près de Verbier, de celui de Genève, d'où il peut regagner rapidement le siège du groupe. Posséder un chalet à Verbier permet, outre d'y loger pendant les vacances, de disposer d'une adresse en Suisse, ce qui est très pratique pour conduire des transactions financières discrètes (comme l'achat de bijoux avec de l'argent « au black ») ou pour devenir résident helvétique « au forfait ».

Plusieurs banques privées ont ouvert des bureaux dans la station, de même qu'à Gstaad, Davos ou Saint-Moritz. Particulièrement présente, l'UBS organise à Verbier un festival de musique classique qui a lieu chaque année, au début de l'été. Les invités de la banque, clients et *prospects*, déambulent en pull-over dans les rues de la station, entre les hôtels aux balcons dégoulinants de géraniums. Ils parlent du temps qu'il fait sur la Côte d'Azur (« Il pleut tellement moins qu'à Stockholm ! ») et leurs voitures portent des plaques monégasques, belges ou slovaques. La banque les invite dans le « carnotzet » (sorte de cave de pierre utilisée pour boire des verres) d'un restaurant de luxe et les emmène pique-niquer sur les pentes herbeuses des montagnes. Le soir, les invités vont au concert, écouter l'orchestre de l'UBS et les habituées de la station que sont les chanteuses américaines Barbara Hendricks ou Diana Ross. La journée, ils peuvent tuer le temps sur le parcours de golf, où la banque Schroder organise son propre tournoi.

Quoique ces événements reflètent sans doute un amour authentique de la musique et du sport, leur but est principalement commercial. Il s'agit avant tout de dénicher de nouveaux clients. Et rien n'est laissé au hasard dans ce genre de manifestation, comme l'explique un ancien gérant de fortune de l'UBS : « La banque organise des tournois de golf dans toute l'Europe, ce qui permet de mettre côte à côte de grands joueurs et des *prospects*. On joue un peu au golf et on mange. C'est assez drôle, on se fait draguer par des femmes de 45-50 ans, dont les maris ont vingt ans de plus. Après le repas, il faut remplir une fiche où l'on inscrit les données – situation familiale, fortune – recueillies au cours de la conversation. Cela permet de voir qui est vraiment un *prospect* sérieux. »

Les paradis fiscaux, c'est « sympa »

Le Grand Prix de Monaco est peut-être le point culminant de la saison mondaine des super-riches. Les banquiers et leurs invités sont présents en force sur les balcons et les tribunes qui jouxtent le circuit, car le Rocher est aussi une place financière où sont gérés quelque 300 milliards de dollars. La moitié des 30 000 habitants de la Principauté sont des millionnaires qui ont choisi de s'installer sur place pour le soleil, mais surtout en raison de l'absence d'impôts. La communauté suisse compte un millier de personnes, dont de nombreux banquiers qui assurent le contact entre les résidents monégasques et leurs comptes en banque, souvent ouverts en Suisse. Ils aident aussi leurs clients à s'installer sur place, en collaboration avec le *family office* de la banque. Ici plus qu'ailleurs encore, le banquier joue le rôle d'ami et de confident de ses clients, dont certains, âgés, ne savent plus très bien comment occuper leurs journées. Il réserve dans les restaurants ou à l'Opéra de New York. Il assiste à une série interminable d'événements mondains : soirée de l'AS Monaco, Bal de la Rose, cocktails du Yacht Club... la densité de banquiers est telle que ceux-ci ne cessent de se croiser en compagnie de clients qu'ils doivent parfois se partager. Bronzé et manifestement heureux de vivre, François, un banquier suisse expatrié qui est devenu gérant de fortune indépendant, explique qu'il lui arrive souvent de rencontrer des collègues dans l'ascenseur de son immeuble : « Ça me fait rigoler, car je sais exactement qui ils vont voir... » Son téléphone portable l'interrompt : c'est l'une de ses clientes. « Bonjour, *darling*... tu es sortie de la gym ? Tu veux aller faire un tennis ? Mais oui, je viens... merveilleux... *bye darling.* »

Si les banquiers helvétiques paraissent notablement plus décontractés à Monaco que sur leurs terres, c'est sans doute parce que l'endroit est « sympa ». L'utilisation de ce mot, et plus encore la façon de le prononcer – avec cette intonation particulière de la dernière syllabe, qui est comme étouffée, nasalisée –, trahit à coup sûr une personne gravitant dans l'univers à part des *high net worth.* Il désigne notamment un lieu agréable, luxueux et sans formalisme excessif : Verbier est « sympa », de même que les îles des Caraïbes, par exemple les Bahamas, les Cayman ou les Bermudes. Là-bas aussi, les banquiers suisses ont essaimé en nombre. Grandes banques et établissements privés ont construit des palais de verre qui servent essentiellement de centres comptables, ce que l'on appelle dans le jargon bancaire un « *booking center* » : le gestionnaire de l'argent reste en Suisse, mais les documents administratifs le concernant seront produits et conservés dans le paradis fiscal où le compte a été formellement ouvert, ce qui permet de garantir une meilleure confidentialité. Il y a diverses raisons à cette exportation administrative de comptes vers les Tropiques. L'une d'elles est indéniablement d'échapper à l'activisme de certains juges suisses, comme l'avoue un représentant des banques privées genevoises, Édouard Cuendet, dans le rapport du député français Arnaud Montebourg : « Il y a des gens qui n'ont pas envie que M. Bertossa [le procureur de Genève] vienne regarder », dit-il à propos des clients qui ouvrent un compte dans les territoires exotiques [1]. Le phénomène a pris une telle ampleur que la Commission fédérale des banques a fini par interdire presque

1. *Rapport de la Mission d'information sur le blanchiment de capitaux en Europe*, Assemblée nationale, Paris, 2000.

toute ouverture de compte par les banques suisses dans plusieurs juridictions, notamment celles des Caraïbes.

Dans les paradis fiscaux les plus « sympa », l'utile se joint à l'agréable, vacances et affaires se confondent. C'est le cas de l'île Maurice, centre de production de sociétés *offshore* et de services bancaires de même type, lieu de villégiature du président français Jacques Chirac (habitué du palace Royal Palm), mais aussi des banquiers suisses. Même si les banquiers privés ne sont pas là – il semble que l'île soit un peu vulgaire pour eux –, passer les fêtes de Noël à Maurice est, au sein de la caste bancaire genevoise, l'un de ces signes nécessaires qui montrent que l'on est dans le coup.

Sur l'île, l'un des lieux de résidence préférés des grandes fortunes, avec le Royal Palm et le Prince Maurice, est le Saint-Géran, palace gigantesque – le jardin s'étend sur 34 hectares – qui compte trois restaurants, un lagon artificiel et des villas séparées pour les super-riches. Un magazine qui s'adresse aux *high net worth* de la région lémanique, *Trajectoires*, décrit en ces termes le confort des suites pseudo-coloniales récemment rénovées : « On dort dans des draps de coton égyptien – le summum – et les duvets aériens, comme les oreillers, sont en plume d'oie. Aussi épais que moelleux, les serviettes et les peignoirs de bain sont parfumés [1]. »

La journée, on fait du golf, de la pêche au gros, du tennis et de la plongée. On est assez décontracté – l'île Maurice aussi est « sympa » –, ce qui choque le chroniqueur de *Trajectoires* : il attendait « plus de tenue » des clients du Saint-Géran, qu'il a vus se rendre au restaurant sans leurs souliers vernis. Le soir, on dîne chez Alain Ducasse, un chef français aux prix dévastateurs qui a su s'installer dans de nombreux lieux prisés des super-riches, notamment Londres ou New York. On se couche tôt et l'on ne sort pratiquement jamais de l'hôtel. Mais les clients trouvent parfois le temps de s'occuper un peu de leurs

1. « Le Saint-Géran, luxe et cocotiers », *Trajectoires*, octobre 2001.

affaires. On ne s'étonne donc pas que plusieurs cabinets d'avocats de Genève disposent d'adresses de correspondance à l'île Maurice : on y retrouve notamment l'omniprésent Luc Argand, son voisin de palier François Canonica, ou Kamen Troller. Ce dernier fut longtemps l'avocat d'un certain Pierre Falcone, richissime Français soupçonné de trafic d'armes vers l'Angola. Les enquêteurs français ont retrouvé à Maurice des comptes bancaires bien garnis qui lui appartenaient. Son principal associé dans les transactions angolaises, le Russe Arkady Gaydamak, avait choisi un autre paradis pour abriter une partie de sa fortune personnelle : les Bahamas, où 20 millions de dollars ont été bloqués dans la filiale locale de l'UBS.

On comprend encore mieux l'attrait des banquiers pour ces lieux de vie facile et d'affaires intéressantes que sont les paradis fiscaux si l'on sait que certains se sont constitué des bas de laine personnels sous les tropiques. C'est le cas de Matthew Stevenson, directeur de la banque genevoise Inter-Maritime. Son compte à la banque des Bermudes « a été déclaré au fisc », assure son avocat, car Stevenson « n'est pas américain pour rien ». Une manière de suggérer que d'autres banquiers n'en auraient pas fait autant.

6

Les rois de l'argent noir

Ses boutons de manchette en saphir jettent des reflets bleus lorsqu'il agite les bras. Dans le soleil oblique qui baigne le restaurant, Riccardo Tattoni parle sans s'arrêter. Lorsque la sonnerie de son téléphone portable l'interrompt, il tente de couvrir le bruit de sa conversation d'un geste protecteur de la main. Quelques mots se détachent du brouhaha de la salle, pleine comme un œuf en ce midi : « Deux millions de dollars... tu vérifies le solde, *okay* ? *Okay, ciao, ciao...* » Avec sa flotte de voitures de sport bleues comme les pierres de ses manchettes, son accent italien et son sourire vorace, Riccardo Tattoni est parfaitement représentatif d'une tribu financière qui a connu, en Suisse, dix ans d'une formidable expansion. On les appelle gérants de fortune indépendants, gestionnaires externes... ces hommes à tout faire, que leur forte personnalité a conduit à quitter le cadre trop rigide des banques pour se mettre à leur compte, sont des experts de l'« ingénierie financière ». Entre autres choses, ce terme désigne l'art subtil de transférer discrètement de grosses sommes d'argent d'un pays à l'autre, notamment pour les soustraire aux impôts. Certains gérants de fortune – la modestie n'est pas leur principale qualité – s'en vantent d'ailleurs ouvertement. Un confrère de Riccardo Tattoni, Italien volubile qui navigue comme lui entre Gstaad, Genève et Monaco, a eu un jour ce mot orgueilleux : « Je suis le roi de l'évasion fiscale. » Il est loin d'être seul à revendiquer ce titre.

Combien sont-ils, partis de rien ou presque, à être devenus riches en embrassant la carrière de gérant de fortune indépendant ? Nul ne le sait. En Suisse, chacun est libre de se proclamer gestionnaire de fortune. Les autorités n'exigent aucune autorisation, et cette liberté a largement contribué au développement extraordinaire de ce secteur. Déjà présents en nombre confidentiel au début des années 1980, les gestionnaires indépendants sont aujourd'hui des milliers. Il y a en Suisse au moins 6 000 intermédiaires financiers, dont un nombre indéterminé de « fiduciaires », officines dont les services comprennent la formation de sociétés *offshore*, l'expertise comptable et la mise sur pied de montages fiscaux. En quelques années de pratique, certains gérants indépendants sont devenus de petites banques qui gèrent des milliards de francs et disposent de leur propre salle des coffres. Les locaux de la Société financière privée de Riccardo Tattoni, installés dans une belle maison de la vieille ville de Genève, n'ont rien à envier à ceux d'une banque privée : au petit salon, sur une table impeccablement mise, des verres en cristal attendent les invités dans un cadre de moulures néo-classiques et de gravures anciennes. Seules une touche d'ostentation dans le décor et les manières du maître de maison – « Vous aimez ce tableau ? C'est un Vlaminck » – montrent que la culture de ces financiers-là n'a plus rien de calviniste. La Société financière privée (SFP) peut ouvrir des comptes pour des particuliers, mais l'argent de ses clients doit être déposé dans l'une des 376 banques officiellement reconnues des autorités suisses.

Le travail du gérant de fortune externe est d'investir les fonds de ses clients selon une stratégie définie avec eux. Il surveille la banque, s'assure que les performances qu'elle offre et ses frais de gestion sont compétitifs, veille à ce qu'elle n'effectue pas de transactions inutiles pour gonfler ses commissions. Le gérant de fortune indépendant permet à des clients qui viennent avec « seulement » 250 000 francs suisses de bénéficier d'un service personnalisé que les grands établissements et les banques privées réservent à des fortunes plus importantes. Il partage avec la banque – 50-50 – les revenus que génèrent les comptes de ses clients.

Souvent, le gestionnaire indépendant est lui-même un ancien banquier, comme Arturo Fasana. Ce Tessinois, dont le père était cheminot, a quitté le Credit suisse avec un directeur plus âgé que lui, au début des années 1980, après être passé par les succursales de Londres et d'Argentine. Aujourd'hui, sa société, Rhône Gestion, dispose à Genève de luxueux bureaux dont les baies modernistes s'ouvrent largement sur le fleuve. Elle gère des centaines de millions de francs – mais Arturo Fasana ne veut pas dire combien. Lui-même possède une immense villa près du lac et une adresse à Verbier. « Le danger dans ce métier, explique-t-il, c'est de perdre le sens des réalités. Alors, je retourne de temps à autre voir mes parents au Tessin, ça me permet de garder les pieds sur terre. » Rhône Gestion, dont la clientèle vient notamment d'Amérique du Sud, travaille avec deux des meilleures adresses de la ville : le cabinet d'avocats Canonica et le Credit suisse.

Quand l'argent monte à la tête

Le « danger » évoqué par Arturo Fasana guette tous les gérants de fortune. Éblouis par le train de vie de riches clients qu'ils fréquentent constamment, certains ne songent qu'à attirer de plus en plus d'argent pour tenir leur rang dans le beau monde, sans trop se soucier de savoir d'où proviennent les fonds. Mario Zindel, un avocat suisse au visage longiligne qui réside et travaille au Liechtenstein, n'a pas su éviter le piège. Comme Riccardo Tattoni, c'est un passionné de polo : les gérants de fortune adorent ce sport viril et extrêmement coûteux, où l'on est avare ni de coups ni de jurons, mais qu'un certain milieu considère comme le comble du chic. Les imposants convois dans lesquels il amenait ses chevaux au Polo Club de Genève ont fait forte impression et l'ont aidé à se construire un réseau de relations très dense dans la place financière genevoise. Mario Zindel est aussi un habitué du tournoi de Saint-Moritz, le plus important de Suisse. Chaque hiver, les équipes de polo sponsorisées par des banques ou des marques de produits de luxe s'affrontent sur le lac gelé qui jouxte la station, sous les regards admiratifs d'invités qui dégustent saumon et champagne bien frais dans une tente dressée sur la banquise.

Au cours de l'année 2001, Mario Zindel a été inculpé de blanchiment par la justice du Liechtenstein. Une somme de 32 millions de francs appartenant au juge romain Renato Squillante est à l'origine de ce désagrément. L'essentiel de ces fonds a été remis à Squillante par un avocat italien, Attilio Pacifico, considéré comme proche de l'actuel gouvernement de Silvio Berlusconi. Pourquoi ? Peut-être s'agissait-il de permettre à des membres de la bonne société romaine d'éviter de lourds impôts en transférant leurs millions « au noir » vers les comptes *offshore* du juge. La justice italienne soupçonne qu'il s'agit plutôt d'une forme de récompense pour le rôle qu'aurait joué l'influent Squillante dans l'« arrangement » de divers procès en Italie.

En 1997, cet argent se trouvait encore en Suisse, notamment à la Societa bancaria ticinese de Bellinzone. Puis, à l'approche des nouvelles lois sur le blanchiment, les enfants de Squillante l'ont transféré, partiellement en liquide, chez une fiduciaire liechtensteinoise bien introduite auprès des banques suisses, Rita Kieber. Lorsque celle-ci a refusé de transférer les 32 millions vers le Luxembourg, comme le demandaient les Italiens, ces derniers se sont tournés vers l'étude de Mario Zindel. L'avocat a empoché, lors de la réception des fonds, une commission dodue : 3,2 millions de francs suisses, soit 10 % du total. A ce tarif-là – qui comprend tout de même la création d'une vaste structure de sociétés-écrans à forte teneur en panaméennes –, il eût été inconvenant de poser des questions, par exemple sur la profession du principal bénéficiaire des fonds. Les enquêteurs liechtensteinois en sont persuadés : si Mario Zindel n'a rien demandé, c'est qu'il était avant tout soucieux de continuer à mener la grande vie sur les rivages glacés de Saint-Moritz.

Passages dangereux

Comme Mario Zindel, les gérants de fortune et autres intermédiaires financiers non bancaires font un métier à risque. C'est souvent à eux que revient une mission essentielle, mais délicate : amener en Suisse les capitaux en fuite, et les en faire ressortir, sans attirer l'attention des autorités étrangères.

En général, les clients les plus humbles se chargent eux-mêmes de la dangereuse besogne. Aux frontières de la Suisse, les douaniers européens ont appris à repérer du premier coup d'œil ces passeurs à la petite semaine : une jolie voiture, une belle montre, pas de bagages et de vagues projets d'« excursion d'un jour » en Suisse voisine. Ils les questionnent, les fouillent, cherchent des relevés de comptes, de l'argent liquide caché dans un élément de carrosserie ou simplement dissimulé sous leurs vêtements. Certains automobilistes accueillent ces contrôles avec indignation : ils savent que, s'ils sont pris, les redressements fiscaux peuvent dépasser le million d'euros, selon l'importance de la somme saisie. Au principal poste frontière entre la Suisse et l'Allemagne, les douaniers ont ainsi confisqué, en l'an 2000, l'équivalent de 700 millions d'euros. Ils savent pourtant que ce n'est qu'une gouttelette dans un océan d'argent « au noir » estimé, pour la seule Allemagne, à plusieurs centaines de milliards d'euros répartis essentiellement entre la Suisse et le Luxembourg.

Transporter soi-même du liquide demeure donc un moyen répandu pour alimenter un compte non déclaré dans une banque helvétique. Il est vain d'espérer évaluer l'ampleur des flux d'argent concernés par cette pratique. La fréquence avec laquelle la police annonce le vol de mallettes bourrées d'argent dans les aéroports de Genève ou de Zurich indique cependant qu'elle se poursuit à un rythme soutenu. « Si l'on vient avec des millions, comme le font parfois les gros clients, il faut donner des explications qui sont protocolées, assure un banquier genevois. Mais, dans l'ensemble, le cash est marginal. Ce sont des clopinettes que l'on ne veut pas fiscaliser. » Les super-riches ont recours à des méthodes plus sophistiquées, par exemple les cartes de crédit. Une fois son argent arrivé en Suisse, la banque crée un compte spécial que le client pourra débiter depuis n'importe quel distributeur à l'étranger. La carte ne mentionne pas d'autre nom que celui de la société *offshore* qui est formellement détentrice de son compte. C'est une méthode pratique et discrète pour dépenser de l'argent « au noir », mais elle ne vaut que pour des montants limités : si ses retraits sont trop conséquents, le client risque de se faire repérer. Pour les montants vraiment importants, il faut trouver autre chose. C'est là que les spécialistes des transferts discrets, qu'ils s'intitulent avocats, gérants de fortune ou fiduciaires, entrent en jeu.

L'arme absolue : la compensation

La méthode la plus répandue pour amener de l'argent non déclaré en Suisse sans le transporter soi-même est la compensation. Imaginons – mais cet exemple est tout à fait réel – un ostréiculteur breton qui est parvenu à accumuler un million d'euros « au noir » en se faisant payer avec du liquide qu'il a ensuite « oublié » de déclarer. Ce million se trouve chez lui, sous son matelas. Comment faire pour le transférer en Suisse, étant donné que le simple virement bancaire, qui serait immanquablement repéré par le fisc français, est exclu ? S'il connaît quelqu'un qui dispose déjà d'un compte en Suisse, l'ostréiculteur va lui remettre le million de la main à la main. Sa connaissance « compense » ensuite ce million en versant une somme du même montant sur un compte suisse ouvert pour l'ostréiculteur. Il n'y a pas de passage de liquide à la frontière, mais l'argent qui dormait sous le matelas de l'ostréiculteur se trouve désormais en Suisse : c'est le miracle de la compensation.

L'opération la plus simple implique deux personnes dont l'une a du liquide et l'autre un compte en Suisse. Mais il est aussi possible que l'ostréiculteur ne connaisse personne avec qui échanger son million. Dans ce cas, il doit faire appel à un changeur, c'est-à-dire un professionnel de la compensation. Ce dernier connaît un Français qui dispose déjà d'un compte en Suisse mais a besoin de liquide en France. Un courrier qui travaille pour le changeur lui apporte le million d'euros du premier client. En échange, le second client verse un montant identique sur le compte suisse du changeur, qui va le reverser sur celui de l'ostréiculteur. La seule trace écrite laissée par l'opération, le transfert du million d'un compte à un autre, se trouve en Suisse, où elle est protégée par le secret bancaire. En échange de ses services, le changeur perçoit une commission, généralement de 5 % à 10 % du montant concerné.

Si son réseau de relations est suffisamment étendu, le changeur peut se muer en une véritable entreprise de distribution d'argent « au noir ». L'apport de nouveaux fonds en Suisse compense les retraits des clients qui veulent dépenser leur argent à l'étranger. Un versement en liquide dans un pays est « compensé » par un transfert bancaire effectué dans un autre pays. Pour un tiers qui n'est pas dans la confidence, il est pratiquement impossible de savoir que l'opération a eu lieu.

En Suisse, les sociétés qui pratiquent la compensation à grande échelle recouvrent leurs activités du terme générique de « gestion de fortune ». Elles sont parfaitement professionnelles et contribuent puissamment à l'attrait qu'exerce la place financière helvétique sur les étrangers qui veulent mettre à l'abri leur fortune « au noir ». Ils sont extrêmement nombreux, notamment en Europe du Sud, où l'économie parallèle – celle qui fonctionne en liquide et ne déclare rien aux impôts – peut représenter un tiers du produit intérieur brut.

Visite chez un « compensateur »

« La compensation vous intéresse ? Allez chez Gabriel Lévy. » C'est muni de ce conseil qu'on frappe à l'épaisse porte en bois qui abrite la société Cofinor, dans un immeuble en pierre grise du centre de Genève. Des néons éclairent violemment les bureaux aux murs décorés de billets de banque de provenances diverses. Pas de chance : Gabriel Lévy n'est pas là. Il a le rhume. C'est son associé, Vahé Gabrache, qui reçoit. Il semble très surpris lorsqu'on lui demande s'il a déjà entendu parler de la compensation : « Nous, on fait de la gestion de fortune, c'est tout. J'ai entendu parler de la compensation, mais je ne sais pas qui fait cela ici. »

En fait, selon des sources concordantes, Cofinor a longtemps été considérée à Genève comme la Mecque de la compensation. En douze heures, cette société discrète pouvait faire parvenir du liquide à un client établi dans n'importe quel pays européen. Un gérant de fortune qui a recouru à ses services et « compensé » des sommes importantes dans plus de vingt pays différents dit avoir gagné ainsi plusieurs millions de francs suisses de commissions en seulement quelques mois.

La réticence de Cofinor à discuter de ce métier un peu spécial est compréhensible. Pour fonctionner sans risque, les réseaux de compensation doivent rester très fermés. Lorsqu'on transporte des millions en liquide, il faut éviter que l'information ne parvienne aux mauvaises oreilles, que ce soient celles de criminels qui pourraient s'emparer de l'argent, ou de fonctionnaires du fisc en quête d'une belle prise. L'existence d'une opération ne doit être connue que du client, du changeur et du passeur des fonds. Pour pénétrer dans ce milieu, il faut être impérativement introduit, par un client déjà habitué à la compensation, un avocat ou un banquier.

Les passeurs constituent un rouage essentiel du système. Ce sont parfois des semi-professionnels, convoyeurs de fonds indépendants, gardes du corps ou bijoutiers habitués à voyager avec de grosses sommes en liquide. En Suisse, leur métier a déjà un long passé. Dans les années 1960, l'argent de la mafia des casinos américains circulait déjà dans des valises entre les États-Unis et la Suisse. « C'est vrai, il y a eu dans notre clientèle quelques personnes peu recommandables. Mais à l'époque, personne ne parlait encore d'argent sale », se souvient Sylvain Ferdman, un Genevois qui travaillait alors pour la banque suisse BIC. A la même époque, le Tessinois Elvio Zoppi, qui fonda plus tard la banque Weisskredit, commençait sa carrière en transportant du liquide caché sous des cargaisons de fruits et légumes à Chiasso, sur la frontière italo-suisse. Aujourd'hui, les passeurs transportent l'argent dans des voitures spécialement trafiquées – une cache pour l'argent est aménagée dans la carrosserie – mais aussi dans des avions privés et même, pour les passages entre la France et la Suisse, sur des bateaux qui traversent le lac Léman.

Les passeurs ne connaissent jamais le client qu'ils vont rencontrer. Les deux parties savent seulement qu'elles ont rendez-vous quelque part. Pour se reconnaître, elles utilisent des signes préétablis. « Ça se passe comme ça, explique un ancien "compensateur" : on donne un mot de passe au client, et un rendez-vous dans un hôtel de catégorie moyenne, pour ne pas attirer l'attention. Le passeur remet au client un papier sur lequel est écrit le code convenu avec le changeur. En échange le client remet l'argent, dans une mallette. Il n'y a pas de quittance, pas de reçu, rien. Tout marche à la confiance. » La loi du milieu veut qu'un passeur qui se servirait au passage soit exclu du métier à tout jamais. Lorsque les autorités fiscales – douanes ou autres – arrêtent un passeur, la même loi coutumière autorise le passeur à « balancer » le nom de son commanditaire. Il peut ainsi ressortir libre, sans l'argent qui aura généralement été confisqué. A cette exception près, le silence le plus absolu est de rigueur pour tous les membres des filières de compensation.

Des services un peu « limite »

Alfred Sirven, l'ancien numéro deux du groupe pétrolier Elf accusé de détournements colossaux, était un fervent utilisateur du mécanisme de compensation. Lorsqu'il avait besoin d'amener de l'argent liquide à Paris, il actionnait d'abord son banquier attitré, Bernard Taverney, à la Banque de dépôts et de gestion à Lausanne. « J'ai besoin des services d'Oscar », expliquait-il mystérieusement. La société Comitex de Chiasso – officiellement active, elle aussi, dans la « gestion de fortune » – mettait alors à disposition une équipe de passeurs imaginatifs : l'un d'entre eux dissimulait l'argent dans les semelles de ses chaussures. En six ans, de 1990 à 1996, les hommes de la Comitex ont ainsi acheminé à la tour Elf, puis chez des amis d'Alfred Sirven, l'équivalent d'au moins 40 millions d'euros, dans des valises, des sacs en plastique ou des enveloppes. Christine Deviers-Joncour a reçu l'équivalent de 1,5 million d'euros qui lui étaient remis en liquide devant un magasin Christian Dior, en échange d'un mot de passe convenu : « Merci pour les fleurs. »

D'autres « gérants de fortune » ont rendu à Alfred Sirven des services plus raffinés, plus dangereux aussi, qui les ont conduits en prison. En 1996, Alfred Sirven se trouve à Crans-Montana, une station de ski valaisanne fréquentée notamment par l'ancien ministre Charles Pasqua. Il y rencontre, par l'intermédiaire de Michel Doumeng – le fils du fameux « milliardaire rouge » Jean-Baptiste Doumeng – un gérant de fortune genevois nommé Roger Gindroz. Un peu plus tard, lorsqu'il sent que la justice française commence à s'intéresser à lui, il confie à Roger Gindroz une mission secrète et risquée : mettre à l'abri 50 millions de francs suisses qu'il a déjà fait transférer, à l'aide d'autres avocats, de Lausanne au Liechtenstein. Pour y parvenir, Gindroz rassemble autour de lui une petite équipe de professionnels. On y trouve Kian Mozzaffari, directeur d'une société de gestion de fortune, l'expert-comptable Jean Humbert-Prince, et l'avocat Pierre-André Morand, tous basés à Genève. En mai 1997, accompagnés d'un garde du corps dont ils ont loué les services pour l'occasion, Mozzaffari et Humbert-Prince prennent la route en direction de Vaduz, la minuscule capitale du Liechtenstein. Quatre heures plus tard, ils s'arrêtent devant la VP Bank, qui gère le portefeuille d'actions de Sirven. Ils retirent en liquide, dans deux grosses valises, le produit de la vente des actions, soit 46 millions de francs suisses. Immédiatement, 17 millions sont replacés dans la même banque, sur des comptes de sociétés *off-shore* créées par l'avocat Morand. Deux clients de Mozzaffari servent d'ayants droit fictifs. L'un d'eux, un Grec nommé Georges Diamantopoulos, est lui-même gérant de fortune, et il a beaucoup pratiqué la compensation avec Kian Mozzaffari.

Une partie de l'argent est ensuite placée dans une banque voisine de la première, la Neue Bank. Le solde, près de 26 millions de francs, revient à Genève dans la limousine des financiers. Il est versé, en liquide, sur un compte ouvert dans une succursale UBS de la ville, à nouveau au nom de Diamantopoulos. Kian Mozzaffari a perçu au moins 1,5 million de francs de commission de la part des banques pour leur avoir « apporté » cette affaire. Il a aussi détourné une partie des fonds vers un compte ouvert à Jersey au nom de son frère. Comme Roger Gindroz, qui s'est finalement chargé d'acheminer une partie de l'argent jusqu'au refuge philippin d'Alfred Sirven, Kian Mozzaffari a passé une bonne partie de l'été 2001 en prison à Genève, où il est inculpé pour « blanchiment ».

On peut encore relever que certains fonds lausannois d'Alfred Sirven sont parvenus sur le compte monégasque d'un ancien ministre congolais de l'Économie, Nguila Moungounga-Kombo. Le gérant de fortune de ce dernier, un Français établi à Genève, était coutumier des transports de valises de liquide d'un continent à l'autre, au profit de mystérieux intermédiaires dont lui-même ignorait tout.

Porteurs de valises et partis politiques

Comme les partis allemands SPD (socialistes) et CDU (conservateurs), plusieurs formations politiques françaises, dont les libéraux du Parti républicain et les centristes du CDS, ont été accusées ces dernières années d'avoir installé leurs « caisses noires » en Suisse. Deux des plus célèbres financiers occultes du RPR, le défunt Jean-Claude Méry et Didier Schuller, disposaient de comptes helvétiques où les entreprises de construction payaient les redevances obligatoires pour l'obtention de contrats publics. Comme n'importe quel entrepreneur fraudant le fisc, Méry avait fait appel à une fiduciaire genevoise, Gestoval, qui administrait la société panaméenne servant de réceptacle aux fonds. Les responsables de Gestoval n'ignoraient rien des fonctions de Méry au RPR et de ses liens avec des entreprises de travaux publics comme la Lyonnaise des Eaux, qui leur avait présenté Méry. Mais ils n'avaient pas pensé à mal : le financement illégal de partis politiques n'est pas un délit en droit suisse. La société panaméenne, Farco, détenait un compte à l'UBS, et il arrivait que Jean-Claude Méry se rendît directement à la banque pour retirer de l'argent liquide qu'il rapportait ensuite en France.

Au cours de l'enquête sur les activités suisses de Méry est apparu le nom d'une autre société suisse, Interaf, installée elle aussi à Genève. Spécialisée dans l'acheminement de fonds à partir de la Suisse, Interaf a été citée dans plusieurs affaires de blanchiment, notamment celui des fonds de l'organisation séparatiste basque ETA. Son patron, Georges Philippe, est un vétéran discret de la place financière genevoise qui a gardé de l'époque de la Seconde Guerre mondiale une méfiance viscérale des uniformes, notamment ceux des douaniers français. S'il dément toute implication dans l'affaire Méry – un témoin l'a accusé d'avoir transporté des fonds pour le financier du RPR –, il ne conteste pas avoir financé l'achat d'un bateau de pêche retrouvé bourré de haschisch au large des côtes bretonnes, au début des années 1990. Mais comme cette transaction avait été faite sur les instructions d'un directeur de banque genevois, il ne s'était pas méfié… Cohérents avec la philosophie de base de leur métier, les dirigeants d'Interaf ont d'ailleurs toujours soutenu qu'ils ignoraient tout de la provenance des fonds qu'ils acheminaient.

Un autre parti de la droite française, le Rassemblement pour la France ou RPF, a reçu de Suisse des fonds du marchand d'armes Pierre Falcone, qui travaillait beaucoup avec le ministère de l'Intérieur français du temps où celui-ci était dirigé par l'actuel président du RPF, Charles Pasqua. Les enquêteurs ont notamment établi que les comptes de Falcone à l'UBS avaient servi à alimenter une association proche du RPF, France-Orient.

Un terrain fertile pour les escrocs

Avec ses montages complexes, son argent presque toujours « au noir » et son absence de contrôles administratifs, l'univers des gestionnaires de fortune offre aussi un terrain de manœuvre idéal pour les escrocs. Leur méthode est immuable : ils promettent des rendements exceptionnels puis disparaissent dans la nature avec l'argent des investisseurs. L'histoire récente regorge d'exemples de cette forme de délinquance économique. A Genève, entre 1997 et 1999, deux gérants de fortune français, Dominique Tison et Patrick Boucard, qui se faisaient passer pour les représentants de la société américaine Stockton Trust, ont amassé 100 millions de dollars en promettant à leurs clients des performances grandioses, dans des contrats verbeux et truffés de fautes de grammaire. Ils se sont enfuis en juillet 1999 et n'ont jamais remis les pieds à Genève. Parmi leurs victimes, on trouve un prétendant au trône de France, un directeur général du groupe hôtelier Sodexho et deux médecins en vue d'un hôpital de Carpentras, qui versaient leurs contributions au fonds d'investissement sous forme de lingots d'or. Comme souvent dans ce type d'affaire, peu de lésés ont porté plainte : leurs fonds n'étant pas déclarés, la plupart des clients abusés choisissent de passer l'argent disparu par pertes et profits.

Les sommes englouties par le tandem Tison-Boucard, quoique importantes, ne sont pas exceptionnelles. William Fogwell a fait presque aussi bien – si l'on peut dire. Cet Américain charmeur vivait à Monaco, dans un immeuble de prestige situé à côté du casino. Lors des Grands Prix de Formule 1, il louait un yacht ancré dans le port de plaisance et y organisait des soirées très courues où le champagne coulait à flots et où les jolies filles étaient légion. Ses contacts avec le palais princier étaient exceptionnellement étroits : un intime du prince Albert servait de directeur à sa société, Hobbs-Melville.

En courant le circuit mondain du Rocher, Fogwell ne pouvait manquer de croiser bon nombre d'habitués suisses, notamment Riccardo Tattoni. La société de Fogwell avait été chaudement recommandée à ce dernier par le ministre monégasque de l'Économie en personne. Après avoir dilapidé quelque 60 millions de dollars dans des placements malheureux, Fogwell a finalement pris la fuite à l'été 2001. On ne l'a arrêté qu'après une cavale de plusieurs mois aux Caraïbes, puis en Biélorussie. Quant à l'argent des millionnaires qui avaient eu la naïveté de lui faire confiance, il a notamment transité par des comptes ouverts auprès de la société de Tattoni, la SFP, avant de disparaître.

Les relations dangereuses des banques

Transports d'argent liquide vers des paradis fiscaux, utilisation de sociétés-écrans et d'hommes de paille pour dissimuler le vrai propriétaire des fonds : ce sont quelques-unes des méthodes que certains gérants de fortune ont utilisées pour « rendre service » à des clients. Comme la profession de gestionnaire indépendant, très exposée aux abus, n'a pas exactement bonne presse, leurs relations avec ce type d'intermédiaire sont un sujet sur lequel les banques n'aiment pas s'étendre. Toutes, pourtant, ont parfois besoin de recourir à leur expertise.

Depuis 1994, les banquiers suisses ont l'interdiction de prêter une « assistance active » à l'évasion de capitaux en provenance de l'étranger. La « Convention de diligence des banques », un accord privé réglementant leur conduite dans le domaine, notamment, de l'évasion fiscale, proscrit « la collaboration avec des personnes ou sociétés [...] utilisant leurs comptes professionnellement en vue d'aider à la fuite de capitaux ». L'objectif déclaré de cette mesure est de préserver la réputation de la place financière suisse. En théorie, tout contact entre les banques et les « compensateurs », *a fortiori* les passeurs, devrait donc être interdit. Beaucoup de banquiers affirment prendre le règlement au sérieux : « Je ne fais pas de compensation, explique l'un d'eux, ça peut ruiner votre carrière. Si un client me demande comment sortir l'argent de son pays, je dis que je ne sais pas. » Mais plusieurs témoignages recueillis dans les milieux financiers indiquent que certaines banques contournent cet interdit de manière quasiment routinière. Il y a une très bonne raison à cela : sans les compensateurs et les passeurs, de nombreux clients ne pourraient pas alimenter leur compte en Suisse avec la discrétion souhaitée. Ils ne pourraient pas non plus recevoir dans leur pays l'argent prélevé sur leur fortune déposée « au noir » en Suisse, un service essentiel pour tout possesseur de compte *offshore*.

Le cas de Steve O'Hana montre que la collaboration entre compensateur et banquier s'organise parfois au plus haut niveau de la banque. A la fin des années 1990, ce « jet-setter » résidant à Paris, héritier de l'une des plus grosses fortunes du Maroc, avait déposé des dizaines de millions de francs à la banque HSBC Republic de Genève. L'un des directeurs de l'établissement, Judas Elmaleh, ami d'enfance de Steve O'Hana, s'occupait personnellement de ses comptes. Régulièrement gratifié de bonus énormes, Elmaleh gère environ un milliard de francs amenés par une clientèle essentiellement belge, israélienne et marocaine.

Quoique très riche, Steve O'Hana avait un problème : comment faire parvenir son argent à Paris ? L'héritier marocain, qui menait grand train dans la capitale française, n'utilisait que de l'argent liquide. Les transferts s'effectuaient notamment par l'intermédiaire d'Henri Benhamou, un commerçant du quartier parisien du Sentier. Ce dernier avait attiré l'attention de la justice en omettant de signaler que des cambrioleurs avaient volé chez lui de grosses sommes d'argent liquide. Henri Benhamou n'était-il qu'un honnête mais discret « compensateur », peu désireux de voir les autorités mettre le nez dans ses affaires ? Dans tous les cas, il est certain qu'entre Judas Elmaleh et son client Steve O'Hana, un mécanisme de compensation passant par Henri Benhamou a permis au millionnaire marocain de continuer à vivre dignement à Paris, avec du liquide. Le trio correspondait par téléphone, ce qui a permis aux autorités françaises, qui écoutaient, d'identifier le banquier. Un enquêteur explique : « Elmaleh n'est pas un opérateur, mais il a mis les gens en relation. Il encourageait, amenait des gens à la banque parce qu'ils étaient en mesure de faire des opérations de compensation. Il avait un énorme réseau de relations, et il touchait un bonus en conséquence… » Judas Elmaleh a été entendu par la justice en Suisse, mais il a refusé de comparaître en France, malgré les demandes insistantes du juge parisien Philippe Courroye.

Ce magistrat connaît bien les mécanismes de compensation, car ils apparaissent, à une tout autre échelle, dans un autre de ses dossiers : celui du marchand d'armes Pierre Falcone. Dans les années 1990, ce dernier a bien gagné sa vie en vendant des équipements militaires au gouvernement angolais, enlisé dans une guerre civile perpétuelle contre les sanguinaires opposants de l'UNITA. Soupçonné de trafic d'armes et de financement politique occulte, il a été emprisonné durant de longs mois en

2001. En s'intéressant à ses comptes suisses et à ceux de son entourage – l'intermédiaire corse proche de Charles Pasqua, Étienne Léandri, mort en 1995, ou l'ancien préfet Jean-Charles Marchiani –, les magistrats ont découvert que des centaines de millions de francs français avaient circulé entre la Suisse et la France : versés sur le compte helvétique d'une société *offshore*, ils étaient ensuite distribués en liquide en France. Un banquier suisse jouait un rôle central, comme l'admet un enquêteur : « L'argent circulait par des intermédiaires d'origine bancaire. Un banquier – c'est inquiétant – utilisait des gens dans les sociétés financières pour faire transiter l'argent et le redistribuer en liquide. Des personnes physiques ont mis à disposition de l'argent, en quantités énormes. C'était un système de compensation presque professionnel. »

Derrière ces cas en apparence isolés, on devine l'existence d'un système invisible et tentaculaire de circulation de fonds « au noir », par le biais des mécanismes de compensation. Les opérations peuvent impliquer des acteurs (clients, passeurs et changeurs) dans près de trente pays, et les transferts atteindre plusieurs millions de francs suisses chacun. Il est raisonnable d'assumer que la grande majorité des officines de « gestion de fortune » basées en Suisse pratique encore couramment la compensation. Marc Bonnant, qui est à la fois l'avocat de Steve O'Hana et du financier grec Diamantopoulos, le prête-nom de Sirven, estime que « toutes » les sociétés de gestion de fortune suisses pratiquent la compensation.

On peut aussi affirmer que de nombreuses banques travaillent, discrètement, avec des changeurs et des passeurs actifs dans les systèmes de compensation. Comme le dit un juge spécialisé dans les affaires financières, « les dossiers montrent que certains collaborateurs des banques remettent de l'argent de la main à la main et ont encouragé la compensation ». Un gros changeur actif sur le marché marocain, que nous ne connaissons que sous le nom énigmatique de « Kakon », disposait d'un compte de compensation à la Republic National Bank d'Edmond Safra, devenue depuis HSBC Republic. La Discount Bank and Trust, une banque extrêmement discrète dont le siège genevois est perpétuellement voilé de rideaux opaques, a aussi eu des clients de ce genre. Même les vénérables banques privées ne sont pas en reste : elles fournissent des introductions dans les réseaux de compensation et certaines disposent de leurs passeurs attitrés. Dans les grandes banques comme le Credit suisse, les gestionnaires contactent directement les passeurs, avec l'approbation tacite d'une haute hiérarchie satisfaite de voir l'argent affluer, mais peu désireuse de savoir comment. A Genève, la seule clientèle turque fait vivre une vingtaine de passeurs professionnels. En Suisse, ils sont sans doute des centaines à opérer, toujours dans le plus grand secret : « Tous les passeurs d'ici se connaissent, explique un banquier. S'ils veulent continuer à travailler, ils ne doivent pas parler. »

De l'usage des « usines à gaz »

Pour faire circuler des montants importants d'argent non déclaré à travers les frontières, il existe un second système, aussi répandu voire plus encore que la compensation : ce sont les montages fictifs de sociétés, appelées ironiquement les « usines à gaz ». Ces structures sont particulièrement adaptées aux besoins des clients qui dirigent leur propre entreprise, car elles leur permettent de gonfler artificiellement leurs frais – ce qui fait baisser les impôts – tout en constituant une caisse noire défiscalisée à l'étranger.

Denis Fougerol était un expert dans ce domaine particulier de l'ingénierie financière. L'« usine à gaz » qu'il avait montée pour Gérard Hubert, propriétaire d'une scierie en Bretagne, est un modèle du genre. La scierie, qui fabriquait notamment des cercueils, importait du bois des Philippines. La transaction était financée par l'intermédiaire d'un compte ouvert par Hubert auprès de la SFP de Riccardo Tattoni, dont Denis Fougerol était alors vice-directeur. Le bois était ensuite revendu à la scierie de Pontivy, mais 20 % plus cher. La différence atterrissait sur un compte suisse contrôlé par Gérard Hubert. Les 20 % de surcharge en plus ne correspondaient à aucune prestation réelle : en fait, Hubert revendait le bois à sa propre entreprise, en gardant la plus-value pour lui-même. C'est le mécanisme classique de la surfacturation. Un émissaire se rendait régulièrement à Genève pour vérifier l'état de la caisse noire familiale, dont le montant, environ 500 000 dollars, était relativement modeste. Mais les repreneurs qui ont racheté la scierie de Gérard Hubert n'ont pas apprécié : ils ont porté plainte, le dossier a été confié à un juge peu suspect de sympathie envers les gérants de fortune suisses, Renaud Van Ruymbeke, et Denis Fougerol a fait un an de prison ferme.

Pour son ancien employeur, Riccardo Tattoni, le montage réalisé pour Gérard Hubert n'a rien d'exceptionnel : « C'est extrêmement banal. En Suisse, c'est une pratique parfaitement acceptée. » Ailleurs pourtant, la création d'une « usine à gaz » helvétique peut être source de pas mal d'ennuis pour son propriétaire si le montage vient à être découvert.

Un multimillionnaire qui est l'un des premiers importateurs de bananes et d'ananas en France en a fait l'amère expérience. Il possédait au Liechtenstein une société qui prélevait des frais fictifs sur les marchandises importées par son entreprise. Pas de chance : les douanes françaises ont arrêté l'un de ses fournisseurs africains. Celui-ci a avoué avoir fait partie d'une obscure société de promotion de l'ananas en Europe, qui n'était rien d'autre que l'« usine à gaz » liechtensteinoise de l'importateur… Par la suite, l'un des employés de ce dernier a été intercepté à la frontière franco-genevoise en possession de papiers à en-tête du Credit suisse, qui prouvaient que le magnat du fruit possédait des comptes non déclarés en Suisse. L'importateur a dû s'acquitter d'un redressement fiscal équivalent à plus de 3 millions d'euros.

Les formes que peuvent prendre les systèmes permettant de

générer de l'argent « au noir » dans un paradis fiscal évoluent au gré des changements législatifs dans les principaux centres financiers. Les structures des « usines à gaz » sont donc par nature éphémères. Voici un exemple de montage à la mode en 2001 : une société X dans un pays africain fait payer 100 dollars la tonne de marchandise à la société Y en Suisse. Par ailleurs, un *partnership* britannique reçoit 20 % de commission d'introduction sur le marché africain pour cette opération – un service fictif, bien entendu. Les 99 % de ce *partnership* appartiennent à une société de l'île Maurice, elle-même contrôlée par la société Y. Celle-ci ne paie d'impôts sur le chiffre d'affaires que sur le 1 % restant, part possédée par un administrateur anglais. Grâce au traité de double imposition entre la Grande-Bretagne et la Suisse, elle ne paie pas d'impôts en Suisse. La commission versée par la société Y à elle-même est donc presque totalement défiscalisée. Autre exemple de montage populaire auprès des parabancaires en 2001 : la société X, en France, emprunte 3,6 millions d'euros au Crédit agricole. Une *offshore* des îles Vierges ou de l'île Maurice garantit ce prêt grâce à 3 millions de dollars venus du Credit suisse à Genève. Cette somme est en fait l'argent de la société X, déposé « au noir » en Suisse. De la sorte, les clients paient moins d'impôts – les emprunts sont déductibles – et peuvent utiliser leur argent non déclaré dans leur pays, à condition de ne dire à personne que le prêt vient en fait d'eux-mêmes.

Il faut souligner que, dans la mesure où ils représentent une tromperie « astucieuse » des autorités, ces systèmes peuvent faire l'objet de demandes d'entraide judiciaire entre la Suisse et les autres pays. La protection que leur offre le secret bancaire est donc limitée. Mais cela n'empêche pas le secteur des « usines à gaz » de se porter à merveille. A Genève, des sociétés financières – peut-être plus d'une centaine – ne vivent que de la gestion d'innombrables systèmes de surfacturation au profit de clients étrangers. Emmanuelle Piguet a travaillé pour l'une de ces sociétés, basée dans un quartier résidentiel chic de Genève.

Son témoignage est édifiant : « On faisait surtout de la surfacturation pour des clients étrangers. L'un des clients, un armateur grec, avait chez nous une trentaine de *offshore*. Il devait peser environ 100 millions de dollars. On surfacturait toujours de vraies opérations, comme la livraison de peinture, de tôle pour les bateaux et d'autres produits qui étaient désignés par des numéros de code. Le Grec utilisait cet argent pour payer des commissions à des partenaires en affaires. Notre société a ouvert des comptes pour lui dans des grandes banques comme l'UBS ou le Credit suisse. » L'entreprise du client grec payait 20 % en sus du prix normal à la société de surfacturation pour ses fournitures, et la différence se retrouvait sur les comptes suisses de l'armateur. La société genevoise qui employait Emmanuelle Piguet gérait aussi des fondations liechtensteinoises détenant, pour le compte de riches étrangers, des chalets à Saint-Moritz, des appartements à New York, des villas près de Rome, des bateaux de plaisance en Méditerranée… « Certains clients étaient amenés par des banques, contre une commission de 10000 dollars. » « Au black », naturellement.

L'ombre des multinationales

Les grands groupes internationaux sont également de gros utilisateurs d'« usines à gaz » dont la finalité est parfois fiscale, mais qui peuvent servir d'autres buts, comme des prises de participation discrètes dans d'autres pays. Le cas du groupe français Schneider est typique : en 1994, son patron, Didier Pineau-Valencienne, fut brièvement arrêté en Belgique par un juge spécialisé dans les affaires financières, Jean-Claude Van Espen. La justice belge soupçonne le groupe d'avoir dissimulé, entre 1987 et 2000, des actifs d'une valeur de 125 millions d'euros dans un réseau de sociétés *offshore* qui était administré partiellement depuis la Suisse. Trois financiers suisses, dont Georges et Pierre Mourgue D'Algue, propriétaires d'une banque privée qui porte leur nom, ont été inculpés dans le cadre de cette procédure.

Le groupe de l'actuel Premier ministre italien Silvio Berlusconi, Fininvest, possédait un réseau de sociétés au Luxembourg, à Jersey, Guernesey ou aux Bahamas, qui était appelé au sein de l'entreprise, selon un rapport commandé par la magistrature de Milan, « Fininvest B *very discreet* » (très discrète). Une filiale suisse, Fininvest Services SA à Lugano, administrait le tout. Le juge espagnol Baltasar Garzon, célèbre notamment pour avoir mis le général Pinochet en prison, soupçonne Fininvest d'avoir acquis, par l'intermédiaire de ses *offshore*, 80 % des actions de la société espagnole Telecinco, alors que la loi espagnole interdisait au groupe italien d'en posséder plus de 25 %. La société-écran mise en cause dans cette transaction, All Iberian, avait un compte à la SBS (devenue depuis UBS) à Lugano. Le juge Garzon estime que les versements effectués sur ce compte correspondent à une « vente clandestine d'actions » qui aurait permis à Fininvest de prendre le contrôle de Telecinco – opération qui portait le nom de code de « Manhattan » au sein de la Fininvest. Il a fallu trois ans au juge espagnol pour obtenir les documents bancaires relatifs aux nombreux comptes suisses de la Fininvest. L'enquête est aujourd'hui au point mort : pendant que les défenseurs suisses de la Fininvest multipliaient les recours pour empêcher la transmission de documents, Silvio Berlusconi a été élu Premier ministre. En Espagne, les autorités soupçonnent Fininvest d'avoir fraudé le fisc pour des dizaines de millions d'euros en manipulant sa comptabilité grâce à ses sociétés « hors bilan ».

L'utilisation de sociétés *offshore* par les multinationales pour trafiquer leurs bilans se poursuit, comme le démontre la faillite du géant américain du courtage en énergie Enron, qui a secoué les États-Unis à la fin de l'année 2001. Afin de stimuler le cours de son action en Bourse, l'entreprise a, durant des années, cédé ses actifs les moins performants à des « entités à but particulier », les *special purpose entities* ou SPE. Ces véhicules étaient en fait contrôlés par Enron, mais ils ne figuraient pas au bilan de l'entreprise et lui permettaient d'afficher, de façon trompeuse, une forme resplendissante. Ils étaient enregistrés à Jersey, aux îles Cayman et aux îles Turks et Caïques.

Cachotteries de sportifs

Courtisés par les banques, installés en nombre dans les paradis fiscaux, invités indispensables des grands événements mondains, les sportifs sont des consommateurs avertis de montages *offshore*. « Le sport, c'est le plus grand moyen d'évasion fiscale », confie un gestionnaire de fortune qui fréquente le milieu sportif depuis des années. Franco – appelons-le ainsi – est un membre éminent de la communauté des parabancaires. Il a une montre à 30 000 francs, dit « *okay* » au moins cent fois par jour et se rend souvent à Monaco. Franco sait de quoi il parle : la justice italienne l'accuse d'avoir créé de nombreuses caisses noires alimentées par les dépenses de parrainage sportif, notamment dans le sport automobile. Leur fonctionnement est toujours le même : « La clé, pour ne pas avoir de contrôles, c'est de faire un contrat entre des parties situées dans deux États différents », explique Franco. Un pilote qui vit à Monaco cède ses droits à une société hollandaise. Officiellement, le sponsor du coureur donne 4 millions à cette société. Mais en fait, celle-ci lui retourne 3 millions, qui restent sur un compte ouvert par le sponsor en Suisse, à Monaco ou à Londres. « La proportion normale, c'est que 80 % de la somme retournent dans la poche du sponsor. J'ai fait des contrats de 40 millions de dollars comme ça. Mais tout le monde le fait. » Ainsi, Raul Gardini, flamboyant homme d'affaires italien dont les voiliers *Il Moro di Venezia I*, *II* et *III* remportèrent de nombreux trophées au début des années 1990, a été fortement soupçonné d'avoir diverti une partie des millions destinés au financement des bateaux sur ses propres comptes suisses. Il s'est suicidé en 1993.

Un cas plus récent atteste de la réalité de cette pratique sur les circuits de Formule 1 : en juin 2001, deux cadres de l'écurie Minardi ont été entendus par la justice italienne, et l'un d'entre eux a été brièvement mis aux arrêts domiciliaires. De 1993 à 1996, la Minardi a constitué une caisse noire d'une valeur équivalant à 12 millions d'euros grâce à San Marino Promotion, une société de Saint-Marin, qui était en fait une émanation de l'écurie. Ces fonds étaient destinés vraisemblablement aux sponsors qui alimentaient San Marino Promotion, et donc Minardi, en argent frais. L'un des cadres inquiétés dans le cadre de cette enquête, Gilberto Pirroni, a d'ailleurs déclaré que « si quelqu'un a constitué des fonds noirs, ce sont les sponsors ».

En septembre 2000, le Tribunal fédéral a décrit dans un arrêt non publié un système tout à fait similaire mis en place par d'autres Italiens : des sommes de plusieurs centaines de milliers de francs suisses étaient payées sur un compte de la banque BSI de Chiasso à une société des îles Vierges britanniques théoriquement active dans l'« intermédiation publicitaire ». Les services facturés par cette entité étaient fictifs. La majeure partie de la somme, au moins 80 %, était rétrocédée aux sponsors qui, pour s'assurer la neutralité des autorités fiscales, auraient en outre corrompu un maréchal de la Guardia di Finanza, la douane italienne. Les auteurs de ce montage ont constaté à leurs dépens que la protection assurée par la Suisse dans ce genre de cas est limitée, car l'opération a été considérée comme une fraude fiscale : après des mois de procédure, les documents bancaires prouvant l'existence des rétrocessions ont été transmis aux autorités italiennes.

La Fédération internationale du sport automobile juge que les pratiques de fraude fiscale « ne sont pas avérées » sur les circuits. Deux avocats suisses proches du monde de la Formule 1 confirment pourtant leur existence, même s'ils tendent à en minimiser la portée et à les confiner aux sports motorisés mineurs comme la Formule 3000, les rallyes ou les courses de bateaux. Le premier, Jean-Charles Roguet, est l'avocat du champion français Alain Prost. Il admet qu'il y a une quinzaine d'années « les rétrocessions sur les droits télévisés étaient remises dans des enveloppes au fond des stands ». Cette pratique aurait depuis disparu des circuits en raison d'une tendance à la « moralisation de la F1 ». Le second avocat, Henry Peter, est un italophile bronzé qui travaille depuis dix-sept ans pour l'écurie Ferrari. Selon lui, « les grands comme Ferrari ne le font pas. Mais des sociétés de famille qui ne publient pas de chiffres et ne sont pas auditées le font ». La pratique des rétrocessions « au noir » serait donc essentiellement le fait de petites entreprises prêtes à payer quelques centaines de milliers de francs dont elles recevront, sur un compte secret, les quatre cinquièmes, pour placer leur logo sur une voiture de rallye, une moto ou un bateau de course. « Ce qui est apparu dans certains dossiers, explique Henry Peter, c'est que le sponsor paye une commission de 300 à un agent qui prend 30, 170 "sortent" à ce moment-là pour être ristournés au sponsor, et le pilote ou l'écurie ne touchent en définitive que 100. » Le mécanisme correspond trait pour trait à celui décrit par le spécialiste incontesté de la chose, « Franco ».

L'homme qui domine l'architecture financière de la Formule 1 est un Anglais résidant en Suisse, Bernie Ecclestone. Cet ancien vendeur de motos d'occasion est lui aussi un grand amateur de montages complexes offrant d'intéressantes possibilités fiscales. Le 28 juin 2000, à Genève, les délégués de la Fédération internationale automobile, l'organe directeur du sport automobile mondial, lui ont cédé l'intégralité des droits commerciaux dérivés de la Formule 1 au cours d'une réunion entourée d'un épais mystère. La même opacité caractérise le fonctionnement de tout l'empire Ecclestone. Le magazine *The Economist* en a décrit, en juillet 2001, la structure baroque dans une enquête particulièrement fouillée : les droits issus de la F1 reviennent d'abord à une société anglaise, Formula One Management, elle-même contrôlée par Petara Holdings à Jersey. Cette société est contrôlée à son tour, *via* deux entités intermédiaires, par SLEC Holdings, propriété pour moitié de Bambino Holdings. L'ayant droit économique de ces deux dernières structures, basées à Jersey, est un *trust* familial administré par un avocat genevois bien introduit dans les milieux sportifs, Luc Argand.

L'avantage de cette structure compliquée est qu'elle protège l'immense fortune de Bernie Ecclestone, évaluée à 3 milliards de dollars, d'impôts excessifs. Formellement d'ailleurs, comme beaucoup de gens très riches, Bernie Ecclestone ne possède presque rien : toute sa fortune appartient au *trust*. L'existence même de ce dernier n'est connue que par des sources qui ont vu circuler des documents confidentiels le mentionnant. Ses bénéficiaires, de même que ceux qui le gèrent, n'ont jamais divulgué le moindre détail à son sujet. Bernie Ecclestone réside à Gstaad, station huppée des Alpes bernoises, dont il possède notamment la plus grande discothèque. En l'an 2000, il ne déclarait aux autorités suisses qu'un revenu de 781 000 francs et une fortune de 3,3 millions de francs, soit un millième de ses avoirs réels.

Pour contrôler son empire, le riche Anglais s'est entouré, en Suisse, d'une petite équipe que l'on retrouve un peu partout dans les circuits financiers de la F1. L'un de ces hommes de confiance est Patrick « Paddy » Mac Nally, 63 ans, multimillionnaire, ex-compagnon de la princesse Sarah Ferguson. Cet ancien journaliste sportif possède le château de Russin, près de Genève, mais il réside une bonne partie de l'année à Verbier. Il dirige la société Allsport Management, toujours à Genève, qui perçoit les revenus générés par la publicité affichée sur les circuits, mais aussi ceux du Paddock Club, une loge pour VIP ouverte en marge des compétitions dont l'entrée coûte au moins 1 500 dollars. On estime que Allsport Management gagne chaque année près de 300 millions de francs suisses. Mac Nally a aussi dirigé durant plusieurs années les sociétés Allsopp, Parker and Marsh, qui percevaient un tiers des droits télévisés issus de la Formule 1.

Dans plusieurs de ces sociétés, Paddy Mac Nally siège aux côtés de l'avocat genevois Luc Argand, seconde figure clé de l'empire Ecclestone. Grand amateur de chasse et de voitures de sport, cet ancien rameur de niveau olympique dirige aussi Excelsis, la société qui possède le circuit Paul-Ricard, en France, dont le propriétaire véritable est le *trust* familial des Ecclestone. Argand est encore administrateur de la société financière MWM Management, qui prodigue, depuis Genève, ses conseils pour le placement des milliards d'Ecclestone. Le roi de la Formule 1 est loin d'être le seul client fortuné de ce juriste hyperactif : Luc Argand est aussi l'avocat de Gilbert Chagoury, le milliardaire libano-nigérian condamné dans l'enquête sur les fonds Abacha.

7

La fin de l'âge d'or

Au secours ! L'argent n'arrive plus !

Malgré l'insolente santé affichée par les banques suisses en l'an 2000, certains acteurs de la place financière sont inquiets. L'argent frais, murmurent-ils, n'arrive plus. « Depuis deux ou trois ans, explique un banquier genevois, les clients tournent de banque en banque, on se les pique entre nous. C'est pour cela que les gérants, qui se baladent d'un établissement à l'autre avec leurs clients attitrés, ont pris de plus en plus de valeur. » Le phénomène ne serait pas limité aux banques : selon des connaisseurs, les « changeurs » tels que la société Cofinor ont drastiquement réduit leurs activités de compensation depuis quelques années. Ce tarissement de la clientèle ne touche probablement qu'une minorité de banques. Début 2002, lors d'une conférence de presse organisée dans un palace de Berne, les représentants des banquiers privés suisses se félicitaient même de l'apport net de nouveaux clients enregistré l'année précédente.

La tendance de fond, pourtant, est indéniable : les versements en liquide, les sociétés *offshore*, la compensation et les fausses facturations, outils de base de l'évasion fiscale, sont devenus suspects aux yeux de la justice, en Suisse comme dans le reste de l'Europe. Le travail des gérants de fortune et autres fiduciaires établis en Suisse est de plus en plus risqué. Quelques-uns de ces intermédiaires, comme le Franco-Genevois Denis Fougerol, ont été mis derrière les barreaux en France, en Italie ou ailleurs. La recherche sans états d'âme du profit et la joyeuse morgue des parabancaires se nuancent d'un vague sentiment d'insécurité. En Suisse, les « compensateurs » doivent désormais savoir d'où viennent les fonds qu'ils acheminent dans le monde entier. L'essence même de leur métier – faire parvenir de l'argent à des clients qu'ils ne connaissent pas pour des fins dont ils ignorent tout – est menacée. Comme les banques se méfient de plus en plus des clients qui utilisent leurs comptes pour réaliser des opérations de compensation, ceux-ci doivent donc ouvrir des comptes plus petits dans plusieurs banques pour tenter de passer inaperçus. Paradoxe étonnant : la Suisse, qui avait la réputation depuis la fin de la Seconde Guerre mondiale d'offrir un refuge inviolable aux fonds de toutes origines, est désormais considérée comme trop réglementée par certains clients qui, comme le dit le pseudo-« Franco », « n'ont plus confiance ».

C'était le bon temps

Dans l'inconscient collectif de la place financière suisse, les années 1970 font toujours figure d'âge d'or. A cette époque, toute personne qui franchissait la porte d'une banque avec des valises pleines de billets était accueillie à bras ouverts, sans que quiconque pose la moindre question sur la provenance de l'argent. Apeurés par l'inflation, les nationalisations et la menace d'insurrections d'extrême gauche, les épargnants de tous les pays se ruaient en Suisse pour mettre leurs fortunes à l'abri. L'afflux de capitaux était tel que la Banque nationale imposa une mesure radicale pour éviter une trop forte appréciation du franc : au lieu de percevoir des revenus sur leur épargne, les clients devaient payer des intérêts négatifs sur les fonds déposés en Suisse. Malgré cela, la Suisse se tailla à cette époque une part prépondérante du marché mondial de la gestion de fortune, notamment parce que beaucoup d'autres pays industrialisés pratiquaient le contrôle des changes, qui limitait autoritairement les sorties de capitaux.

Personne, alors, ne parlait d'argent sale. Il n'existait aucune loi demandant aux banquiers de se renseigner sur la provenance des fonds qu'ils géraient. Ceux qui critiquaient cette absence de contrôle étaient considérés comme subversifs. Paolo Bernasconi, l'un des plus éminents spécialistes suisses dans le domaine du blanchiment, se souvient du combat presque solitaire qu'il a mené durant ces années : « Il y a vingt ans, on disait de moi que j'étais payé par le Kremlin. Mes éditeurs ont subi des pressions, des banques ont tenté d'empêcher la publication de mes articles dans les revues juridiques. »

Il fallut un immense scandale pour que cela commence à changer. En 1977, on découvrit que le directeur de la filiale du Credit suisse à Chiasso avait accumulé des pertes gigantesques – un milliard de francs – en plaçant l'argent de ses clients sur 1 316 comptes secrets ouverts au nom d'une fondation liechtensteinoise, Texon. Cette entité fonctionnait en marge de la banque, sans être soumise à aucune réglementation, notamment l'exigence des intérêts négatifs. Le principal responsable du désastre, Ernst Kuhrmeier, est le seul banquier suisse de quelque importance à être mort en prison. Le scandale changea l'image que les Suisses avaient de leurs banquiers. « Nous ne partons plus du principe que chaque banquier est un *gentleman*, et que, s'il en est un, il respecte les règles », déclara le directeur de la Banque nationale, Fritz Leutwyler.

A l'étranger, la réputation des banques suisses n'était déjà plus à faire. Dans les années 1960, les fonctionnaires de la Securities and Exchange Commission américaine, l'un des principaux organismes de régulation financière des États-Unis, commencèrent à parler d'un « mariage fait au ciel entre banques suisses et escrocs[1] ». C'est à ce moment qu'apparut dans les films un personnage à grosses lunettes et costume gris, qui s'ex-

1. Nicholas Faith, *Safety in Numbers…*, *op. cit.*

primait avec componction et un accent bizarre. Le banquier suisse était devenu un ingrédient secondaire mais indispensable de nombreux films américains. La réputation de solidité, de conservatisme et d'absolue discrétion qui attirait les clients riches vers la Suisse avait engendré son propre mythe, celui des « gnomes de Zurich », terme inventé en référence aux nains forgerons des légendes germaniques pour désigner l'opacité industrieuse de la finance helvétique.

L'avalanche des nouvelles lois

Au moment où le scandale de Chiasso éclatait, la Suisse avait déjà commencé à rendre son secret bancaire un peu moins hermétique. En 1975, un traité d'entraide judiciaire fut conclu après de laborieuses négociations entre la Suisse et les États-Unis. Il contenait un point presque révolutionnaire : les autorités suisses acceptaient de coopérer dans les enquêtes fiscales américaines, à condition qu'elles fussent liées au crime organisé. Après Chiasso, les banques se dotèrent d'un code de conduite, la « Convention de diligence », qui les obligeait notamment à identifier leurs clients. L'érosion s'accélérera dans les années 1980, lorsque la Suisse étendit sa coopération avec les États-Unis à la fraude fiscale et aux délits d'initiés[1]. C'est à cette époque que les autorités américaines inventèrent un concept promis à un extraordinaire succès : le « blanchiment », officiellement devenu un crime aux États-Unis en 1986. Il érige en infraction autonome la gestion et la manipulation de fonds provenant du crime, en premier lieu du trafic de drogue. Toucher à l'« argent sale », le transférer ou l'investir, devenait punissable en soi. Cette innovation offrait aux autorités la possibilité de

1. Se dit de l'utilisation par des personnes ayant connaissance d'une transaction boursière – rachat d'une entreprise par une autre, par exemple – de leur position privilégiée pour acheter elles-mêmes des actions et faire ainsi un profit facile.

s'attaquer aux finances des organisations criminelles, devenues trop ramifiées internationalement pour être démantelées par d'autres moyens. Cette révolution allait bouleverser le monde, alors en pleine expansion, de la finance *offshore*.

En 1986, en dépit de bases légales plus que lacunaires – la Suisse, comme beaucoup d'autres pays, ne disposait pas encore de lois contre le blanchiment –, le gouvernement suisse ordonna le blocage des centaines de millions de francs déposés, notamment à l'UBS et au Credit suisse, par le dictateur philippin Ferdinand Marcos, qui venait de perdre le pouvoir. Un nouveau choc secoua l'opinion quatre ans plus tard, lorsque la ministre de la Justice, Elisabeth Kopp, une parfaite représentante de la haute bourgeoisie zurichoise, dut démissionner. Elle avait averti son mari, l'avocat d'affaires Hans Kopp, que l'une des sociétés qu'il administrait faisait l'objet d'une enquête pour blanchiment aux États-Unis.

L'argent sale et les mesures prises pour le combattre allaient désormais dominer la politique suisse. En 1990, le code pénal rendit punissable le fait d'avoir « commis un acte propre à entraver l'identification de l'origine, la découverte ou la confiscation de valeurs patrimoniales, dont [la banque] savait ou devait présumer qu'elles provenaient d'un crime ». L'introduction de cette responsabilité pénale du banquier a radicalement changé la pratique de la gestion de fortune en Suisse.

Au début des années 1990, un nombre croissant de banquiers commença à faire la désagréable expérience de la confrontation avec les autorités de répression. Un ancien directeur du Credit suisse, Marius Wetzel, se souvient de sa rencontre avec la police française : « Un prétendu homme d'affaires est venu de Medellin, en Colombie, avec la carte du directeur d'une grande entreprise suisse sur place, que je connaissais. Le Colombien a dit qu'il avait un placement à faire. Je lui ai expliqué comment fonctionnait notre banque. A ce moment, j'étais déjà sur écoutes des policiers français. Ils ont arrêté le Colombien devant l'hôtel Méridien, à Neuilly, avec 63 kilos de cocaïne ! Ensuite, j'ai subi quatre heures d'interrogatoire avec la brigade des stupéfiants. C'était dur. »

Des étrangers tirèrent parti de la timide ouverture qui se dessinait pour demander directement des comptes aux banques. Peter Lilley, un consultant anglais qui travaille à Londres et à Genève, raconte sa première intrusion dans un établissement privé genevois : « Je travaillais pour une banque anglaise dont l'une des employées avait émis de faux chèques au nom d'une société inconnue, MP Leasing. A l'adresse de MP Leasing, nous avons seulement trouvé un petit hôtel où avait séjourné, quelque temps auparavant, un homme qui se faisait appeler Mark Leasing, et qui était le mari de notre employée... Le tenancier de l'hôtel lui avait bien remis les chèques. Il y en avait pour des centaines de milliers de livres. Certains chèques étaient revenus avec les tampons d'une petite banque de Genève. J'y suis allé avec un collègue. La banque avait quelque chose de caricatural, le décor intérieur dégoulinait d'argent et l'ambiance était glaciale. Les gens qui nous ont reçus n'étaient pas très coopératifs. Manifestement, ça ne se faisait pas de venir comme ça, protester en personne. Ils ont dit quelque chose à propos du secret bancaire. On leur a répondu qu'il s'agissait d'argent criminel et qu'ils seraient responsables de ce qu'il en adviendrait. Finalement, avec l'aide des avocats que nous avions engagés à Genève, ils ont rendu l'argent. »

Certains clients goûtèrent peu cette rupture avec la tradition. La courte arrestation en 1992 de l'homme d'affaires saoudien Adnan Kashoggi, qui passait alors pour l'homme le plus riche du monde, et le blocage de ses considérables avoirs à la demande des États-Unis, furent mal ressentis par certaines grandes fortunes, qui mirent leur argent à l'abri à Monaco, à Londres ou aux Bahamas. De nombreuses banques suivirent le mouvement et ouvrirent des succursales dans le monde entier, notamment dans les paradis fiscaux de la Manche et des Caraïbes.

La tyrannie des « *compliance* »

L'un des bouleversements majeurs survenu durant cette période est la création, à l'intérieur des banques, de services d'identification des fonds douteux, désignés par le terme anglais de *compliance*. En français, on pourrait les appeler des « départements de déontologie » : c'est à eux de décider si certains clients problématiques peuvent être acceptés ou pas. Ces départements peuvent atteindre une taille plus que respectable : celui de l'UBS, par exemple, emploie 220 personnes – presque le double de la Commission fédérale chargée de surveiller l'ensemble des banques suisses.

Aujourd'hui, toutes les banques suisses emploient un *compliance officer* qui dépend directement de la direction générale. Comme le montre le cas des fonds Abacha, certains d'entre eux ont été incapables de s'opposer à l'ouverture de comptes suspects. Mais, dans l'ensemble, leur pouvoir n'a cessé de grandir. Dans certaines banques, les responsables de la *compliance* ont ordonné le renvoi de nombreux clients, notamment est-européens et africains. Évidemment, les gestionnaires des comptes n'apprécient pas : « Les gens de la *compliance* sont détestés, ou disons plutôt qu'ils ne sont pas aimés, explique un gérant. Passer chez eux, c'est comme devoir passer un test médical. Même si tout est en ordre, c'est toujours désagréable. Aujourd'hui, les clients doivent signer une vingtaine de papiers avant de pouvoir ouvrir un compte, et certains sont très choqués. Je dois leur expliquer que ce sont les prescriptions légales, que nous devons être très rigoureux, mais que les informations resteront strictement confidentielles. On voyage pour aller vérifier sur place que les entreprises des clients existent bel et bien. Il faut bien dire qu'avant, c'était assez laxiste. Toute personne qui venait avec des millions était accueillie à bras ouverts. »

Le conflit entre « déontologues » et gérants est aggravé par le fait que les revenus de ces derniers dépendent essentiellement de l'ouverture de nouveaux comptes. Si le service anti-blanchiment accomplit sa tâche avec trop de zèle, il prive les gérants de leurs bonus, et la banque de sa force de frappe commerciale. S'il s'incline systématiquement devant les gestionnaires, il devient inopérant.

Hans-Peter Bauer, « chef du contrôle des risques » de l'une des principales divisions de l'UBS, est sans doute le *compliance officer* le plus connu de Suisse. Il est l'un des inspirateurs des principes de Wolfsberg, un code de bonne conduite adopté en 2000 par plusieurs grandes banques internationales[1] pour lutter contre l'argent sale. Pour lui, le conflit d'intérêts entre gérants et responsables anti-blanchiment n'existe pas : « Je dis à mes gérants que si l'UBS apparaît dans les médias à cause d'un de leurs clients, ils perdent leur job. Le message est clair pour tout le monde. »

Pour mieux surveiller les gestionnaires de comptes, les services de déontologie ont recours à des logiciels qui identifient les comportements suspects, comme le fait pour un gérant de ne jamais partir en vacances – c'est souvent à ce moment-là que les problèmes sont découverts. Ces programmes surveillent aussi les mouvements d'argent sur les comptes. Des entrées et sorties trop fréquentes, considérées comme un indice potentiel de blanchiment, sont immédiatement repérées. Lorsqu'un compte reçoit des montants plus hauts que ce qu'avait annoncés le client, le système alerte automatiquement le service de *compliance*, qui oblige le gérant à vérifier la cause du dépassement. Certaines banques, comme le Credit suisse, ont investi des millions de francs pour développer leurs propres systèmes

1. Les banques qui se sont engagées à respecter ces principes sont ABN Amro, Banco Santander, Barclays Bank, Chase Manhattan, Citibank, Credit suisse Group, Deutsche Bank, HSBC, JP Morgan, Société Générale et UBS. Elles promettent notamment d'appliquer à toutes leurs opérations internationales le principe « connais ton client », c'est-à-dire l'identification systématique des détenteurs de comptes.

d'alarme anti-blanchiment, alors que les grandes sociétés de révision comptable offrent des produits similaires aux établissements plus petits.

Une révolution inachevée

Un autre choc survint à la fin des années 1990, lorsque le Congrès juif mondial, qui recherchait les comptes des victimes du génocide nazi dans les banques suisses, obtint de ces dernières qu'elles ouvrent leurs livres à des réviseurs étrangers. Cette concession majeure – qui aboutit à la publication des noms de nombreux clients de l'époque de la Seconde Guerre mondiale – ne fut arrachée qu'après une violente campagne de critiques contre la Suisse. Les banquiers ont gardé de cet épisode un souvenir amer. Beaucoup semblent aussi s'être juré que cette reculade serait la dernière, et qu'ils ne se laisseraient plus attaquer de l'étranger sans réagir. Depuis, leur discours est devenu plus offensif : « Notre pays est devenu un modèle dans le domaine de la lutte anti-blanchiment », affirmait le Groupement des banquiers privés genevois dans son rapport annuel de l'an 2000. « La Suisse a une législation et une justice autrement plus efficaces que celles des pays qui nous critiquent », assurait l'année suivante Yvan Pictet, partenaire de la banque privée du même nom. En réalité, la Suisse a encore beaucoup de chemin à faire pour devenir ce parangon de vertu que décrivent les banquiers. Pour être juste, il faut cependant préciser qu'aucune grande place financière ne peut prétendre à la perfection dans ce domaine : la Grande-Bretagne, par exemple, a mis un temps infini pour bloquer les fonds du dictateur Sani Abacha et n'a même pas osé publier le nom des banques impliquées.

Un premier obstacle au changement est la mentalité des intermédiaires financiers eux-mêmes. Ce qui frappe chez les personnes compromises dans les « affaires » évoquées ici, c'est l'absence complète de remords. « Les gens nous disent toujours qu'ils n'avaient pas de raisons de se méfier. Je n'ai jamais vu un intermédiaire financier s'avouer contrit », constatait Bernard Bertossa, le procureur général du canton de Genève, avant de quitter ses fonctions en mai 2002. « La mauvaise conscience, ajoute un juge zurichois, est un luxe que ces gens ne peuvent pas se permettre. » Cette attitude se traduit par un refus absolu des financiers concernés de s'expliquer en public. « Laissez-moi tranquille, j'ai le rhume », répond Philippe Holderbeke, un ancien responsable de la Citibank de Genève, lorsqu'on tente de l'interroger sur son rôle dans l'affaire Salinas. « Je ne sais pas de quoi vous voulez parler », affirme, avec un aplomb correspondant à l'énormité de son mensonge, la gestionnaire, à la Citibank encore, des comptes de l'ancien maire brésilien Paulo Maluf. La palme de la mauvaise foi revient peut-être au gestionnaire de fortune Roger Gindroz, principal soutien financier de Sirven durant sa cavale, qui répondait en février 2001 au journaliste qui lui demandait s'il était impliqué dans l'affaire Elf : « Absolument pas. Je n'ai ni les épaules ni les compétences pour évoluer dans ce monde qui me dépasse complètement. [...] Je n'ai rendu aucun service [à Sirven] [1]. »

Un extrait du procès-verbal d'audition de Bernard Taverney, le banquier d'Alfred Sirven, donne une idée du comportement de certains financiers face à la justice. Un enquêteur décrit cet ancien directeur de la Banque de dépôts et de gestion (BDG) de Lausanne, devenu ensuite gérant de fortune indépendant, comme un « homme d'une autre époque, celle où les banquiers agissaient oreilles et nez bouchés, et n'osaient pas questionner quelqu'un comme Sirven ». Le 10 janvier 2002, Taverney, aujourd'hui à la retraite, se présente devant le juge genevois Paul Perraudin. Ce dernier l'interroge sur un compte ouvert à la BDG, le 231363 « Centuri », contrôlé par l'ancien « Monsieur

1. *L'Hebdo*, 15 février 2001.

Afrique » d'Elf, André Tarallo. Il se demande quel crédit donner aux propos de Tarallo, qui déclare en mai 1995 à son banquier que les fonds du compte Centuri ne sont pas les siens, mais appartiennent en réalité à Omar Bongo, le président du Gabon, pays africain où Elf a des intérêts. Le chef d'État n'a-t-il pas tenté de protéger Tarallo en se faisant passer pour l'ayant droit des fonds ? « Même si j'en ai été surpris, je n'avais pas la possibilité de procéder à des investigations complémentaires, répond Taverney. La BDG a fait de même. Qui de Tarallo ou de Bongo a porté les avoirs de Centuri, je l'ignore. » Mais pourquoi Bongo aurait-il bénéficié de commissions sur des opérations maîtrisées par Elf, comme le contrat de rénovation de la raffinerie Leuna en Allemagne de l'Est ? « Je ne suis pas en mesure de répondre à cette question. » Et qui est le troisième bénéficiaire du compte Arix, aux côtés d'Alfred Sirven et d'André Tarallo ? « M. Alfred Sirven devait me communiquer de façon officielle le nom de cette troisième personne. Il ne l'a jamais fait. J'ai commis une erreur en [n'exigeant pas] préalablement un document désignant cette troisième personne. Je le regrette[1]. » Afficher des regrets de circonstance et prétendre que l'on ignore tout des faits et gestes de ses clients est souvent le meilleur système de défense dans ce genre de cas.

Les banquiers suisses passent dans l'ensemble pour être respectueux du nombre croissant de lois réglementant leurs rapports avec les clients. Même Bernard Bertossa, pourtant peu suspect de sympathies excessives à leur égard, le reconnaît : « Les banquiers sont en grande majorité sérieux, la loi ne fait pas de problème pour eux. C'est une question d'intégrité. » Il est pourtant arrivé que des banquiers fassent obstacle à l'action judiciaire, comme le montre l'enquête menée à Genève sur les pots-de-vin versés par des compagnies pétrolières à plusieurs dirigeants du Kazakhstan. La banque qui tenait le rôle central

1. En dépit des recherches des juges en Suisse et en France, le mystérieux troisième homme n'avait toujours pas été identifié à l'été 2002.

dans le système de pots-de-vin était le Crédit agricole Indosuez à Genève. Un matin, au début d'août 1999, le parquet appelle la banque. Le juge d'instruction Daniel Devaud souhaite entendre le directeur général de l'établissement afin de connaître le nom de la société (Orel Capital) abritant les fonds du président Nursultan Nazarbaïev. Une secrétaire répond que le directeur n'est pas là. Celui-ci est finalement entendu comme témoin quelques jours plus tard, mais, tout de suite après son audition, les 84 millions de dollars du compte Orel sont versés dans une autre banque, Pictet & Cie, sous l'intitulé quelque peu trompeur de « trésor du Kazakhstan ». Selon le juge genevois, cité dans un arrêt du Tribunal fédéral, il s'agit là d'une « tentative d'abuser de l'immunité diplomatique pour échapper aux investigations ». Le Crédit agricole Indosuez aurait ainsi interprété à sa manière une loi qui interdit de commettre tout « acte propre à entraver l'identification de l'origine, la découverte ou la confiscation de valeurs patrimoniales ».

La clémence de la justice

Si la révolution des esprits n'est pas complètement achevée dans le monde bancaire, on peut en dire autant de la révolution légale qui a fait de la manipulation de fonds douteux un crime. Depuis 1998, la « Loi sur le blanchiment d'argent » (LBA) oblige les banques et autres intermédiaires financiers suisses à annoncer – en fait, à dénoncer – les transactions qui leur paraîtraient suspectes à un organisme spécialement créé à cet effet, le Bureau de communication, qui peut ensuite transmettre ces informations à la justice. Cette loi s'applique à tous les intermédiaires financiers, y compris les gérants de fortune et les avocats. Les bureaux de change, les hôteliers et les négociants en matières premières sont également concernés, même si ces deux dernières corporations résistent avec véhémence à leur soumission à la loi.

Ce texte laisse les banques libres de décider elles-mêmes quels faits elles doivent dénoncer aux autorités, ce qui peut produire des situations curieuses. Ainsi, l'UBS de Zurich a géré pendant des années la colossale fortune d'Andrew Wang, l'intermédiaire taïwanais qui négociait les contrats de vente d'armes de l'île nationaliste au début des années 1990. L'UBS savait, par la presse taïwanaise, que de graves soupçons – corruption politique et meurtre – pesaient sur son client, mais elle estimait que les preuves, ou, comme le dit la LBA, les « soupçons fondés », faisaient défaut. Au début 2001, elle a rompu ses relations avec Andrew Wang, qui s'est adressé à sa grande rivale, le Credit suisse. Lorsque cette banque comprit que ce nouveau client était impliqué dans un scandale majeur, l'affaire des frégates[1], elle s'empressa de le dénoncer… l'histoire se retrouva dans les journaux suisses quelques semaines plus tard, au grand embarras, notamment, de l'UBS.

La confiance faite aux intermédiaires financiers pour dénoncer leurs clients explique que les annonces de transactions suspectes faites chaque année en Suisse se comptent par centaines, alors qu'elles se chiffrent en dizaines de milliers dans des États comme la Grande-Bretagne, les États-Unis ou les Pays-Bas. La quasi-totalité d'entre elles provient des banques, alors que les avocats et les gérants de fortune indépendants sont nettement plus réticents à dénoncer. Dans la majorité des cas, les autorités ont aussi constaté que les banques ne dénonçaient leurs clients qu'après que leurs noms sont apparus dans la presse. Enfin, l'obligation pour les banques d'identifier leurs clients reste passablement lacunaire. « Une personne se présente au guichet et remplit un papier, c'est tout, et cette personne n'est pas forcément l'ayant droit lui-même, explique le spécialiste des questions de blanchiment Paolo Bernasconi. Seules quelques banques demandent à l'ayant droit de se manifester physiquement auprès d'un de leurs représentants. »

Ursula Cassani, professeur de droit à Genève, estime que ces lacunes législatives ne doivent rien au hasard : « Dans le cas du blanchiment, il y a eu en 1998 une véritable négociation de la loi, qui va bien au-delà de la consultation usuelle en Suisse. » Cela explique que la LBA prévoit peu de sanctions pénales et de moyens de lutte. Selon Michel Foucault[1], c'est en général ce qui se passe lorsque le groupe social qui élabore les lois est lui-même susceptible d'être visé. « Ce que dit Foucault est aussi vrai de la Suisse contemporaine », pense Ursula Cassani.

Les condamnations pour délits d'initiés se comptent sur les doigts d'une seule main en vingt ans, depuis que la loi à ce sujet existe. Les enquêtes menées aux États-Unis montrent pourtant que des banques et entreprises suisses sont régulièrement impliquées dans ce genre d'affaires[2]. Les condamnations pour violation des normes pénales sur le blanchiment sont plus nombreuses – une centaine par an depuis l'an 2000, dont une bonne partie à Genève. Mais en général, il s'agit de simples amendes de quelques milliers de francs, parfois doublées d'une confiscation des fonds litigieux, qui sont prononcées en secret : l'intermédiaire financier évite ainsi le stigmate attaché au procès. Dans le canton de Zurich, parfois accusé de manquer de volonté politique dans la lutte contre l'argent sale, le bilan des années 1998-2001 est maigre : « Il y a eu 45 ouvertures d'instruction pour blanchiment, et aucune mise en accusation, explique Dave Zollinger, l'un des juges zurichois spécialisés dans les affaires financières. La loi suisse vise une machine à laver qui, en fait, ne se trouve pas ici. L'argent est blanchi ailleurs, puis il transite entre deux ou trois États, et finalement il faut quelqu'un pour l'administrer, par exemple en Suisse ou au Liechtenstein. Ici, il n'y a pas d'action blanchissante, mais seulement l'administration du bien. Donc, il y a très peu de condamnations. »

1. *Surveiller et punir*, Paris, Gallimard, 1975.

2. En 2001, un vice-président du géant helvético-suédois de l'ingénierie ABB, Ron Sleegers, et un cadre nommé Urs Heller ont ainsi été accusés d'avoir acheté en masse les actions d'une entreprise hollandaise juste avant l'annonce officielle de son rachat par ABB.

Des pays comme l'Italie, la Grande-Bretagne ou l'Irlande renversent le fardeau de la preuve en autorisant l'État à confisquer les fonds dont les propriétaires ne peuvent pas prouver qu'ils proviennent de transactions légales. Cette pratique n'est pas encore entrée dans les mœurs en Suisse, où les droits de l'accusé dans les affaires financières sont scrupuleusement respectés. Les possibilités de recours offertes au moins à deux niveaux – cantonal et fédéral – expliquent pourquoi les procédures durent si longtemps, notamment dans les cas où un pays étranger demande des informations concernant des comptes suisses : « Le législateur suisse a volontairement placé des obstacles dans le processus d'entraide, estime Bernard Bertossa. Un recours cantonal prend six mois, auxquels il faut ajouter six mois pour le Tribunal fédéral. Il nous a fallu cinq ans pour découvrir le circuit utilisé par IBM pour corrompre des responsables argentins et saisir 7,5 millions de francs. Ces cinq ans sont pour l'essentiel dus aux recours dans les deux États concernés, la Suisse et le Luxembourg. » Et personne n'a jamais été emprisonné en Suisse pour une fraude fiscale, ce qui reflète certainement la croyance, bien ancrée dans les milieux financiers, que ce délit est de peu de gravité.

« José » le chanceux

La justice zurichoise a manqué une belle occasion de prouver la détermination des autorités suisses à lutter contre le blanchiment. En 1994, une Colombienne résidant dans le canton de Vaud, Sheila Nasser, fut arrêtée à Zurich alors qu'elle venait s'enquérir de la situation de 142 millions de dollars déposés pour l'essentiel à l'UBS de la ville. Cette somme appartenait à son mari, Julio Nasser David, qui travaillait pour le cartel colombien de Cali. Son banquier attitré, Josef Oberholzer, dit José pour les intimes, portait le titre de vice-directeur. Il allait régulièrement en Amérique du Sud pour rendre visite à son client. Dès 1986, Julio Nasser David est inculpé, et la presse américaine commence à parler de lui comme d'un trafiquant de drogue, mais l'UBS maintient la relation. En 1995, la banque déclarait encore qu'elle ne « savait pas » et qu'elle croyait traiter avec un honnête homme d'affaires actif dans l'hôtellerie et le transport maritime.

Lors de son procès, Josef Oberholzer a présenté une autre version des faits : il savait, pratiquement depuis le début, que son client était un trafiquant de drogue, mais, à l'époque des faits, le blanchiment n'était pas illégal... Cette ligne de défense lui a bien réussi. En 1997, Josef Oberholzer, qui n'était plus poursuivi que pour avoir blanchi un million de francs de commissions issu de la gestion du compte des Nasser en les mettant au nom de sa femme, a été acquitté par une cour zurichoise. Le Tribunal fédéral a cassé cette décision en 1999 et demandé un nouveau jugement. Une cour zurichoise a acquitté Oberholzer une seconde fois en 2002. Josef Oberholzer a rapidement retrouvé du travail après sa courte incarcération en 1994. Quant à la banque, elle n'a jamais eu de souci à se faire : dès le début de l'enquête, le procureur zurichois Dieter Jahn estimait que l'UBS avait agi avec « la plus haute correction[1] ».

En général – ce fut le cas dans l'affaire Abacha –, les banques licencient les gestionnaires de comptes suspects dès qu'une affaire menace de devenir publique. Cela suffit généralement pour échapper à toute sanction, car, en Suisse, les entreprises elles-mêmes ne sont pas punissables pénalement. Seule une commission nommée par l'Association suisse des banquiers peut infliger des amendes aux banques qui ont signé la « Convention de diligence », mais leurs montants n'ont jamais dépassé 500 000 francs et les noms des banques punies ne sont pas divulgués. Jamais une banque n'a été mise à l'amende en raison de défauts dans l'organisation de son système anti-blanchiment, comme cela se passe aux États-

1. *Le Nouveau Quotidien*, 25 mai 1994.

Unis[1]. Seuls les subalternes qui ont volé de l'argent à leur employeur sont punis sévèrement. Ainsi, un salarié lucernois a été condamné en novembre 2001 à quatre ans de prison ferme pour avoir volé 3,4 millions de francs à la Banque populaire de Ruswil. Mais le gérant de fortune zurichois qui avait placé dans plusieurs banques 10 millions de francs suisses provenant de la vente de sociétés technologiques fictives aux États-Unis n'a eu que douze mois de prison avec sursis et 50 000 francs d'amende.

Le patron du Credit suisse, Lukas Mühlemann, n'a jamais été inquiété parce que son établissement a accepté les millions des Abacha. Dans d'autres pays européens, on prend moins de gants avec la haute finance, comme l'ont illustré la mise en examen de Claude Bébéar, ancien patron du géant français des assurances Axa, en raison de la participation d'une filiale d'Axa à un système d'évasion fiscale vers le Luxembourg, ou celle du patron de la Société Générale, Daniel Bouton, accusé de s'être montré trop tolérant envers une filière d'évasion fiscale entre la France et Israël.

La Commission fédérale des banques (CFB), principal organe de surveillance de la place financière suisse, a cependant commencé à faire preuve d'une plus grande sévérité. Le 15 septembre 2001, le directeur de la filiale suisse de la banque israélienne Leumi a dû démissionner, à la demande de la CFB. Il avait personnellement approuvé, en mars 1999, l'ouverture d'une relation d'affaires avec Vladimiro Lenin Montesinos Torres, l'éminence grise de l'ancien président péruvien Alberto Fujimori, chassé du pouvoir durant l'automne 2000. Montesinos était recommandé par des hommes d'affaires israélo-péruviens liés à la régie israélienne d'exportation d'armes, Sibat, qui ont présenté Montesinos à la banque zurichoise comme un « importateur-exportateur d'équipement technique ». La banque

1. En octobre 2001, les autorités de l'État de New York ont infligé une amende de près de 5 millions de dollars à la Commercial Bank of New York en invoquant la mauvaise organisation de ses systèmes anti-blanchiment.

n'a pas procédé aux vérifications indispensables sur l'« arrière-plan économique » de la transaction, c'est-à-dire son but, qui était de générer un flux massif de commissions destinées à des responsables péruviens et russes grâce à l'achat de vieux intercepteurs MIG par le Pérou. En décembre 2000, le compte renfermait 17,4 millions de dollars.

La CFB a aussi jugé problématique le comportement des banques qui les premières avaient accepté Vladimiro Montesinos et sa femme Trinitad Becerra comme clients. Ces établissements – UBS et la banque israélienne Fibi à Zurich – savaient quelles fonctions occupait réellement Montesinos. Elles savaient aussi que ce dernier avait été accusé dès 1996 de liens avec des trafiquants de drogue. Mais elles ont commencé par ne rien dire, estimant que les « soupçons fondés » sur la provenance délictueuse des fonds déposés chez elles faisaient défaut. Les banques qui ont les premières dénoncé l'existence de comptes de Montesinos – Fibi et le Crédit agricole Indosuez – ne l'ont fait qu'une fois ce dernier mis en cause publiquement par la diffusion des fameuses « Vladivideos », ces cassettes enregistrées par lui-même qui le montraient en train de corrompre des politiciens. La Suisse a ensuite précipité la chute du président Fujimori en transmettant à la justice péruvienne les informations recueillies dans ses banques.

Révolte contre les juges

Les juges suisses spécialisés dans les affaires de blanchiment se plaignent souvent de la maigreur des moyens dont ils disposent. Certains traitent de nombreux dossiers à la fois et doivent analyser, parfois avec l'aide d'un expert, des centaines de transactions complexes exécutées par des dizaines de sociétés *off-shore* situées dans plusieurs pays. Cela explique aussi que les condamnations soient rares, les classements nombreux, et les procédures très longues. En dépit de ces limitations – et du fait que certains juges soient complètement dépassés par les affaires dont ils ont la charge –, la justice possède un pouvoir qui peut être écrasant pour les entreprises concernées. Ainsi, la banque genevoise UEB, qui travaillait avec un négociant en pétrole russe, Vitali Kirillov, un temps soupçonné de corruption, a dû fournir quotidiennement, pendant six mois, un relevé de toutes les transactions financières le concernant au juge en charge du dossier, qui les approuvait personnellement. Cela a nécessité l'emploi de six personnes pendant six mois et la production de près de 50 000 photocopies.

Quelques magistrats suisses se sont en outre taillé une vraie stature politique, ce qui déplaît à certains banquiers. L'ancien procureur de la Confédération, Carla del Ponte, était de ceux-là. Peu d'intermédiaires financiers ont regretté son départ pour le Tribunal pénal international de La Haye. Elle a été remplacée dans le rôle de Némésis de la place financière par Bernard Bertossa, procureur général de Genève du début des années 1990 jusqu'en 2002. Il y a quelque chose de typiquement calviniste chez ce fumeur de Gauloises que l'on croise parfois entre les murs gris de la Vieille Ville, coiffé de son éternel chapeau. Grâce à son verbe acéré, sa science juridique et sa profonde indifférence au bien-être des puissants, il est devenu la coqueluche des médias européens et notamment français. Sa succession a donné lieu à une âpre bataille entre ceux qui voulaient poursuivre sa politique et les partis de droite, ouvertement soutenus par les banques, qui souhaitaient que la justice se préoccupe davantage de petite délinquance et moins de grande criminalité économique[1]. Le parti libéral genevois, proche des banquiers privés, a critiqué les magistrats qui « s'expriment sans retenue dans des médias étrangers » et émettent « des jugements de valeur sur la place financière genevoise, comportement qui est susceptible de porter un tort considérable à un

1. Le candidat soutenu par la droite, Daniel Zappelli, l'a emporté avec à peine plus de 100 voix d'écart lors des élections judiciaires de mai 2002.

secteur de l'économie qui est vital pour le canton de Genève »[1]. Les auteurs du document ne sont autres que deux avocats notoirement opposés à Bertossa, Michel Halpérin et Dominique Poncet. Une journaliste proche des libéraux, Françoise Buffat, a aussi attaqué « le grand shérif Bertossa » : « Il y a quelque chose de troublant à voir notre petite justice genevoise se prendre pour le grand justicier de la planète », notait-elle en mars 2001. A quoi bon poursuivre la corruption, puisqu'elle est « hélas, pratique courante dans les trois quarts du monde »[2] ?

1. *Le Temps*, 3 septembre 2001.
2. *Tribune de Genève*, 21 mars 2001.

8

Le complexe politico-bancaire

Lorsqu'on sait la place prépondérante qu'occupent les banques dans l'économie suisse, et l'influence que l'économie exerce sur le gouvernement, la relation symbiotique entre banques suisses et classe politique semble presque naturelle. Cette situation fait penser à la boutade lancée par un ambassadeur américain en poste auprès des Nations unies à Genève, peu avant l'effondrement de l'Union soviétique : « On entend souvent dire que les États-Unis ont un complexe militaro-industriel. C'est vrai. Mais l'Union soviétique *est* un complexe militaro-industriel. » Appliquée à la Suisse, cette formule deviendrait : « La Suisse a-t-elle un complexe politico-bancaire, ou est-elle un complexe politico-bancaire ? » On ne pourra reprocher à certains observateurs de pencher pour la seconde solution.

L'influence du secteur financier s'exerce d'abord au niveau local. A Genève, les partis qui en sont proches – les radicaux et les libéraux, dont le président cantonal est un ami du banquier privé Patrick Odier – présentent des employés des banques comme candidats aux élections. Leur mission, vue par un banquier, est simple : « On défend notre beurre. Ils défendent nos intérêts. »

Le canton de Zoug, tout près de Zurich, illustre jusqu'à la caricature l'emprise du secteur financier sur la vie politique. Avec ses Maserati qui glissent doucement sur les pavés de la ville médiévale, ses confiseries et son petit lac dans lequel se reflètent les Alpes, Zoug ressemble à une Suisse en miniature. Sa fiscalité est l'une des plus basses du pays, notamment parce que le Département cantonal des finances était dirigé de 1959 à 1974 par un avocat d'affaires qui continuait à travailler à temps partiel dans son cabinet. Zoug est la patrie d'adoption du milliardaire américain Marc Rich. Ce célèbre réfugié fiscal américain finance le club de hockey sur glace et a toujours su associer les avocats-politiciens du cru à son commerce de pétrole et de métaux précieux, ou à la gestion de sa fondation charitable. Seuls ou presque à contester l'ordre établi, les militants de la petite opposition écolo-gauchiste zougoise dénoncent inlassablement la collusion entre milieux d'affaires et politiciens du canton. Sans guère de résultats tangibles : le paradis fiscal zougois est toujours solidement en place. Il a même été renforcé récemment par l'introduction du secret fiscal, qui empêche désormais les Zougois ordinaires de consulter les déclarations d'impôts de leurs concitoyens ou des riches étrangers installés « au forfait ».

La situation zougoise reflète celle des autres adversaires du secret bancaire en Suisse. Le Parti socialiste a longtemps été le principal critique des banques à l'échelon national. Mais il est devenu plus discret sur le sujet depuis le rejet massif, en 1983, de son initiative populaire contre les « abus » du secret bancaire : 73 % de « non ». Régulièrement, certains de ses représentants demandent au Conseil fédéral s'il ne serait pas temps d'abolir le secret bancaire. « Non » a été la réponse attendue du gouvernement à l'une des dernières tentatives de ce genre, en mars 2001. L'extrême gauche veut poursuivre le combat : « La dénonciation inlassable du secret bancaire et l'exigence de son abolition constituent des tâches centrales pour les anticapitalistes de ce pays », expliquait en avril 2001 une brochure distribuée par le petit parti Solidarités. Cette formation estime que le secret bancaire accroît l'« accumulation privée » au détriment « des salarié-e-s et des peuples les plus pauvres ». Mais la référence aux « anticapitalistes » dit assez la marginalité de sa position. Selon un sondage commandé par le Département fédéral des finances et publié en juillet 2001, seul un Suisse sur dix est opposé au secret bancaire.

Un lobby puissant

Agrémentés de marbre et de boiseries, les couloirs obscurs et frais du palais fédéral de Berne sont l'un des centres nerveux de la politique suisse. C'est là que siègent les commissions parlementaires chargées de donner des indications de vote aux députés sur les sujets les plus divers. Pour ce faire, elles consultent les milieux intéressés, et les banquiers sont régulièrement invités à ces séances. Un expert raconte cet épisode révélateur de l'influence qu'ils y exercent : « Lors d'une audition, un directeur de Nestlé[1] a expliqué combien serait souhaitable, de son point de vue, un accord rapide avec l'Union européenne sur les produits agricoles transformés, parce que cela permettrait à Nestlé d'exporter plus facilement dans l'Union la production de ses usines de café et de chocolat situées en Suisse. Le directeur de l'Association suisse des banquiers lui a répondu que l'industrie bancaire comptait en milliards de francs, non en millions comme les gens de Nestlé, et qu'elle ne voyait pas la nécessité d'un rapprochement rapide avec l'UE. » Les banques n'hésitent donc pas à défendre leurs intérêts, au besoin contre d'autres secteurs de l'économie.

Sur le sujet qui intéresse le plus le secteur financier, c'est-à-dire le secret bancaire, banquiers et fonctionnaires fédéraux tiennent exactement le même discours. En discutant avec les uns et les autres, on a le sentiment d'entendre une polyphonie où s'exprime une doctrine consensuelle qui se résume ainsi : « La Suisse a fait beaucoup d'efforts pour lutter contre l'argent

1. Le siège de ce géant mondial de l'alimentation se trouve à Vevey, dans le canton de Vaud.

sale et sa législation dans ce domaine est exemplaire ; les critiques contre le secret bancaire sont inspirées par des concurrents avides de s'emparer des parts de marchés de la Suisse dans le domaine de la gestion privée ; le secret bancaire, ancré dans les valeurs nationales, n'est pas négociable. »

On ne sait pas exactement comment s'est forgée cette admirable unité de discours. Sans doute est-elle le fruit des interactions constantes entre les principaux centres du pouvoir financier helvétique : le temple de granit vert de la Banque nationale, à Zurich, le Département des finances, installé dans un ancien hôtel à côté du Palais fédéral, et les sièges de l'UBS et du Credit suisse. Tous les six mois environ, les dirigeants de ces institutions se réunissent pour un dîner entre intimes dans un grand palace de Berne. On y retrouve, autour du ministre des Finances Kaspar Villiger, les directeurs de l'UBS Marcel Ospel et du Credit suisse Lukas Mühlemann, celui de l'Association suisse des banquiers Urs Roth, et celui de la Banque centrale Jean-Pierre Roth (sans lien de parenté avec le précédent), ou le porte-parole des banquiers privés genevois Michel Dérobert.

Entre les établissements financiers, le Département des finances et la Banque centrale, les accointances, les zones de perméabilité sont multiples. On se connaît, on se tutoie, on passe d'une institution à l'autre. L'ancien directeur exécutif de l'Association suisse des banquiers Niklaus Blattner siège aujourd'hui au Conseil de la Banque nationale. Le directeur de celle-ci, Jean-Pierre Roth, est un ami du chef de la division « banque privée » de l'UBS, Georges Gagnebin.

Dans ces cercles influents, le parti radical-démocratique, révolutionnaire au XIXe siècle, libéral et proche des milieux d'affaires aujourd'hui, occupe une place privilégiée. Ses membres ou ses sympathisants occupent presque tous les postes stratégiques : le Département des finances avec Kaspar Villiger, celui de l'économie avec Pascal Couchepin ; le directeur de la Banque nationale Jean-Pierre Roth est considéré comme proche du parti, tout comme le directeur du Credit suisse Lukas Mühlemann.

Mais l'union sacrée pour la défense du secret bancaire va bien au-delà des frontières partisanes. L'ensemble des partis de droite (appelés les « partis bourgeois ») y adhère. Au Parlement fédéral, un nouveau lobby, l'alliance « Suisse forte », a été créé en 2001. Son objectif est de renforcer les liens entre la place financière et le monde politique. Parmi les dizaines de députés qui forment cette « alliance », on retrouve aussi bien des démocrates-chrétiens francophones, urbains et pro-européens comme le Genevois Jean-Philippe Maitre que des nationalistes germanophones proches des campagnes, comme le chantre de la Suisse traditionnelle Christoph Blocher.

Il arrive aussi que l'Association suisse des banquiers (ASB), principale organisation de défense des banques, se substitue au gouvernement. De 1977 à 1990, les principaux règlements applicables en matière de lutte contre le blanchiment ont été édictés non par le Département des finances, mais par l'ASB. Sa « Convention de diligence des banques », élaborée avec la Banque nationale et la Commission fédérale des banques, traite notamment de l'évasion fiscale et du blanchiment. Quelques juristes se sont étonnés des pouvoirs quasiment étatiques que ce contrat de droit privé conférait aux banquiers. Ainsi, dans les années 1980, les demandes d'entraide judiciaire américaines adressées à la Suisse étaient traitées par une commission spéciale nommée par l'ASB. Celle-ci avait le pouvoir de décider si l'information demandée devait être transmise et si les comptes concernés devaient être bloqués[1]. Des banquiers mandatés par l'ASB ont négocié avec le gouvernement des États-Unis les nouvelles règles fiscales applicables aux contribuables américains qui disposent de comptes dans les banques suisses. Les grandes banques ont négocié elles-mêmes l'accord qui a mis fin, en 1998, à l'une des plus graves crises politiques rencontrées par la Suisse au cours des dernières années, la polémique

1. Carlo Lombardini, « The changing face of Swiss banking law », in *Diritto del commercio internazionale*, Milan, Giuffrè Editore, 1992.

sur les fonds des victimes de l'Holocauste nazi déposés dans les banques suisses et qui n'avaient jamais été restitués.

Récemment, les banques ont créé une espèce de comité central destiné à défendre, sur la scène internationale autant que domestique, le secret bancaire. Ce « Centre financier international suisse » comprend plusieurs banquiers de poids venus des trois régions linguistiques, des grandes banques et des établissements privés. Selon le directeur de l'ASB, Urs Roth, il a élaboré sur les questions relatives au secret bancaire, une « position commune, adoptée au demeurant en concertation avec la Confédération ». Certaines visites du comité à l'étranger seront « conduites par le Conseil fédéral », car les banquiers attachent « une grande importance à une coordination soigneuse avec les autorités ». Dans ce cas, lobbying et voyages officiels conduits par les plus hauts représentants de l'État se confondent donc complètement.

Non à l'Europe

Adossés à un solide consensus politique et à des moyens financiers presque sans limites, les banquiers suisses ont largement le pouvoir d'influencer l'opinion sur les sujets qui leur tiennent à cœur. L'Europe, par exemple. La Suisse n'est pas membre de l'Union européenne, et cet état de fait risque de se prolonger encore quelque temps. Le 4 mars 2001, en effet, ses citoyens ont littéralement balayé – 77 % de « non » – une initiative populaire[1], « Oui à l'Europe », qui demandait une adhésion « sans délai » à l'Union.

Les banquiers n'ont pas caché qu'ils voyaient d'un très mauvais œil ce texte lancé par les pro-européens les plus enthou-

1. En Suisse, il suffit de recueillir 100 000 signatures pour soumettre n'importe quel projet de loi à l'approbation du corps électoral tout entier : c'est la démocratie directe.

siastes. Ils ont massivement soutenu la campagne des opposants à l'initiative, au nombre desquels figurait aussi le gouvernement. Leur motivation est transparente : la campagne survenait peu avant le début de négociations difficiles entre la Suisse et les Quinze, qui ont inscrit depuis juin 2000 le démantèlement du secret bancaire à leur agenda. Voter « oui », c'était donc voter la mort du secret bancaire.

Après le 4 mars, les banquiers se sont bruyamment félicités de ce qu'ils ont considéré comme leur victoire. Le 9 mars, la banque privée genevoise Mirabaud & Cie diffusait cette « note d'information à tous les collaborateurs » : « Il va sans dire que les Associés sont très contents des résultats obtenus lors du vote. Nous sommes en effet convaincus qu'en rejetant cette initiative le peuple a œuvré dans l'intérêt de nos collaborateurs, de nos clients et de la place financière suisse [...]. » Pour Hans-Peter Bauer, de l'UBS, « le 4 mars montre que le peuple suisse ne veut pas que ses valeurs soient érodées par des instances internationales peu démocratiques. Il est prêt à dire non. C'est un signal clair au gouvernement ». De quelles valeurs parle-t-on ici ? Du secret bancaire, évidemment. Mais aussi de valeurs « nationales » dont les banquiers, souvent désignés comme des agents du capitalisme sans visage, sont devenus de farouches partisans. Jacques Rossier, un banquier aux cheveux blancs et aux yeux très bleus, ancien de McKinsey, et associé de Darier, Hentsch & Cie, tient depuis le 4 mars 2001 un discours franchement nationaliste : « Nous devons garder notre identité suisse. [...] A l'acquis communautaire, il convient d'opposer un acquis helvétique dont nous n'avons vraiment pas à avoir honte. [L'UE] programme la mort de l'Helvétie. [...] Ayons donc le courage de rester suisses[1]. »

1. « Plaidoyer pour l'exception helvétique », in *Lettre* du Groupement des banquiers privés genevois, printemps 2001.

« On sait qui commande ici »

Ce moment de communion nationale entre le peuple souverain et les banques ne pouvait pas durer. Car, malgré – ou plutôt à cause de – leur pouvoir incomparable, les institutions financières ne jouissent pas d'un capital de sympathie très étendu. La faillite de la compagnie aérienne Swissair, à l'automne 2001, l'a clairement démontré, tout en illustrant la foi naïve de la population et du gouvernement suisse dans la toute-puissance des banques. Les avions de la compagnie aérienne « nationale » (les collectivités publiques ne détenaient en fait qu'une petite partie du capital) sont restés au sol le 2 octobre 2001, faute d'argent pour acheter du carburant. Durant les jours précédents, le Conseil fédéral a attendu que les deux grandes banques, l'UBS et le Credit suisse, acceptent son plan de refinancement de la compagnie. Le lundi soir, les sept membres du gouvernement, qui avaient repoussé leur séance hebdomadaire pour permettre aux banques de se prononcer, attendaient toujours une réponse. Le mardi, le ministre des Finances Kaspar Villiger tente d'appeler directement Marcel Ospel, mais ce dernier vole vers New York, où l'attendent des affaires pressantes. Impuissant, le Conseil fédéral doit constater que l'UBS, qui avait déjà prêté des centaines de millions de francs à Swissair, a décidé de laisser tomber la compagnie.

Fait rarissime : ses ministres prennent alors publiquement la parole pour reprocher aux grandes banques leur désinvolture. « Avec leur comportement maladroit voire stupide, [les banques] ont infligé des dégâts incroyables à la confiance dans notre système économique et à la réputation de la Suisse », pouvait-on lire dans la *Neue Zürcher Zeitung* du 3 octobre. Il apparut que la survie d'un secteur vital de l'économie suisse dépendait davantage du bon vouloir de quelques banquiers que de l'État lui-même, corseté par une longue tradition libérale qui rend presque impensable son intervention directe dans le fonctionnement d'une entreprise. « Maintenant, on sait qui commande ici », ironisait l'éditorialiste Daniel-Stanislas Miéville en rappelant la phrase prononcée par un politicien de droite lors de l'élimination par le Parlement d'une candidate socialiste au Conseil fédéral[1]. Quant aux banquiers, ils n'ont pas du tout apprécié d'être rendus responsables de la faillite de Swissair, comme l'écrit Jean Bonna, partenaire chez Lombard, Odier & Cie : « Le Conseil fédéral, les hommes politiques et les médias ont systématiquement parlé des banques comme étant les coupables désignés. [...] L'image stéréotypée des banques toutes-puissantes, arrogantes, dénuées de morale et de scrupules, porte atteinte [...] à la Suisse [...]. Nous jouons avec le feu et détruisons un capital de confiance soigneusement constitué – destruction perçue comme telle en Suisse, mais aussi hors de nos frontières[2]. »

La presse contre les banques

En Suisse, le principal défi à la toute-puissance des banques vient de la presse. Depuis plusieurs années, les journaux les plus lus du pays (*Blick*, *SonntagsBlick*, *SonntagsZeitung*, les magazines *Facts* et *Cash* notamment) tirent à boulets rouges sur le secret bancaire. « La Montenegro Connection », « Le dernier tour d'un blanchisseur de classe mondiale », « Thriller letton : la piste conduit en Suisse », « La mafia ukrainienne livrait des armes au Sierra Leone depuis Zoug » : la presse helvétique sert régulièrement des histoires de ce genre à ses lecteurs.

Les banquiers ressentent d'autant plus vivement cette critique répétée et soutenue que l'image de marque d'un établissement est de plus en plus importante pour se distinguer des

1. *Le Temps*, 4 octobre 2001.
2. Texte publié à l'automne 2001 sur le site Internet de l'« Alliance Suisse forte ».

rivaux sur ce terrain très concurrentiel qu'est devenu le marché la gestion de fortune. Les banques ont du mal à se défendre, en raison du secret bancaire lui-même, puisqu'elles ne peuvent même pas dire si tel ou tel client a vraiment un compte chez elles. En privé, les élites politico-financières se plaignent amèrement de l'hostilité des médias : « Les pressions sur le secret bancaire s'accompagnent toujours de pressions médiatiques », constate le porte-parole du Département fédéral des finances Daniel Eckmann, ancien journaliste et membre de la garde rapprochée de Kaspar Villiger. « Le problème le plus sérieux est que la presse et les médias suisses sont les plus critiques envers la place financière. Il y a une critique systématique et moralisatrice. C'est le seul cas de ce genre que je connaisse dans le monde », regrette Hans-Peter Bauer, de l'UBS.

Dans le même temps, le nombre impressionnant de cas évoqués par la presse est la preuve que la lutte contre le blanchiment produit quelques résultats. Comme l'activisme des juges, la virulence des médias renforce donc l'argument des banquiers selon lequel les lois suisses contre l'argent sale sont les plus efficaces du monde.

Pour soutenir leurs idées, les banquiers peuvent tout de même compter sur le plus beau fleuron de la presse suisse : la *Neue Zürcher Zeitung*, dite *NZZ*, qui paraît quotidiennement depuis 1780 et fait autorité, par la qualité de ses articles et l'impeccable rigueur de sa syntaxe, dans tout le monde germanique. Dans ce journal qui se veut « ancré spirituellement dans la pensée libérale aux caractéristiques suisses », le secteur financier bénéficie d'une présomption d'innocence renforcée. C'est ce que montre l'« affaire Aliesch », qui défraya la chronique durant l'été 2001. Tout commence par une révélation du quotidien *Blick* : un conseiller d'État radical des Grisons, Peter Aliesch, est soupçonné de corruption après avoir accordé un permis de séjour à Panagiotis Papadakis, un financier grec établi à Zurich. Ce dernier était devenu son ami, l'avait invité en croisière en Grèce et avait offert un coûteux manteau de fourrure à sa femme.

Papadakis est aussi poursuivi par la justice zurichoise pour avoir détourné l'argent d'investisseurs qui lui avaient confié leurs économies. Pourtant, le 8 août 2001, la *NZZ* décrit Panagiotis Papadakis comme « un illustre homme d'affaires dans le domaine du placement ». Pour appuyer son propos, le journal explique que le Grec, « selon ses propres dires », gère plus de 50 sociétés. Or, l'existence légale de ces structures, qui n'étaient pas inscrites au registre du commerce suisse, est sujette à caution. De plus, « l'illustre homme d'affaires » portait le titre d'« ambassadeur en Grèce » du Dominion de Melchizedek, un pays fictif inventé par des escrocs américains pour attirer les avoirs d'épargnants naïfs. Le journal indiquait que des poursuites judiciaires étaient en cours, mais sa volonté de se distancier de ses concurrents populaires est telle qu'il n'a pu s'empêcher de présenter le financier grec sous un jour presque flatteur. Lorsque la grâce accordée au milliardaire Marc Rich par Bill Clinton fit scandale aux États-Unis, la *NZZ* se distingua à nouveau en expliquant que les faits reprochés au Zougois d'adoption – rupture d'embargo et fraude fiscale sur des centaines de millions de dollars – étaient « tout sauf des délits graves [1] ».

Assis en chemise Lacoste et cravate rouge dans un agréable bureau donnant sur l'Opéra de Zurich, le rédacteur en chef de la *NZZ*, Hugo Bütler, défend l'attitude de son journal : « Nous donnons généralement moins d'importance à ce genre d'affaires, car notre mission n'est pas de découvrir des histoires à scandales. Nous sommes prudents avec la diffusion d'accusations quand le procès n'a pas encore eu lieu. » La *NZZ* a toujours tenu les banquiers à l'écart de son conseil d'administration. Mais quantité de radicaux illustres y ont siégé, notamment l'actuel ministre des Finances Kaspar Villiger, lorsqu'il n'était encore que député au Parlement.

1. *Neue Zürcher Zeitung*, 2 février 2001.

L'insigne faiblesse des moyens

L'une des caractéristiques de la « pensée libérale aux caractéristiques suisses » chère à la *NZZ* est l'importance qu'elle attache au concept de « petit État ». Tout bon libéral se doit de nourrir une certaine méfiance envers le pouvoir des appareils étatiques. En Suisse, beaucoup poussent l'idée plus loin : la petitesse des structures administratives est vécue comme une condition essentielle à la liberté de l'individu. A l'exception de quelques bureaucraties surdimensionnées comme l'armée, les administrations suisses se distinguent par le nombre restreint de leurs fonctionnaires.

Dans tous les paradis fiscaux, on retrouve, affirmée avec plus ou moins de vigueur, cette croyance dans les bienfaits du « petit État ». Du point de vue du secteur financier, une administration réduite est synonyme de contrôles moins lourds et moins fréquents. C'est donc un avantage concurrentiel important des micro-États que sont la plupart des centres *offshore*. Pour la lutte contre le blanchiment, en revanche, cette petitesse est synonyme de sérieux problèmes.

Ainsi, le Bureau de communication chargé d'analyser les transactions suspectes dénoncées par les banques n'a que cinq employés, alors que l'Espagne, avec une place financière bien plus petite, dispose de 100 fonctionnaires. En 2001, l'organisme chargé de superviser l'application de la LBA dans le secteur non bancaire n'avait que dix fonctionnaires et devait recourir à des étudiants pour traiter des centaines de dossiers en retard[1]. « En Suisse, les lois contre le blanchiment sont impressionnantes, mais il y a une crise sévère d'application, estime Mark Pieth, expert helvétique renommé de l'anti-blanchiment. Les deux centrales, le Bureau de communication et l'Autorité de contrôle, n'ont pas fonctionné. Il y a peu de moyens par

1. L'Autorité de contrôle compte, depuis le début 2002, 25 fonctionnaires.

rapport au rôle de la place financière. Dix personnes pour superviser un tiers de la banque privée mondiale ! Ce n'est simplement pas sérieux. »

Aruba et Monaco, avec leurs centres financiers très réduits en comparaison, ont autant de fonctionnaires chargés de récolter les annonces de transactions suspectes que la Suisse. L'Islande en a deux fois plus. « C'est ridicule, soupire Daniel Thelesklaf, qui fut le premier directeur du Bureau de communication avant de devenir consultant dans le privé. On était deux, puis quatre fonctionnaires. Toutes les personnes qui étaient là au départ sont parties. On ne pouvait rien faire, sauf recevoir les annonces et les transmettre plus loin. Aucune formation, aucune analyse n'était possible. »

La division chargée de lutter contre la fraude fiscale en Suisse ne dispose que de 15 employés, et elle prononce chaque année douze fois moins de redressements qu'en France[1]. A cette pauvreté s'ajoute l'éparpillement des compétences entre plusieurs organisations : justices cantonales, Office fédéral de la police, Bureau de communication, Autorité de contrôle… « Toutes ces petites structures, c'est de la masturbation administrative », explique un ancien policier fédéral en soulignant son propos d'un geste explicite.

De nombreux fonctionnaires ont préféré aller faire carrière dans le monde bancaire – où les moyens alloués à la lutte anti-blanchiment sont bien plus conséquents – que de s'épuiser dans le cadre étriqué des petites administrations bernoises. Le départ le plus fracassant fut sans conteste celui de Niklaus Huber, premier directeur de l'Organe de contrôle chargé de faire appliquer la Loi sur le blanchiment d'argent (LBA) dans le secteur parabancaire. Il a été contraint à la démission par une alliance formée de sa propre hiérarchie au sein du Département fédéral des finances, de politiciens et d'intermédiaires financiers

1. Sébastien Guex, « La Suisse comme paradis fiscal », in *Cahiers* de Solidarités, avril 2001.

regroupés au sein de structures prévues par la LBA et appelées Organismes d'autorégulation (OAR). Huber a commis l'erreur de froisser les susceptibilités de gens influents comme l'avocat zurichois Werner Stauffacher, dont il avait refusé le projet d'OAR, ou de hauts fonctionnaires du Département des finances, qui le considérèrent comme un traître lorsque Huber confia ses problèmes au parlementaire français Arnaud Montebourg au cours d'un dîner organisé à Berne pour la visite de ce dernier. Il fut interdit de contact avec la presse et le porte-parole du Département des finances l'accusa à la télévision d'appliquer la loi avec un zèle excessif. Les intermédiaires financiers du canton de Zoug, regroupés au sein d'un OAR particulièrement puissant, firent campagne contre lui au moment où Huber commençait à s'intéresser aux sociétés *offshore* du président du Conseil national[1], Peter Hess, lui aussi zougois. Le 13 juin 2001, Huber démissionna, persuadé d'être victime d'un vaste complot politico-affairiste ourdi par le ministre des Finances Kaspar Villiger en personne. « Il y a des moments dans la vie d'un conseiller fédéral où l'on se sent dans une maison de fous », déclara ce dernier, manifestement excédé.

La solution préconisée par de nombreux experts – intégrer l'Autorité de contrôle au sein de la Commission fédérale des banques, bien plus puissante et respectée – ne semble pas intéresser le ministre : « Qui donc voudrait d'un puissant appareil administratif avec des centaines de fonctionnaires ? » demande un document officiel publié par son Département en 2001. Pas Kaspar Villiger, en tout cas : la structure et les moyens des organes fédéraux chargés de lutter contre le blanchiment ne devraient pas être significativement modifiés avant 2005, amour du « petit État » oblige.

1. Chambre basse du Parlement.

Secret bancaire : le « noyau dur » tient toujours

Après plus de vingt ans de bouleversements juridiques, que reste-t-il du secret bancaire suisse ? L'essentiel, c'est-à-dire le refus de la Suisse de lever le secret bancaire dans les cas d'évasion fiscale – donc de donner l'identité des clients qui disposent de comptes non déclarés en Suisse à des autorités étrangères. La Suisse a inventé un intéressant sophisme légal qui permet aux capitaux en fuite de continuer à trouver dans ses banques un refuge raisonnablement sûr. Ce raisonnement – mal compris de certains gouvernements étrangers qui, en revanche, en connaissent parfaitement les implications sur leurs propres finances – s'articule ainsi : le secret bancaire peut être levé uniquement sur demande des autorités judiciaires en cas de crime grave, c'est-à-dire de délit pénal comme le blanchiment ou la fraude, qui implique l'utilisation de faux documents ou une « tromperie astucieuse ». Or, en Suisse, l'évasion fiscale n'est pas considérée comme grave : c'est un délit administratif puni d'une amende. En conséquence, la Suisse ne donne pas d'informations aux autorités étrangères en cas de « simple » évasion fiscale.

La permanence de ce refuge fiscal constitue le principal problème des autorités judiciaires engagées dans la lutte contre le blanchiment en Suisse. « S'il n'y avait plus d'évasion fiscale, le blanchiment serait tout de suite identifié. Rien ne ressemble plus à de l'argent criminel que l'argent de l'évasion fiscale », constate un ancien magistrat genevois spécialisé. « L'excuse fiscale nous est servie fréquemment, confirme Bernard Bertossa. On peut prouver des dissimulations, des astuces sans logique économique, mais les gens nous disent que c'est de l'évasion fiscale. » Tout intermédiaire financier qui invoque l'« évasion fiscale » devant le juge est déjà à moitié pardonné par un système qui continue de considérer cet acte comme un délit mineur.

Jusqu'ici, la Suisse a donc su préserver le noyau dur de son système. Mais cela pourra-t-il durer ? Les banquiers suisses sont nombreux à se poser la question. Car une nouvelle révolution, venue des hautes sphères de la diplomatie financière internationale, menace désormais la dernière ligne de défense du secret bancaire.

TROISIÈME PARTIE

Sus aux paradis

9

Le grand malheur d'un petit voisin

Un indicible sentiment de mélancolie envahit parfois le visiteur sur la route qui le mène à Vaduz, au Liechtenstein. Située aux confins de la Suisse et de l'Autriche, là où les sombres masses des Alpes enserrent étroitement la vallée du Rhin, la capitale de la minuscule Principauté – 160 km^2, 30000 habitants – a trop grandi ces dernières années. Tout autour de cette petite bourgade que domine la silhouette sévère du château princier, les banques et les cabinets parabancaires ont recouvert ce qui était autrefois la campagne d'immeubles prétentieux et tristes. Vaduz est l'une des capitales mondiales des sociétés boîtes aux lettres, ces entités virtuelles qui sont les véhicules indispensables de l'argent *offshore*. Il y en aurait plus de 100 000, fondations ou « établissements » administrés dans les bureaux aseptisés que l'on trouve dans presque chaque bâtiment de Vaduz. Ces structures paient très peu d'impôts – 0,1 % du chiffre d'affaires ou 1 000 francs par an au minimum – et la majorité d'entre elles n'a même pas à présenter de bilan aux autorités. Grâce aux divers frais administratifs, elles sont cependant un élément essentiel de la prospérité du Liechtenstein, fournissant environ la moitié du budget de l'État et faisant vivre confortablement des dizaines de grands cabinets fiduciaires.

Depuis les années 1960 et jusqu'à un certain jour de novembre 1999, le paradis fiscal liechtensteinois a fonctionné comme une mécanique parfaitement huilée. Deux partis aux programmes quasiment identiques, l'Union patriotique (les « rouges ») et le parti bourgeois-progressiste (les « noirs »), se partageaient le pouvoir, unis autour du secret bancaire copié sur le modèle suisse et de l'absence presque totale de contrôle sur la formation et l'administration de sociétés-écrans. Au-dessus d'eux planait la figure tutélaire du prince, survivant d'un âge où le Saint Empire romain germanique était encore une réalité politique, et lui-même propriétaire, avec sa famille, de l'une des plus importantes banques du pays. La presse libre n'existait pas : deux quotidiens financés par les parabancaires les plus riches servaient de porte-voix à leurs partis respectifs. Les comptes rendus de concerts des fanfares locales y étaient aussi étoffés que le silence sur les affaires traitées dans les bureaux des fiduciaires était épais. Dans les affaires de criminalité économique, la justice ne fonctionnait pas : les demandes d'informations venues de l'étranger demeuraient sans réponse durant des années ; on ne perquisitionnait jamais chez un fiduciaire sans l'avertir ; les banques bloquaient systématiquement les enquêtes en multipliant les recours contre les décisions de justice. Jamais aucun actif n'avait été confisqué, ni aucune personne condamnée pour des actes de blanchiment.

Quand un pays étranger recherchait au Liechtenstein l'argent détourné par un escroc, ses chances de succès étaient quasiment nulles, comme le montre le cas de Ken Taves. Ce créateur de sites pornographiques sur Internet avait trouvé un moyen très simple de gagner de l'argent sans effort : après avoir acheté une base de données contenant des milliers de numéros de carte de crédit, il envoyait des factures d'un montant relativement modeste – 19,99 dollars – aux propriétaires de carte. Ces factures correspondaient soi-disant à la consultation de l'un de ses sites. Plus de 25 millions de dollars furent ainsi virés sur ses comptes pour des services que les victimes n'avaient jamais demandés. L'essentiel de l'argent a été restitué par le Vanuatu, un paradis fiscal du Pacifique… mais les 650 000 dollars qui ont terminé leur course au Liechtenstein n'ont jamais été récupérés.

En raison de la petitesse du territoire, les fonctions politiques et économiques des élites liechtensteinoises se mélangeaient jusqu'à devenir impossibles à distinguer. La culture des affaires dans la principauté était marquée par une absence presque totale de sensibilité aux conflits d'intérêts. Ainsi, l'ancien président du Parlement, Peter Wolff (Union patriotique), était au début des années 1990 ministre, mais aussi avocat et conseiller juridique de deux sociétés financières, Cash AG et Europa Bank. 50 millions de francs suisses appartenant à des épargnants allemands ont été engloutis dans la débâcle de ces deux structures, et les autorités – donc Peter Wolff lui-même – durent ordonner leur liquidation. Avant la débâcle, Peter Wolff assurait les clients de la bonne santé des deux sociétés. Après, il déclara presque tout ignorer de leur fonctionnement.

A la même époque, alors que les scandales liés à l'argent sale secouaient la Suisse, son petit voisin, qui partage avec elle une monnaie et un espace douanier communs, prospérait discrètement. « Beaucoup de comptes sont partis au Liechtenstein », se souvient le banquier genevois Jacques Rossier. En 1992, la Suisse abolit les comptes anonymes et les banques se virent contraintes de connaître l'identité de tous leurs clients. Ceux qui voulaient vraiment rester discrets ont alors été orientés vers les fiduciaires liechtensteinois, qui pouvaient ouvrir des comptes dans leurs banques sans dévoiler l'identité des clients. En 1998, les avoirs entassés dans les banques du Liechtenstein dépassaient 100 milliards de francs suisses et le gouvernement, rayonnant d'optimisme devant cette croissance sans précédent, vantait l'« éthique de travail profondément ancrée » de ses fiduciaires, le « système judiciaire moderne et efficace » du pays, et la « réputation impeccable » de ses banques.

Le « tremblement de terre »

Il a suffi de quelques feuilles de papier pour rompre ce lucratif équilibre et plonger le micro-État dans sa plus grave crise depuis

1945. Le 8 novembre 1999, l'hebdomadaire allemand *Spiegel* publia des extraits d'une note rédigée par les services de renseignement allemands, le BND[1]. Elle décrivait l'existence dans la Principauté d'une « communauté du blanchiment » liée aux cartels de la drogue sud-américains et à la mafia russe. Le rapport se concluait par cette phrase : « Des blanchisseurs d'argent fiables, camouflés en honorables fiduciaires, utilisent les possibilités d'un droit des sociétés libéral. Avec une énergie criminelle, ils ont créé un réseau efficace de blanchiment, avec des politiciens, fonctionnaires, juges et banquiers corrompus et influents. » La première réaction des financiers liechtensteinois fut de s'étrangler de rage et de nier en bloc. « Tout est faux », affirma le président de l'association des fiduciaires, Edmund Frick[2]. « Ce sont des méthodes du IIIe Reich », protesta le prince Hans-Adam II[3], qui avait sans doute réalisé que la fuite de ce rapport avait dû être approuvée par un membre du gouvernement allemand. Mais, progressivement, il leur fallut se rendre à l'évidence : le rapport et sa publication n'étaient que des étapes dans une escalade qui allait porter la pression internationale sur le Liechtenstein à un paroxysme qu'aucun fiduciaire n'aurait osé imaginer.

Heinz Frommelt était alors ministre de la Justice, et il a vécu la crise de bout en bout. « Nous n'avons rien vu venir », confesse-t-il, ce qui s'explique notamment par le fait que le gouvernement du Liechtenstein compte six ministres dont certains ne travaillaient alors qu'à mi-temps. Au début de 1999, le gouvernement s'était permis de recevoir assez froidement une délégation de l'Union européenne venue discuter de fiscalité. Il n'avait prêté qu'une attention distraite aux échos en provenance de Suisse ou de Grande-Bretagne, où des magistrats se plaignaient de l'absence presque totale de collaboration de la

1. *Bundesnachrichtendienst* ou « Service fédéral de renseignement ».
2. *Profil*, Vienne, 31 janvier 2000.
3. *Ibid.*

part du Liechtenstein dans les affaires financières. En décembre 1999, lors d'une visite de la ministre suisse de la Justice Ruth Metzler, il lui fallut enfin se rendre à l'évidence : même l'indéfectible allié suisse commençait à évoquer des problèmes sérieux de coopération judiciaire. Le Liechtenstein était seul.

Dès le début de l'an 2000, le gouvernement changea de discours. Assainir la place financière, admettaient ses représentants, était devenu une question de survie pour le pays. En mai, l'impensable se produisit : un procureur spécial nommé par le prince, l'Autrichien Kurt Spitzer, ordonna l'arrestation de cinq hommes, dont un député bourgeois-progressiste, Gabriel Marxer, frère du président du Tribunal de la principauté, et Rudolf Ritter, frère du ministre de l'Économie d'alors. « Ce fut un tremblement de terre », se souvient Günter Fritz, rédacteur en chef du quotidien *Vaterland*, qui brisa un tabou en publiant les noms des personnes mises en cause au lendemain des arrestations. Brutalement, les fiduciaires furent arrachés à la certitude qu'au Liechtenstein rien ne pourrait jamais leur arriver.

Les mauvaises fréquentations de « Docteur Diable »

Le chef du réseau visé par ce coup de filet sans précédent s'appelle Eugen von Hoffen-Heeb. A l'été 2001, il a été condamné à cinq ans de prison ferme pour escroquerie. Visage bronzé, cheveux noirs et lunettes design, ce professionnel de la finance aimait à se faire appeler « Docteur Emmanuel Teufel » (le diable, en allemand). Plein de cet orgueil sinistre – ou d'humour noir –, ce personnage intriguant incarne parfaitement les dérives de la place financière du Liechtenstein avant le choc de novembre 1999. Il a profité de la patente de fiduciaire et de l'influence politique de Gabriel Marxer pour jongler avec les finances de ses clients. Durant neuf longues années, la justice locale lui a épargné toute poursuite, en dépit des fraudes commises aux États-Unis et en Allemagne, où des centaines d'investisseurs avaient confié leurs économies à la nébuleuse de sociétés *offshore* contrôlées par Heeb. En enquêtant sur ces cas anciens, les policiers autrichiens engagés pour seconder le procureur Spitzer ont fait de nouvelles trouvailles. La fiduciaire Ritter-Heeb avait dans sa clientèle un avocat nommé Juan Carlos Saavedra Molina, que l'agence anti-drogue américaine, la DEA, soupçonne d'être un blanchisseur au service des trafiquants de cocaïne. Au moins 60 millions de dollars amenés par Saavedra depuis le Mexique et la Colombie, par virement bancaire mais aussi en liquide, ont transité par la fiduciaire de Von Hoffen. L'un de ses employés, Egon Fink, a même servi de porteur de valises pour le présumé blanchisseur[1]. Heeb avait aussi noué des relations en Russie : les enquêteurs ont retrouvé dans ses bureaux une lettre de félicitations envoyée au président Vladimir Poutine pour son élection.

La réaction de l'avocat de Rudolf Ritter, rencontré avant le procès dans son étude de marbre poli au centre de Vaduz, est assez typique de la mentalité des intermédiaires financiers liechtensteinois de la vieille école : « Comment pouvait-il savoir ? Ce n'était pas marqué sur le front du client que celui-ci était trafiquant de drogue ! »

Bien que le procureur spécial Spitzer ait conclu que le premier rapport du BND reposait sur les déclarations d'une « source peu sérieuse et peu fiable » et qu'il « mélangeait les noms et les faits », le cas Heeb montre que les accusations, réitérées avec plus de nuance dans un second rapport de janvier 2000, contenaient un fond de vérité : la justice pénale ne fonctionnait pas au Liechtenstein ; les liens avec les trafiquants de drogue existaient, fait encore confirmé par l'arrestation d'un blanchisseur néerlandais dans une banque de Vaduz à la fin de l'an 2000 ; leurs relations dans l'administration avaient permis à certains fiduciaires de se protéger. Une réaction s'imposait. A l'été 2000, l'opération « mains propres » lancée après la publi-

1. *Der Standard*, Vienne, 10 décembre 2001.

cation du rapport BND battait son plein. Quelque 400 millions de dollars d'avoirs douteux avaient été bloqués, le réseau Heeb-Ritter-Marxer avait été démantelé et d'autres escrocs actifs dans la Principauté – dont un Français – avaient été arrêtés.

Le plus connu des fiduciaires mis en cause par les services de renseignement allemand, Herbert Batliner, a cependant réussi à échapper à toute poursuite. Avant son départ à la retraite en janvier 2002[1], il était l'un des hommes les plus puissants du pays. Il a généreusement financé le parti FBPL ; son frère a été président de la banque VPB de Vaduz ; son fils est rédacteur en chef du quotidien *Volksblatt* (pro-FBPL) ; l'actuel ministre des Affaires étrangères, Ernst Walch, est l'un de ses anciens employés.

Les autorités judiciaires ont rapidement décidé de classer l'enquête ouverte contre lui par Kurt Spitzer. Les faits reprochés au roi des fiduciaires liechtensteinois ne manquaient pourtant pas d'intérêt. Le 17 janvier 1991, Herbert Batliner avait créé une fondation, Raboutage, pour un ressortissant équatorien, Jorge Hugo Reyes-Torres, et sa famille. Comme d'habitude, le client était recommandé par des banques, notamment la filiale zurichoise de la Dresdner Bank. En 1992, Reyes-Torres fut arrêté et emprisonné en Équateur. Selon Tom Wards, un agent de la DEA qui a travaillé sur le cas, « Reyes-Torres jouait un rôle important dans le trafic de drogue en Équateur, il blanchissait de l'argent ». Quelque 17 millions de dollars ont transité par sa fondation liechtensteinoise. Depuis l'arrestation de Reyes-Torres, les États-Unis tentent de récupérer au moins 8 millions de dollars qui se trouvent toujours sur les comptes ouverts par l'étude de Batliner. Au début de 2002, les discussions visant à confisquer l'argent et à le répartir entre les États concernés – Équateur, États-Unis et Liechtenstein – n'avaient toujours pas abouti.

1. Son bureau, Batliner & Partner, est alors devenu le « First Advisory Group ».

Une mine de renseignements

Les fiduciaires liechtensteinois constituent un sous-groupe particulièrement taciturne de cette espèce peu bavarde que sont les banquiers suisses. Dotés d'une culture du silence renforcée, ils ne parlent jamais de leurs activités. Mais il arrive que l'information devienne accessible par d'autres voies. A l'automne 2000, l'hebdomadaire zurichois *Facts* a publié un dossier explosif concernant Batliner et ses clients. Au cours de ses recherches sur le Liechtenstein, l'un de ses journalistes, Daniel Amman, s'était fait remettre un CD-Rom contenant des milliers de documents issus des archives de Batliner. C'est un petit fragment très instructif de la planète *offshore*. Datant essentiellement de la période 1990-1993, ces documents offrent une occasion rarissime de pénétrer dans l'intimité d'un bureau fiduciaire liechtensteinois.

Le CD-Rom contient surtout des actes de création de fondations (*Stiftung*). Au Liechtenstein, ces structures, qui demandent un capital de départ de 30 000 francs, n'ont rien à voir avec la philanthropie : dans au moins neuf cas sur dix, les actes stipulent qu'une seule personne « possède exclusivement tous les droits sur la fortune et sur les revenus de la Fondation ». D'autres ayants droit, généralement des membres de sa famille, sont mentionnés au cas où le bénéficiaire principal viendrait à mourir sans avoir épuisé son bien. La fortune de la fondation peut être faite de n'importe quel actif : de l'argent déposé sur un compte en banque, des titres (actions ou obligations), des métaux précieux, des immeubles, des créances à faire valoir envers des tiers, des brevets ou des patentes. Les noms donnés aux fondations sont aussi fantaisistes que généralement dénués de sens : Tololo, Crassula, Potin... Dans la plupart des cas, naturellement, la fortune de la fondation n'est pas déclarée dans son pays d'origine par le bénéficiaire.

Les fiduciaires qui administrent ces fondations assument

des tâches très diverses. Les documents relatifs à l'une d'elles, Likona, précisent que les administrateurs doivent partager les bijoux de sa fondatrice, une riche Allemande, si ses héritiers « ne parviennent pas à s'entendre sur la répartition ». En plus de ses fonctions d'exécuteur testamentaire – les fondations liechtensteinoises sont un outil privilégié de transmission du patrimoine pour les riches du monde entier –, le fiduciaire élabore des stratégies de placement, supplantant ainsi ceux que Batliner appelle avec mépris les « fonctionnaires des banques ». Il exécute les ordres d'achat et de vente de titres de ses clients, leur prête de l'argent au nom de la fondation, ce qui permet aux clients de s'endetter artificiellement et de payer moins d'impôts. Il tient la comptabilité et défend les sociétés de ses clients devant les tribunaux liechtensteinois lors de litiges. Sa préoccupation constante est de préserver l'anonymat de ses mandataires : les rares documents où figurent leurs noms sont conservés dans des coffres et protégés informatiquement.

L'activité de fiduciaire est extraordinairement lucrative, car chaque fondation ou structure similaire (comme l'« établissement » ou *Anstalt*) doit avoir au moins un administrateur liechtensteinois. Herbert Batliner lui-même passe pour être milliardaire. Ses notes d'honoraires s'élèvent souvent à plusieurs milliers de francs suisses – et le CD-Rom en contient des milliers. Toute facture impayée fait l'objet de nombreux rappels rédigés dans un allemand ampoulé. Un grand bureau comme celui de Batliner – les services allemands estiment qu'il gérait au moins 10 000 fondations – doit donc engranger chaque année des dizaines de millions de francs de frais de gestion. Mais une fiduciaire comme celle de Batliner peut aussi arrondir ses fins de mois en vendant des montages tout prêts de sociétés *offshore*. Au début des années 1990, les prix de telles structures allaient de 2 500 francs pour un *trust* de Jersey détenant une panaméenne à 10 000 francs pour le « paquet individuel avec construction fiscale spéciale ». Une liste datée de janvier 1991 permet de comparer le prix des sociétés offertes, de la SA monégasque à la libérienne : il fallait débourser 1 780 dollars pour acquérir une panaméenne, 4 250 dollars pour une société de Madère. Une panaméenne coûtait 1 320 dollars par an en frais administratifs, une société de Hong Kong 2 500 dollars.

La filière suisse

Le CD-Rom de chez Batliner expose avec une aveuglante clarté l'étroite symbiose qui existe entre fiduciaires du Liechtenstein et banques suisses. La correspondance bancaire contenue sur le CD-Rom est adressée presque exclusivement à des établissements suisses, où se trouvait l'écrasante majorité des comptes des clients. Tout le secteur est représenté : grandes banques comme UBS ou Credit suisse, banques étrangères comme ABN-Amro, banques régionales du Tessin ou des Grisons, banques de gestion privée comme Julius Baer et Vontobel. Seuls les banquiers privés genevois semblent absents. Batliner a affirmé que 80 % de sa clientèle lui avaient été recommandés par des banques établies en Suisse, et c'est pourquoi il n'aurait lui-même procédé à aucune vérification concernant l'origine des fonds de ses clients. Mais on trouve aussi dans les documents de nombreuses lettres adressées à des cabinets d'avocats ou d'experts-comptables en Irlande, au Luxembourg, aux États-Unis et en Grande-Bretagne. Elles démontrent une fois de plus que la planète *offshore* fonctionne en réseau, grâce à la collaboration d'équipes de professionnels répartis entre les paradis fiscaux proprement dits et les grands centres financiers comme New York ou Londres.

Le travail entre les banques suisses et le fiduciaire liechtensteinois était organisé de façon parfaitement routinière. Un mémo concernant les relations avec l'UBS de Genève explique ainsi qu'en « règle générale, l'UBS nous envoie tous les documents pour la fondation, il faut seulement les dater ». Si les documents de création de telles « sociétés entrepôts »

(*Lagergesellschaft*) sont remplis par le fiduciaire, il en coûtera 1 000 francs au client ; les dater seulement coûte 500 francs. Ensuite, le fiduciaire adresse à la banque, au nom de la fondation, une procuration qui permet au client de retirer de l'argent, comme le montre cette lettre adressée à l'UBS de Lausanne au nom de la « Fondation La Prévoyance » : « Par la présente, nous vous autorisons à remettre le montant de CHF 150 000. – en espèces à M. [X] qui va se présenter auprès de votre banque pour ce retrait lundi prochain. » X est un marchand de meubles de la région de Lausanne.

Au temps de sa splendeur, Batliner entretenait des relations très cordiales avec la direction de l'UBS, notamment son président Nikolaus Senn. Ce dernier, appelé « cher Nik » dans certains documents, était un ami et les deux hommes s'invitaient mutuellement dans leurs villas du Tessin. Dans un autre document, Batliner félicite un directeur de l'UBS, Oskar Bürli, pour « l'agréable travail commun durant des années » et pour son humour, « une qualité que l'on ne rencontre pas toujours dans cette matière plutôt sèche ».

Une très belle clientèle

Les relations entre la hiérarchie de l'UBS et Batliner étaient si étroites que le Liechtensteinois invitait les cadres de la banque à des parties de chasse, son sport favori. Dans son domaine des Alpes autrichiennes, Batliner tirait des cerfs, des bouquetins, des chamois et des coqs de bruyère. Il chassait accompagné de clients, de sa fille Caroline, de collaborateurs de son étude et d'amis. L'un de ses partenaires favoris était le milliardaire allemand Friederich Karl Flick, amateur de tir à l'oie, qui fut en Allemagne au cœur du « scandale Flick » : ce détenteur de multiples participations dans l'industrie arrosait généreusement les partis politiques, notamment le parti chrétien-démocrate, pour obtenir des privilèges fiscaux. Batliner, qui le tutoie, a aimablement introduit sa fille Alexandra Marie au Lynford Cay Club de Nassau, aux Bahamas, notant qu'en dépit de « l'excellente situation financière de la famille », elle avait su rester très simple. Dans une autre lettre, il donne à Flick un conseil d'ami : « Je me permets de te communiquer que le fameux Crown Building, 5e Avenue à Manhattan, New York, [...] pourrait partir à un prix très avantageux. Je voulais te le dire maintenant, puisqu'en son temps il y a eu un certain intérêt [de ta part]. J'espère t'avoir rendu service avec cette information. »

Les milieux conservateurs allemands et autrichiens constituent l'environnement social naturel d'Herbert Batliner. Ses liens avec la famille princière du Liechtenstein sont très étroits : il a organisé le mariage du prince héritier avec la duchesse Sophie. Il est aussi proche d'autres aristocrates comme la princesse Mani zu Sayn-Wittgenstein-Sayn. Il correspond avec l'un des membres du directoire du fabricant automobile BMW, Helmut Schäfer. Il siège aux côtés du prince Nikolaus et de l'ancien président italien Francesco Cossiga au conseil d'administration de l'Académie internationale de philosophie du Liechtenstein, très conservatrice et proche du Vatican.

Une partie importante de la clientèle de son étude est composée de petits entrepreneurs suisses qui fuient leurs propres autorités fiscales. Les documents mentionnent des architectes de Genève et du Valais, un hôtelier de Loèche (la fondation Homard), un banquier zurichois qui explique avoir servi de prête-nom pour un ami étranger, un conseiller en entreprise de Genève (la fondation Trombone), etc. Mais Batliner fraie aussi avec de beaucoup plus gros poissons, comme Marc Rich. L'ex-fugitif fiscal américain possédait de nombreuses fondations : Palmatus, Picrat, Valinco. Leur fortune – plusieurs dizaines de millions de dollars au minimum – était répartie entre plusieurs banques suisses : Sarasin, Vontobel et BZ Bank notamment. Lors d'une rencontre avec Rich, le 13 mai 1992 à Zoug, Batliner conseilla à son client de déplacer cet argent au Liechtenstein, afin de conserver l'anonymat des ayants droit de ces fondations, mais Rich refusa.

Batliner a compté quelques chefs d'État parmi sa clientèle. Il a constitué pour le roi Fahd d'Arabie Saoudite la fondation Norista, détentrice officielle du palais construit pour le monarque à la fin des années 1970 près de Genève. Entretenu avec soin, ce bâtiment qui a coûté près de 50 millions de francs suisses n'a jamais été habité. Le dictateur togolais Gnassingbe Eyadema est mentionné comme bénéficiaire de la fondation Coquillage, aux côtés de son fils Essozima. Il est arrivé à ce dernier de retirer, en liquide, plusieurs millions de francs français au guichet de l'étude. Cette fondation a été dissoute en 1993.

Les clients du monde entier se côtoient dans les bureaux de Batliner : des Belges, des Canadiens, des Américains, des Indiens… et des Français, naturellement. On croise dans les documents l'héritière d'une grande dynastie bancaire israélienne, qui résidait à Boulogne, ou un directeur de la société LVMH, parent d'un ancien ministre des Affaires étrangères. Mentionné comme bénéficiaire, son fils affirme, comme d'autres clients que nous avons contactés, ne jamais avoir su qu'il était ayant droit d'une fondation au Liechtenstein.

A ce « vieil argent » expatrié pour des raisons principalement fiscales s'ajoute une clientèle moins classique. On savait l'ancien agent secret français Pierre Lethier amateur du Liechtenstein et de ses fondations. Dans son livre, *Argent secret*, cet intermédiaire, qui a perçu des millions d'euros lors du rachat par Elf de la raffinerie allemande de Leuna, prétend que la fondation liechtensteinoise « n'a pas été créée à des fins opaques » mais « est au contraire une des conquêtes européennes de la liberté individuelle et de la liberté de culte ». « J'ai créé mon *Anstalt* en 1992, ajoute-t-il. Je lui ai donné le nom de Thais […] et j'en ai confié l'administration à Me Strub, professionnel réputé pour sa compétence et son intégrité. » L'intermédiaire, toujours recherché par la justice française, omet cependant de parler d'une seconde fondation, Nordesk, dont on retrouve la trace dans les archives de Batliner. Il en est l'ayant droit à 35 % en compagnie de deux autres Français dont l'un possédait une société d'« intelligence économique » à Genève. Selon les enquêteurs, Nordesk n'aurait pas de lien avec l'affaire Elf et sa fonction n'a pas été examinée plus en détail.

Batliner était aussi le fiduciaire attitré de la société Elf, qui utilisait ses services au début des années 1990 pour « commissionner » les dirigeants de pays producteurs de pétrole. Mais les documents indiquent que d'autres grandes sociétés recouraient à ces pratiques : le géant allemand Siemens a ainsi rétribué deux « consultants » virtuels, Nomola et Migillo, pour décrocher des contrats en Arabie Saoudite, au Qatar et aux Émirats arabes unis. L'argent était versé sur un compte de la SBS à Zurich. Un autre document mentionne un litige entre la société française Air Liquide et une société-écran, Mafer Anstalt, dans lequel le gouvernement vietnamien est intervenu pour fournir une « confirmation » de nature inconnue.

Le simple mortel a parfois de la peine à réaliser combien les sommes qui transitent par les structures fantômes du Liechtenstein peuvent être importantes – certains documents mentionnent des fortunes dépassant 100 millions de dollars.

Décidément polyvalent, Herbert Batliner a été très actif sur le marché de l'art. La vente d'œuvres par les clients est un moyen couramment utilisé pour alimenter les comptes de leurs fondations, d'autant que les enchères ont souvent lieu dans ces grands centres de la finance *offshore* que sont Londres, Monaco ou Genève. Un document non signé et non daté, qui comprend une liste d'œuvres des plus grands maîtres du XXe siècle – Chagall, Braque, Miró, Van Dongen, Picasso… –, donne une idée du fantastique patrimoine artistique qui s'échange ainsi derrière les murs épais des fiduciaires. Ernst Beyeler, dont la fondation, à Bâle, est devenue l'un des musées plus célèbres de Suisse, est un vieux client de Batliner, qui l'a aidé à acquérir l'un des *Nymphéas* de Monet. Le parcours d'une toile du peintre russe Vassili Kandinsky, *Fuga*, montre la curieuse complexité de certaines transactions : Ernst Beyeler l'a achetée pour près de 20 millions de dollars à Londres. Il l'a ensuite vendue à Herbert Batliner. Ce dernier la lui a ensuite revendue en prétendant qu'un de ses clients l'offrait à la fondation Beyeler. Le but de cette manœuvre, selon une déclaration de Beyeler au magazine *Facts*, aurait été d'importer cette œuvre en Suisse en payant le moins de droits de douane possible.

La fin de 1999 et le début de l'année 2000 furent pénibles pour le puissant Batliner. Abondamment cité par le BND – peut-être en raison de sa proximité avec l'ancien parti au pouvoir en Allemagne, la CDU –, il eut la cruelle déception d'entendre le prince admettre que les deux rapports allemands, en dépit des confusions et des fautes d'orthographe, contenaient du vrai. Le revers de fortune subi par cet homme jusque-là intouchable n'était que le prélude à une offensive beaucoup plus vaste : la reprise en main de la planète *offshore* par les grandes puissances économiques. L'âge d'or des paradis fiscaux touchait vraiment à sa fin.

10

Le nouveau « Grand Jeu »

Le 22 juin 2000, le Liechtenstein apparut avec quatorze autres juridictions sur une « liste des pays et territoires non coopératifs » dressée par une organisation encore peu connue, le Groupe d'action financière sur le blanchiment de capitaux (GAFI)[1]. Les efforts de dernière minute de la Principauté – adoption d'une nouvelle loi anti-blanchiment et visite des membres du gouvernement aux États-Unis – ne furent d'aucune utilité pour empêcher cette mesure, prédite dès janvier 2000 par le second rapport des services de renseignement allemands.

La liste du GAFI, communément appelée « liste noire », fut l'expression la plus visible d'un processus qui avait jusqu'alors avancé dans la discrétion : la formation d'une coalition menée par les grands pays industrialisés pour remettre de l'ordre dans le secteur de la finance *offshore*. Sa publication révéla un clivage géopolitique nouveau, opposant les nations industrialisées emmenées par le G-7 à un ensemble disparate de 60 à 80 petits pays, micro-États ou territoires associés, dont le trait commun est de disposer des outils juridiques nécessaires pour attirer les flux immenses de l'argent « au noir ». Soigneusement préparée et organisée dans la durée, l'action du G-7 vise à définir de nouvelles règles de fonctionnement en matière de transparence et de surveillance des systèmes financiers internationaux. Plus

1. La liste du GAFI et les autres listes évoquées dans ce chapitre sont reproduites en annexe.

soucieuse de l'établissement d'un « nouvel ordre » financier que des souverainetés nationales des pays concernés – et à ce titre parfaitement typique de l'« impérialisme » qui marque désormais les relations internationales[1] –, elle a entraîné la plus grande crise politique que les paradis fiscaux aient dû affronter au cours de leur brève histoire. De l'issue de la partie serrée qui se joue dans les arènes de la diplomatie financière internationale dépendent non seulement la survie du secret bancaire suisse, mais celle de la planète *offshore* tout entière.

Les débuts de l'histoire

Les origines de ce nouveau « Grand Jeu[2] » diplomatico-financier remontent aux années 1960, lorsque le gangster américain Meyer Lansky inventa une nouvelle méthode pour placer les fonds des organisations criminelles. Lansky comprit que l'une des façons les plus efficaces de mettre l'argent issu de la criminalité organisée hors de portée des autorités américaines serait de le placer dans une juridiction qui ne coopérerait pas avec les États-Unis pour sa confiscation et sa restitution. La Suisse fut l'une des premières destinations auxquelles songèrent Lansky et ses collègues, et les fonds criminels, transportés dans des valises, se mirent à affluer en Europe.

Les États-Unis réagirent en pressant les États vers lesquels se dirigeait l'argent de coopérer davantage. En 1975, ils conclurent avec la Suisse le premier traité d'entraide judiciaire jamais

1. Dans un ouvrage devenu classique sur le monde de la globalisation (*Empire*, Paris, Exils, 2000), Michael Hardt et Antonio Negri notent que « le changement de paradigme est défini [...] par la reconnaissance du fait que seul un pouvoir établi, surdéterminé par rapport aux États-nations souverains et relativement indépendant de ceux-ci, est capable de fonctionner comme le centre du nouvel ordre mondial, en exerçant sur lui une régulation effective et, si nécessaire, une coercition ».

2. On désigne par ce terme les rivalités entre grandes puissances pour le contrôle de l'Asie centrale, à la fin du XIXe siècle.

conclu entre un pays de droit anglo-saxon et un pays de droit continental[1]. Les négociations furent longues et difficiles, mais le gouvernement suisse accepta de signer le traité pour combattre « les abus qui menacent de l'intérieur la civilisation occidentale ». C'était la première fois que la Suisse acceptait de coopérer avec un autre pays dans le domaine fiscal. Les effets pratiques de cette percée furent limités, car le traité fut très peu appliqué. Mais son principal enseignement ne serait pas perdu : mener des négociations au nom du combat contre le crime organisé – donc pour la « civilisation » – permettait d'extraire, sur le papier du moins, des concessions significatives de pays comme la Suisse.

Cependant, les négociations menées séparément avec les divers paradis fiscaux ne suffirent pas à limiter l'impact de la finance *offshore* sur l'ordre public des États-Unis. En 1981, un rapport remis au président Carter évoquait même le caractère « insurmontable » des problèmes posés par des juridictions comme les dépendances britanniques des Caraïbes aux autorités américaines chargées de lutter contre le crime organisé, la délinquance économique et la fraude fiscale[2]. Dans les années 1980, l'irruption massive de la cocaïne aux États-Unis et la montée en puissance d'organisations qui retiraient des profits fabuleux du commerce de ce produit ne firent qu'aggraver la situation. C'est alors que le « blanchiment », c'est-à-dire l'introduction d'argent d'origine criminelle dans le système financier légal, devint un crime.

Rapidement, les États-Unis internationalisèrent leur lutte contre cette nouvelle menace. Leur allié le plus proche et le plus constant dans ce combat fut la France. C'est à Paris, en juillet 1989, lors du sommet organisé à l'Arche de la Défense, que fut prise la décision de créer le GAFI. L'objectif de cette nouvelle organisation était de recommander à ses membres des mesures propres à combattre le blanchiment. Durant la décennie 1990-

1. Paolo Bernasconi *et al.*, *Le Secret bancaire suisse*, *op. cit.*
2. *Le Monde*, 4-5 novembre 2001.

2000, les pays du GAFI introduisirent dans leurs législations ce que l'on pourrait appeler l'« acquis anti-blanchiment ». Ils ont fait du recyclage de fonds criminels une infraction pénale à part entière, pas seulement pour l'argent issu du trafic de drogue, mais aussi pour la plupart des crimes « graves », notamment la fraude et la corruption. Leurs banques doivent identifier leurs clients et signaler toutes les transactions « suspectes » ou « inhabituelles » pouvant trahir une activité de blanchiment. Des administrations spéciales sont chargées de recueillir et analyser les renseignements fournis par le secteur financier, puis de les transmettre aux autorités compétentes, principalement la justice pénale. On appelle ces organismes des « Unités de renseignement financier », connues dans le jargon sous l'abréviation anglaise de FIU (Financial Intelligence Unit).

A travers le blanchiment, l'objectif visé par le GAFI était d'enrayer le développement de la criminalité organisée. Cela lui conféra une stature morale d'autant plus grande que la fin de la guerre froide vit ce phénomène recevoir une attention particulière de la part des politiques et de l'opinion publique. De nombreuses affaires liées à l'« argent sale » éclatèrent dans les pays riches, par exemple en Italie (enquêtes « Mains propres »), mais aussi en France (affaires Triangle, Elf), en Belgique (scandale Agusta) ou en Suisse (affaire Kopp). L'indignation publique qui s'ensuivit créa une atmosphère propice aux travaux du GAFI et ses propositions ne rencontrèrent pas d'opposition politique significative dans les pays membres.

L'effondrement de l'Union soviétique accéléra le mouvement en déversant sur le monde occidental des quantités énormes de fonds amenés par des « hommes d'affaires » dont certains étaient manifestement liés au monde criminel. L'arrestation de personnages comme Sergueï Mikhaïlov [1] en Suisse ou

1. Soupçonné d'être l'un des chefs de la mafia de Moscou, Sergueï Mikhaïlov a été acquitté par un tribunal genevois en 1998, au bénéfice du doute, et il a quitté la Suisse, libre.

de Semion Moguilevitch aux États-Unis, le meurtre du « parrain » géorgien David Sanikidze à Vienne en 1996 sont quelques-uns des événements qui montrèrent que le danger d'une invasion silencieuse des pays occidentaux par l'argent criminel n'était pas entièrement théorique. Lié à la montée du « crime organisé », le « blanchiment » devint ainsi, grâce à l'inlassable répercussion des affaires d'« argent sale » par les médias, l'une des grandes craintes du citoyen de l'ère de la globalisation.

Avec la fin de l'URSS, les services de renseignement et de contre-espionnage de l'Ouest furent privés d'ennemis. On commença alors à parler des « nouvelles menaces » de l'ère de l'après-guerre froide. En 1995, le président américain Bill Clinton approuva l'ordre présidentiel PDD-42, qui fit des réseaux criminels une « menace contre la sécurité nationale ». La reconversion des appareils sécuritaires occidentaux dans la lutte contre le crime organisé ne fit qu'accroître l'importance donnée au problème du blanchiment.

Il est toutefois révélateur que la décision de créer le GAFI ait été prise dans le cadre du G-7, un groupe informel qui réunit régulièrement les ministres des Finances, et plus rarement les chefs d'État, des sept principales puissances économiques de la planète. D'emblée, la gestion du dossier du blanchiment au niveau international ne fut pas confiée aux ministères de la Justice mais à ceux des Finances. Sans doute les enjeux économiques que recouvrait le blanchiment étaient-ils trop importants pour être laissés aux juges et aux policiers.

L'expansion de la bulle *offshore*

La dernière décennie du XXe siècle vit aussi une expansion sans précédent de la finance extraterritoriale, c'est-à-dire des fonds placés hors de leur pays d'origine. En raison de l'opacité qui règne dans ce secteur, seuls quelques indices permettent de saisir l'ampleur du phénomène. De 1985 à 1994, les investissements en provenance des pays du G-7 vers les îles des Caraïbes ont quintuplé pour atteindre 200 milliards de dollars. Les prêts internationaux aux sociétés domiciliées dans des centres *offshore* ont presque triplé entre 1990 et 2001, atteignant plus de 850 milliards de dollars[1]. Le Département d'État américain évaluait le nombre de banques *offshore* – peu réglementées, basées dans un paradis fiscal et dont l'existence physique se limite parfois à une simple plaque de laiton – à près de 4 000 en 1998. En 1999, le Fonds monétaire international estimait que 35 centres financiers considérés comme *offshore* géraient 5 trillions de dollars, soit 3 % de la richesse mondiale totale – et ce calcul n'inclut pas les centres les plus importants comme la Suisse. Quant au nombre de sociétés-écrans, il serait de 3 millions au moins, selon les Nations unies.

De plus en plus de pays se sont lancés sur le marché de la finance transnationale en imitant les régimes légaux développés à l'origine par la Suisse ou des paradis plus anciens comme les îles Cayman. L'île Maurice, Vanuatu ou Nauru, pour ne citer qu'eux, devinrent des paradis fiscaux dans les années 1990. Depuis 1995 environ est apparu sur Internet un nombre croissant de pays fictifs comme la République de Conch, le Dominion de Melchizedek ou la République de Koneuwe, dont le territoire ne s'étend pas au-delà d'un jardinet de Zurich : de telles entités poussent jusqu'à l'absurde la logique du système *offshore* en proclamant des souverainetés imaginaires et en proposant des services financiers régis par le « droit » de ces paradis virtuels.

En 1998, une crise financière provoqua l'effondrement des monnaies et des marchés financiers dans de nombreux pays émergents, de la Thaïlande à la Russie. En quelques jours, au mois d'août, 70 milliards de dollars de capitaux russes transitèrent par une petite baraque préfabriquée construite sur un îlot de 21 km^2 en plein milieu du Pacifique, Nauru, État indépendant situé à vingt mille kilomètres de l'Europe. La cabane de la

1. Bank of England, *Financial Stability Review*, juin 2001.

Nauru Agency Corporation abritait une boîte postale servant de seul « domicile » physique à quelque 400 « banques », notamment russes et chinoises : 25 000 dollars suffisaient pour en acheter une, sans jamais avoir besoin de se rendre sur place. Cela fit réfléchir les ministres des Finances sur la possibilité d'un lien entre les places financières sous-réglementées comme Nauru et les crises du système financier international. D'autres faits pointaient dans la même direction : la débâcle du fonds d'investissement américain LTCM, qui était enregistré dans les Antilles néerlandaises, ou le scandale entourant la gestion des réserves de devises de la Banque centrale russe, confiée à une obscure entité de Jersey.

Attaque sur trois fronts

Les commentateurs ont beaucoup ironisé sur les promesses faites alors par le G-7 de donner au système financier mondial une « nouvelle architecture ». En fait, la réponse des ministres des Finances a été essentiellement *sécuritaire* : après la crise de 1998, ils ont nettement intensifié les efforts visant à accroître la transparence des flux de capitaux et à mieux contrôler les places financières des paradis fiscaux. Au sommet de Birmingham, les dirigeants du G-7 ordonnèrent la création au sein du GAFI d'un groupe chargé d'étudier le problème des « pays et territoires non coopératifs » dans la lutte contre le blanchiment. Cette décision devait finalement aboutir à la « liste noire » de juin 2000.

Le déroulement de la grande offensive de 1998-2000 contre les paradis a été bien décrit par l'un de ses orchestrateurs, l'Américain William Wechsler, dans un article de référence sur le sujet[1]. Pour cet ancien conseiller spécial du secrétaire au

1. « Follow the money », in *Foreign Affairs*, vol. 80, n° 4, Washington DC, juillet-août 2001.

Trésor et directeur pour les « menaces transnationales » du Conseil national de sécurité, le problème est avant tout une question de sécurité nationale : certains pays se sont transformés en refuges pour l'argent des criminels, et ceux-ci – terroristes, mafieux et trafiquants – menacent les États-Unis. De façon prémonitoire, l'ancien conseiller évoque Oussama Ben Laden, un individu devenu une menace principalement au travers de sa capacité à « lever, administrer et transférer des fonds » grâce à une « variété de mécanismes, dont des banques sous-réglementées du Moyen-Orient ». L'argent *offshore* est devenu un facteur important des relations internationales : ainsi la Suisse a-t-elle précipité la chute du président péruvien Fujimori (qui fut longtemps un allié des États-Unis) en transmettant au Pérou des informations concernant les comptes de son âme damnée Vladimiro Montesinos. En Serbie, Slobodan Milosevic a peut-être réussi à renforcer son pouvoir en transférant un milliard de dollars vers une banque chypriote de 1991 à 1995.

Dans les paradis fiscaux qui ne sont pas membres du GAFI, en particulier, il n'existe aucun moyen d'identifier et de contrôler ces mouvements de fonds. Et comme les efforts diplomatiques discrets entrepris jusque-là pour s'attaquer au problème n'avaient pas produit de résultat, il fallait bien, dit Wechsler, trouver une « nouvelle stratégie pour arrêter l'émergence de juridictions sous-réglementées et s'occuper de celles qui [existaient] ».

Cette nouvelle stratégie se révéla dans toute son ampleur aux alentours de juin 2000. Car, au moment où le GAFI dévoilait sa « liste noire » des juridictions « non coopératives », deux autres organisations entrèrent en action dans les domaines de la supervision financière et de la fiscalité : le Forum de stabilité financière (FSF), un groupe d'experts bancaires internationaux créé en avril 1999, émit une liste de 41 « centres *offshore* », qualifiés pour l'occasion de « maillons faibles » présentant une « menace systémique potentielle » pour la stabilité du secteur financier mondial ; l'Organisation de coopération et de développement économique (OCDE), qui regroupe les principaux pays industrialisés de la planète, désigna comme « paradis fiscaux » 35 pays accusés de « pratiques fiscales dommageables ». Bien que ces initiatives fussent en principe distinctes, le G-7 avait donné aux trois organisations le mandat de publier leurs listes au même moment. Comme l'explique Wechsler, l'Organisation des Nations unies fut délibérément laissée à l'écart du mouvement, car le poids des paradis fiscaux y est trop grand.

La publication quasiment simultanée de ces trois listes provoqua un énorme choc dans les paradis, brutalement extraits de leur insignifiance politique passée après des années d'insouciance et de croissance économique facile grâce au secteur des services financiers. Dans la majorité des cas, leurs gouvernements de semi-amateurs, largement inféodés aux professionnels de l'*offshore* et dramatiquement ignorants des rapports de force internationaux, furent aussi complètement pris au dépourvu que les dirigeants du Liechtenstein.

L'action du G-7 et de ses alliés représentait une transgression inédite des pratiques diplomatiques traditionnelles : un groupe de pays décidait de traiter officiellement et ouvertement d'autres pays de « mauvais » – « maillons faibles » dans le vocabulaire du FSF, « non coopératifs » dans celui du GAFI, « dommageables » selon l'OCDE. Des alliés traditionnels de l'Occident, comme Israël ou les Philippines, furent inclus sur la « liste noire » en dépit de leurs protestations. En outre, celle-ci était assortie de menaces de « contre-mesures » d'un type nouveau : l'obligation faite aux banques et aux institutions financières d'identifier soigneusement les clients – personnes ou sociétés – issus des juridictions « non coopératives », dans le but explicite de leur « rendre difficile l'accès aux systèmes financiers des membres du GAFI ». Un rapport du GAFI daté de février 2000 envisageait même l'interdiction, en dernier recours, des transactions financières avec certaines juridictions – une option appelée la « bombe atomique » par les experts, et dont l'application signerait l'arrêt de mort économique des territoires visés.

La violation des règles de courtoisie, le caractère dévastateur des sanctions envisagées et la publicité donnée à l'ensemble du processus sont des ingrédients essentiels de la stratégie suivie par le G-7 à partir de 1998. On la connaît aujourd'hui sous le nom anglais de « *name and shame* », expression difficilement traduisible qui évoque le fait de « nommer » (*name*) les pays pour leur « faire honte » (*shame*). Auparavant, la technique avait été utilisée avec succès contre un membre du GAFI, l'Autriche : menacé publiquement d'être suspendu de l'organisation en février 2000, ce pays dut abolir la pratique des comptes anonymes qu'il avait réussi à sauvegarder jusque-là. Elle avait aussi fait la preuve de son efficacité contre le Liechtenstein, qui dut reconnaître, après ses protestations initiales, que les rapports des services de renseignement allemands publiés par la presse contenaient des éléments de vérité.

Qualifiée d'événement historique par le Département d'État américain, la publication de la « liste noire » du GAFI provoqua une véritable révolution législative dans les paradis fiscaux. Selon Theodore Greenberg, l'un des principaux responsables de la lutte anti-blanchiment au Département de la justice américain, la liste a été un « extraordinaire succès ». « En moins de six mois, 14 États et juridictions ont changé leurs lois », constate-t-il. En l'an 2000, les Bahamas ont voté huit nouvelles lois sur le blanchiment et révoqué les licences d'une centaine de banques *offshore*. Israël a fait du blanchiment d'argent un crime après quatre ans de débats infructueux de son Parlement sur la question. Le Liban a accepté de lever, dans certaines conditions, son secret bancaire jusque-là absolu. La Grenade a mis fin aux activités de 19 banques *offshore*, alors que les îles Cayman ont exigé de 62 établissements qu'ils développent une présence physique sur leur territoire, sous peine de disparaître. Tous ces pays ont été sommés de reprendre l'« acquis anti-blanchiment » décrit plus haut : criminalisation du blanchiment, obligation de dénoncer les transactions suspectes, création d'un organisme spécialisé dans l'analyse des informations transmises par les banques. Cet acquis est devenu aujourd'hui un standard international officiellement reconnu, y compris par les institutions comme le Fonds monétaire international qui ne s'étaient jamais préoccupées du blanchiment avant l'an 2000.

Les sanctions *effectivement* imposées aux récalcitrants se sont limitées jusqu'à présent à l'émission par les ministres des Finances du GAFI d'avertissements (*advisories*) demandant aux banques d'examiner avec une « attention particulière » les transactions menées avec des personnes ou entités domiciliées dans les juridictions identifiées comme « non coopératives ». Cette mesure a entraîné des effets pratiques non négligeables. Dans les pays du GAFI, les banques disposent toutes désormais de départements spécialisés dans la lutte contre le blanchiment – ce sont les services de *compliance* ou de « conformité ». Dans leur travail quotidien, ils utilisent les directives émises par le GAFI. « Les recommandations du GAFI s'appliquent directement pour moi », explique Hans-Peter Bauer, « chef du contrôle des risques » à l'UBS. Les « avertissements » lancés par les ministres des Finances obligent les banques à documenter minutieusement les transactions avec les pays de la « liste noire ». Elles deviennent donc plus lentes et plus coûteuses, ce qui rend les juridictions concernées moins attractives pour les banques.

L'effet économique de la liste noire a été douloureusement ressenti dans les paradis fiscaux. « Je pense que notre place financière a perdu 6 ou 7 milliards de francs suisses », explique Heinz Frommelt, qui était ministre dans la Principauté au moment de la publication. En l'an 2000, les fonds gérés par les banques du Liechtenstein ont connu une croissance nulle, au moment même où la progression des marchés boursiers aurait dû gonfler leurs bilans. Durant les années précédentes, la croissance des actifs gérés approchait 10 % par an. Aux Bahamas, les créations de nouvelles sociétés-écrans, les *International Busi-*

ness Companies (IBC) ont lourdement chuté : seules 497 nouvelles incorporations ont été recensées en février 2001, contre 1 100 en février 2000. C'est le chiffre le plus bas depuis 1997.

C'est que la gestion des patrimoines privés, principale ressource des paradis fiscaux, est aussi affaire de psychologie. « Le problème, pour le client, c'est de savoir à qui il peut faire confiance. La confiance, c'est important. On peut déstabiliser le client », estime Jean-Pierre Roth, le président de la Banque nationale suisse. Les clients craignent d'être considérés comme moins respectables par leur banquier et par les autorités s'ils entretiennent des relations avec des pays mis à l'index par les institutions internationales. La discrétion offerte par les paradis fiscaux devient aussi moins attrayante si les banques et les administrations commencent à examiner avec une « attention particulière » tous les liens avec ces juridictions. Les manœuvres diplomatiques entamées à partir de 1998 équivalent à une vaste tentative de déstabilisation des clients : en forçant les paradis fiscaux à adopter rapidement « l'acquis anti-blanchiment », en évoquant la menace d'une suspension totale des transactions financières avec eux, les grands pays ont ébranlé la sécurité juridique qui faisait leur attrait.

De nombreuses banques situées dans des pays du GAFI ont constaté un phénomène – difficilement quantifiable – de retour des fonds en provenance des paradis fiscaux. Les principaux bénéficiaires ont été les places financières membres du GAFI, comme la Suisse, qui a vu les avoirs confiés à ses banques progresser en l'an 2000, ou épargnées par lui, comme les îles Vierges, dont les sociétés-écrans continuent à bien se vendre. Ne pas figurer sur la « liste noire » est devenu un argument commercial. En 1999, une société californienne, Global Business Solutions, suggérait déjà aux financiers qu'elle contactait de faire transiter les fonds destinés aux paradis fiscaux par les États-Unis, afin de moins attirer l'attention des autorités anti-blanchiment. Son slogan : « L'Amérique n'est sur la liste noire de personne. »

11

La nouvelle bureaucratie financière internationale

Le 15 janvier 2002, l'élite financière des Bahamas se réunit dans un rutilant palace de Nassau pour écouter discourir l'honorable William Allen, ministre des Finances. « J'imagine qu'être pris dans un ouragan en haute mer doit être une expérience similaire », expliqua sombrement le ministre en évoquant les efforts diplomatiques entrepris par les organisations proches du G-7. Confrontés à « la vitesse et l'anonymat des mouvements de capitaux » et à « l'incitation à minimiser l'impact fiscal de l'État sur nos vies » – bel euphémisme pour désigner l'évasion fiscale –, les grands pays « ont décidé de trouver des solutions hors de leurs frontières », constata le ministre. Avec un mélange de révolte et d'impuissance, il ajouta : « Dicter à de petits pays en voie de développement les conditions auxquelles ils doivent se plier, sous la menace de sanctions, [...] est [un procédé] méprisable dans le monde civilisé du XXIe siècle. »

La violence des pressions exercées par le G-7 a choqué les dirigeants de nombreux paradis. Au début de l'offensive, le ministre des Finances allemand Hans Eichel décrivit le Liechtenstein comme un « ver dans le lard » – l'équivalent du « ver dans le fruit » français – pour décrire sa position de profiteur des richesses du grand espace européen. Selon un diplomate luxembourgeois, le même ton fut employé lors des travaux préparatoires sur le rapport fiscal publié par l'OCDE en 1998 : « Le texte initial parlait de comportements parasitaires, d'États parasites, explique ce diplomate qui veut garder l'anonymat. Ils ont aussi utilisé le terme de flibustier. C'était un vocabulaire génocidaire, inacceptable. » « Ces pays, résume notre fonctionnaire, sont agressés par des organisations qui se fichent de leurs problèmes. »

Ce ne sont pas les diplomates qui ont été ainsi chargés de « taper du poing sur la table », selon l'expression d'un fonctionnaire français qui connaît bien le processus. Dans l'offensive anti-paradis, les détenteurs des leviers de commande sont avant tout les ministres des Finances du G-7, qui se réunissent régulièrement afin de discuter du fonctionnement de l'économie mondiale et forment une espèce de Conseil de sécurité économique extrêmement influent dans le domaine financier.

Le G-7 a la particularité de ne reposer sur aucun traité : ses réunions sont « informelles ». Il n'a pas de secrétariat, pas de fonctionnaires attitrés, ni de procédures complexes de prises de décision. Il se contente, à l'issue de chaque réunion, d'émettre un « rapport aux chefs d'État » qui résume le consensus existant au sein des ministres des Finances à un moment particulier. Dépourvus de valeur contraignante, ces documents revêtent cependant une importance cruciale, car ils servent d'ordres de mission aux institutions spécialisées comme le GAFI, le FSF ou l'OCDE. Le rapport publié en juillet 2001 après une réunion du G-7 au Japon montre assez leur caractère directif. Notant que « nous [les ministres] ne devons pas admettre les mauvais standards de régulation, le secret bancaire excessif et la compétition fiscale dommageable », il contient une série d'instructions destinées aux échelons subalternes du système financier mondial : « le FMI devrait rapidement travailler à appliquer cette étape critique », « les banques de développement devraient se concentrer sur les domaines suivants », « nous demandons à ces juridictions de corriger rapidement les déficiences de leurs systèmes anti-blanchiment », « nous demandons au Forum de préparer un rapport pour notre réunion de septembre ». Le G-7 est le donneur d'ordres du système, l'émetteur des impulsions politiques fondamentales dans le champ de la géopolitique financière. Il a aussi directement créé deux autres organisations dont le rôle semble appelé à croître.

La plus récente, le Forum de stabilité financière, existe depuis avril 1999. Son minuscule secrétariat se trouve à Bâle, dans l'immeuble incurvé des années 1970 qui abrite le siège de la Banque des règlements internationaux. L'œil méfiant du gardien et le sas de sécurité aux épaisses parois rappellent au visiteur que 7 % des réserves de devises mondiales sont gérées ici pour le compte de pays en développement. L'intérieur, abondamment pavé de marbre et décoré de tapisseries modernes, possède une sorte de charme désuet.

La liste du FSF, publiée à la mi-2000, qualifiait 41 pays de « centres financiers *offshore* » classés en trois catégories (bon, moyen, faible) selon la qualité de leur réglementation. Comme les autres, elle a fortement déplu aux pays qui y figurent. Le terme même de *offshore* a acquis ces dernières années une connotation de plus en plus péjorative, parce qu'on l'associe au « blanchiment ». La Suisse et le Luxembourg, en particulier, se sont insurgés contre leur inclusion parmi les centres *offshore*, qualifiés par le FSF de « menace systémique potentielle ». Cette appréciation, selon un fonctionnaire suisse qui souhaite rester anonyme, est purement politique : « Les travaux du FSF n'ont pas démontré que les places *offshore* accentuaient les crises financières. [Mais] pour les Anglo-Saxons, ça ne pose pas de problème d'envoyer une liste comme ça dans la nature. » Du point de vue suisse, l'inconvénient majeur de ce document est qu'il illustre la position ambiguë du pays dans l'offensive contre les paradis fiscaux : à la fois participant (comme membre du GAFI et de l'OCDE, ce qui lui permet d'être placé dans la première catégorie) et sujet, puisqu'il est lui-même qualifié de centre *offshore*.

Suite à la publication de cette liste, les juridictions concernées ont dû se soumettre à un examen approfondi par des experts du Fonds monétaire international. Ce moyen de pression supplémentaire – les experts du Fonds produiront un rapport sur chaque pays examiné – permettra peut-être de récolter des informations sur l'ampleur réelle des fortunes gérées hors de leurs frontières.

Le principal champ de bataille de la guerre contre les paradis se trouve à Paris, dans le XVIe arrondissement. Au croisement de deux rues très calmes s'étale un cube de béton aux murs noircis, percé de fenêtres carrées : c'est le siège de l'Organisation de coopération et de développement économique (OCDE). L'architecture fleure bon la guerre froide, lorsque l'OCDE servait de club de réflexion et de boutique de propagande aux pays occidentaux. Le slogan de l'organisation – « œuvrer ensemble pour le progrès » – dégage un imperceptible fumet orwellien, tout comme le long labyrinthe des couloirs souterrains où des portes de bois patiné ouvrent sur les bureaux exigus des fonctionnaires. Ceux qui travaillent ici vivent un peu en vase clos et disposent, dans les sous-sols du bâtiment, de leur propre supermarché. C'est là, dans des salles en contreplaqué brun illuminées par de gros lustres en verre coloré, que se tiennent les réunions des experts anti-blanchiment des pays membres du GAFI. Leurs débats, hermétiquement fermés aux personnes étrangères à l'organisation, durent des journées entières. L'usage d'un mot dans un communiqué officiel peut faire l'objet de discussions de plusieurs heures. Parfois, les délégués se regroupent à l'extérieur du bâtiment pour fumer et discuter de l'évolution des négociations en brandissant des liasses de documents en papier recyclé.

Le GAFI fonctionne selon des règles très particulières. Il ne repose sur aucun traité et ses membres ne peuvent pas formuler de réserves sur les travaux de l'organisation. Son mandat doit être reconduit tous les cinq ans par les États membres. Ses cinq fonctionnaires occupent quelques bureaux vieillissants qui donnent sur un boulevard proche du siège de l'OCDE. Toutes les décisions entre pays se prennent par consensus. On ne vote jamais : selon le principe « qui ne dit mot consent », il suffit que personne ne s'oppose au consensus établi entre une majorité de délégués pour que la décision soit acceptée. L'application des normes élaborées par l'organisation est assurée grâce au système des « évaluations mutuelles » : à chaque cycle quinquennal, les membres sont soumis à un examen mené par les experts d'autres pays, qui donne lieu à des rapports souvent sans complaisance. Le GAFI peut aussi menacer ses propres membres de suspension : c'est ce qui est arrivé à l'Autriche en février 2000.

Le ton monte assez facilement lors des séances du GAFI. Les participants se souviennent du coup de colère d'un chef de délégation qui, fou de rage, précipita ses dossiers par terre pour manifester son mécontentement envers une évaluation jugée trop sévère. Cette attitude directe s'explique par le fait que beaucoup de délégués ne sont pas des diplomates mais des experts du Trésor, des policiers, des douaniers et des magistrats. Ces spécialistes accumulent dans leurs bureaux les signes d'appartenance à la nouvelle confrérie des fins limiers de la finance internationale : casquettes de la DEA américaine ou de la Guardia di Finanza italienne, plaques et insignes récoltés au cours de stages de formation aux États-Unis. La franchise des échanges au sein du GAFI a comme corollaire une règle sacrée : on ne parle jamais des divergences internes à l'extérieur. Comme on le verra plus loin, cela n'empêche pas le GAFI d'être le théâtre de luttes d'influence entre pays.

Après la publication de la première « liste noire », le GAFI a été chargé de maintenir la pression sur les paradis fiscaux en conduisant sur place des inspections menées par des experts des États membres. Le Liechtenstein, par exemple, est sorti de la liste noire en juin 2001 après avoir créé de toutes pièces un système anti-blanchiment correspondant aux standards internationaux[1]. Mais il a dû s'engager à identifier en six mois tous les titulaires de comptes ouverts dans ses banques. Les Liechtensteinois ont senti le vent du boulet lors de la première inspection,

1. Les Bahamas, les îles Cayman et le Panama sont sortis de la liste au même moment.

en janvier 2002. Les Américains ont menacé de les faire retourner sur la liste noire, avant de finalement renoncer. C'est le genre de désagrément auquel les paradis fiscaux vont devoir s'habituer à vivre.

Le mystérieux réseau Egmont

Formé en 1995 à l'initiative de la France, des États-Unis et de la Belgique, le Groupe d'Egmont est la plus mystérieuse des organisations financières internationales. Le lieu exact et la date de ses assemblées annuelles sont gardés secrets jusqu'aux jours précédant l'ouverture. Seuls sont invités les chefs des Unités de renseignement financier (les FIU : *Financial Intelligence Unit*) des 58 pays membres. Egmont ne publie presque aucun document et ne communique à personne l'identité des participants à ses réunions. Elles se déroulent toujours sous haute surveillance, à Panama, en Hollande ou à Monaco, dans des palaces vidés de leurs touristes pour l'occasion.

Egmont constitue l'embryon d'un système de surveillance global de la planète *offshore*. Pour communiquer entre eux, ses membres disposent d'un réseau informatique très particulier appelé « Egmont Secure Website ». « C'est comme un courrier électronique hypersécurisé, explique un ancien chef de FIU, le Suisse Daniel Thelesklaf. Techniquement, c'est le *nec plus ultra*. Il y a aussi un site qui contient des informations d'intérêt commun pour les membres. » Lorsqu'une banque soupçonne une transaction d'être liée au blanchiment, elle avertit la « cellule » (la FIU) de son pays. Celle-ci utilise les bases de données policières pour découvrir d'éventuels liens criminels entre le cas signalé et des affaires déjà traitées. Si la transaction signalée a des ramifications à l'étranger, ce qui est très souvent le cas, elle demande des informations sur les personnes ou sociétés impliquées à son homologue dans un autre pays. Cette demande se fait presque toujours au travers de l'Egmont Secure Website.

Les informations ne sont généralement échangées qu'à des conditions strictes : elles ne sont utilisables que dans le cadre d'enquêtes pour blanchiment, les données échangées doivent être détruites si l'enquête n'aboutit pas, et l'information ne peut être transmise à des tiers – par exemple la justice pénale – qu'avec l'accord de l'État qui l'a découverte en premier lieu. Il n'est pas rare que plusieurs pays soient contactés pour une même affaire ; en revanche, plusieurs cellules ne peuvent se réunir pour échanger ensemble des informations. Les contacts au sein d'Egmont demeurent strictement bilatéraux. La méfiance entre les pays est encore trop grande pour que toutes les informations circulant à l'intérieur du groupe soient accessibles à tous les membres du réseau. En cela, l'organisation s'apparente davantage à un club de services de renseignement qu'à un organe strictement policier comme Interpol. « Je ne crois pas que tous les membres soient obsédés par l'idée d'aboutir à des condamnations devant les tribunaux. En fait, ce qui compte vraiment pour nous, c'est d'obtenir les informations sur les transactions. Le souci que j'ai senti, notamment chez les Américains et les Britanniques, c'est la peur que certains oligarques trop puissants puissent menacer leur sécurité », raconte Michael Lauber, un Suisse qui dirige la FIU du Liechtenstein, créée en 2001 pour se conformer aux demandes du GAFI.

Dans la grande banlieue de Washington, entre un McDonald's et un vendeur de voitures d'occasion, se trouve un bâtiment de verre aux vitres teintées. C'est le siège de l'une des innombrables agences gouvernementales installées à la périphérie de la capitale américaine. Mais celle qui se cache à l'intérieur est d'un genre très particulier. On chercherait en vain son nom sur la liste des locataires affichée dans l'atrium de l'immeuble : il n'y figure pas. Comme d'autres FIU, le Financial Crimes Enforcement Network (FinCEN), ou « Réseau pour la répression des crimes financiers », est discret au point de vouloir devenir invisible.

En pénétrant au deuxième étage, on mesure mieux son

importance. Avec ses 120 fonctionnaires, c'est sans conteste la plus grande organisation du genre dans le monde. Chaque année, le FinCEN reçoit quelque 120000 annonces de transactions suspectes provenant du secteur bancaire américain, et des millions d'annonces de transactions en liquide. Ses capacités informatiques sont impressionnantes. Avec une simple adresse, ses ordinateurs retrouvent en une heure tous les comptes bancaires des habitants présents et passés, toutes les transactions effectuées à partir de ces comptes sur plusieurs années, tous les véhicules enregistrés à leurs noms, avec leurs immatriculations, et tous les coups de fil émis depuis cette adresse. Les agences gouvernementales les plus diverses, des douanes à la CIA en passant par la NSA (les « grandes oreilles » de l'Amérique), l'administration fiscale, la DEA et les services secrets (qui protègent le président mais luttent aussi contre la fraude), ont accès aux informations du FinCEN. L'organisation étend constamment ses capacités de recherche en achetant des bases de données commerciales et en développant des programmes d'intelligence artificielle. Le FinCEN possède tellement d'informations qu'il recourt à une technique de *data mining* ou « exploitation des données » : comme ses ordinateurs sont assez fins pour déceler des augmentations inhabituelles du nombre d'annonces dans un quartier de New York ou de Miami, ses analystes peuvent demander le lancement d'une opération de police dans la zone concernée pour en déterminer la cause. Les spécialistes du FinCEN rencontrent régulièrement les forces de l'ordre dans les régions où les annonces sont particulièrement nombreuses, afin de déceler de nouvelles tendances dans le blanchiment d'argent. Le FinCEN n'est d'ailleurs pas la seule FIU à avoir misé sur un usage intensif des technologies de l'information. Son homologue australienne, l'AUSTRAC, utilise un logiciel appelé ScreenIt pour repérer les transferts inhabituels. Le ScreenIt a été développé durant la guerre froide pour calculer les trajectoires de missiles intercontinentaux.

L'équivalent français du FinCEN se nomme TRACFIN,

pour « Traitement du renseignement et action contre les circuits financiers clandestins ». Un vieil immeuble du Quartier latin sert de quartier général à ses 35 fonctionnaires – plus pour très longtemps, car le TRACFIN, en pleine expansion, va aller se trouver des locaux plus grands en banlieue. Il reçoit des banques plusieurs milliers de déclarations par an et le volume augmente chaque année. Chaque banque française doit avoir un « correspondant » chargé de lui transmettre les annonces de transactions suspectes.

Les banquiers suisses ont tendance à se méfier à la fois du TRACFIN, du FinCEN et du Groupe d'Egmont en général. Un détail les fait particulièrement réfléchir : l'Internet sécurisé par lequel les FIU communiquent entre elles est de conception américaine. Il a été mis en place par le FinCEN, et les serveurs qui permettent au système de fonctionner se trouvent à Detroit. Ce sont ceux de l'Internal Revenue Service, le service des impôts américain. Lorsque la modeste FIU suisse communique un renseignement à la Belgique ou demande quelque chose à la Finlande, l'information transite automatiquement par les ordinateurs de Detroit. Les fonctionnaires du FinCEN assurent cependant que l'IRS n'a aucun accès à Egmont et qu'ils respectent les accords passés avec l'étranger, qui interdisent souvent de communiquer les informations aux administrations fiscales.

Actuellement, le réseau Egmont demeure laborieusement compartimenté, puisque les informations continuent à ne circuler que de façon bilatérale et que leur transmission demeure soumise à de nombreuses conditions. Mais les progrès de l'informatique permettent d'envisager, à terme, la mise en place d'un système qui permettra à tous les membres d'avoir accès en temps réel à toutes les informations transmises et stockées dans le réseau. Des millions de transactions bancaires deviendraient ainsi accessibles. Elles pourront être traitées de plus en plus rapidement à mesure qu'augmentera la puissance des ordinateurs. Le « *Big Brother* » financier tant redouté dans les paradis fiscaux n'est pas encore une réalité, mais ce n'est plus une utopie.

La mère de toutes les batailles

Contrairement à la plupart des paradis, qui furent complètement pris au dépourvu par la vigueur de l'offensive du G-7, la Suisse s'est associée de longue date aux efforts internationaux dans le domaine du blanchiment. Considéré comme l'une des places les plus douteuses au début des années 1990, le pays peut se targuer d'avoir intégré assez tôt l'« acquis » développé par le GAFI à son système légal. Dès 1990, la Suisse fut invitée à se joindre aux travaux par le ministre des Finances français de l'époque, Pierre Bérégovoy. Sa participation fut d'autant plus appréciée que le pays, secoué par des scandales financiers dès les années 1970, disposait de spécialistes aguerris des problèmes de blanchiment. Malgré cela, la Suisse a toujours adopté une attitude prudente au sein du GAFI. En 1996, l'organisation proposa de rendre les « déclarations de soupçons » obligatoires pour les banques, alors qu'en Suisse elles étaient seulement possibles. Les autorités suisses étaient opposées à cette idée qui obligeait les banquiers à violer encore plus souvent le secret bancaire – mais elles cédèrent. Des concessions de ce genre ont permis d'éviter que les critiques formulées régulièrement au sein du GAFI au sujet de l'application par la Suisse de ses propres lois ne deviennent trop pressantes.

L'attitude relativement constructive de la Suisse lui a permis d'échapper au pire, c'est-à-dire se retrouver sur la liste noire. Mais, pour en arriver là, il lui a fallu batailler contre un pays qui est devenu l'un des ennemis les plus acharnés du secret bancaire, la Grande-Bretagne. Troisième place de gestion *offshore* dans le monde, derrière New York et la Suisse, Londres ne verrait aucun inconvénient à renforcer sa position – et mettre sous pression les paradis fiscaux est un moyen d'atteindre cet objectif. Au début de l'an 2000, la Grande-Bretagne proposa d'inclure la Suisse dans le groupe des pays méritant d'être examinés lors de la préparation de la « liste noire ». La Suisse menaça alors de mettre la Grande-Bretagne sur son propre projet de liste. Il fallut organiser un « délistage mutuel » pour éviter que le conflit n'empoisonne la suite du processus.

On trouve d'autres manœuvres de ce genre dans cette enceinte théoriquement apolitique qu'est le GAFI. Tous les États placés sur la « liste noire » ont tenté d'y échapper en faisant appel à leurs amis. Israël et Panama ont demandé le soutien de Washington. La Grande-Bretagne est intervenue en faveur de l'îlot néo-zélandais de Niue. Mais les amitiés traditionnelles n'ont pas le même poids au GAFI que dans d'autres organisations. Cela explique que la Suisse ait platement laissé tomber son protégé liechtensteinois au pire moment : en juin 2000, le ministre des Finances Kaspar Villiger déclara qu'il n'était pas dans l'intérêt du pays « qu'une place financière utilisant le franc suisse ne soit pas propre ». Le Liechtenstein ne fut « délisté » l'année suivante qu'à l'issue d'une séance de négociation qui demeura indécise jusqu'à la dernière minute. Le compromis qui en sortit était soigneusement équilibré : outre le Liechtenstein, les îles Cayman, les Bahamas et le Panama – trois centres financiers importants et proches soit des États-Unis, soit de la Grande-Bretagne – purent également sortir de la liste. L'attitude helvétique a laissé de mauvais souvenirs dans la Principauté : « La Suisse aurait dû savoir que si le Liechtenstein est attaqué, elle peut être la suivante, explique l'ancien ministre Heinz Frommelt. C'est un calcul à très courte vue. »

De fait, la Suisse est loin d'être tirée d'affaire sur l'un des trois fronts de l'offensive générale contre la finance *offshore*. En 1998, l'OCDE publia un rapport intitulé *Concurrence fiscale dommageable : un problème mondial*. Ce texte est en fait un programme de démantèlement général du secret bancaire. Il traite certains des avantages offerts par les paradis fiscaux aux contribuables étrangers de « braconnage » et d'« actes agressifs ». Les experts de l'OCDE recommandent aux pays, membres et non membres, d'« examiner leurs législations, règles et pratiques qui gouvernent l'accès aux renseignements bancaires dans le but de lever les obstacles à l'accès à ces informations par les administrations fiscales ». Ils qualifient le secret bancaire – qui empêche justement le fisc d'accéder aux données bancaires des clients – d'« avantage concurrentiel injuste ». Ils demandent aux pays d'échanger plus intensivement les informations permettant de punir les fraudeurs. L'OCDE aimerait aussi faciliter aux administrations fiscales l'accès aux informations glanées au titre de la lutte contre le blanchiment par les « FIU ».

La Suisse et le Luxembourg, tous deux membres de l'OCDE, se sont abstenus lors de l'adoption du rapport sur la concurrence fiscale. Ils ont même menacé d'utiliser leur veto en bloquant les travaux dans ce domaine – à l'OCDE, les décisions se prennent à l'unanimité. Venant de deux bastions du secret bancaire dont la prospérité financière est largement fondée sur le refus de transmettre des informations aux administrations fiscales d'autres pays, cette attitude est logique. Les deux États ont qualifié le rapport d'« injuste » et de « partial », notamment parce qu'il omet de parler des subventions accordées pour encourager les entreprises étrangères à s'implanter, un mécanisme largement utilisé, notamment, par la France. « Ce rapport vise certaines économies et protège les plus grandes. C'est téléphoné », maugrée un haut fonctionnaire suisse qui ne souhaite pas être identifié.

Conformément aux souhaits du G-7, l'OCDE a publié en l'an 2000 sa propre liste de 35 « paradis fiscaux ». Sont définies comme telles les juridictions qui ont une charge fiscale très basse ou nulle, qui offrent un taux d'imposition préférentiel aux non-résidents, qui négocient en secret des arrangements fiscaux avec les contribuables étrangers, et qui ne pratiquent pas l'échange d'informations en matière fiscale. La Suisse correspond assez précisément à cette description – sauf pour le taux d'imposition nul – et pourtant elle ne figure pas sur cette liste, car celle-ci ne concerne que les pays non membres de l'OCDE. Une fois de plus, la Suisse s'en est donc bien tirée. Mais elle n'ignore pas que le rapport de forces international n'est guère favorable au secret bancaire.

Les « États sociaux » et l'ennemi français

A part la Suisse et le Luxembourg, en effet, tous les membres de l'OCDE sont favorables à l'abolition des « pratiques fiscales dommageables », donc du secret bancaire tel qu'on le trouve non seulement dans la plupart des paradis fiscaux, mais aussi chez ces deux récalcitrants. Les plus acharnés se trouvent dans le groupe des États « sociaux » : pays nordiques, France, Allemagne, Italie, qui ont en commun de pratiquer une fiscalité lourde (« confiscatoire » dans le vocabulaire des banquiers suisses) pour financer leurs systèmes de retraite, de santé et de chômage. Éliminer la non-communication d'informations bancaires concernant les fraudeurs aura un effet directement positif sur leurs finances publiques.

Le plus actif de tous les États « sociaux » est sans conteste la France, qui, aux côtés des États-Unis, a joué le rôle moteur dans les initiatives du G-7 pour contrôler la finance *offshore*. On atteint le cœur du pouvoir fiscal français par une allée de gravillons crissants qui longe cet intimidant palais technocratique qu'est le ministère des Finances de Bercy. De jeunes technocrates bien habillés parcourent avec empressement les couloirs de pierre et de métal de la section ministérielle. Bercy est un « *Big Brother* » efficace : si un Français reçoit de l'argent par transfert bancaire depuis la Suisse, il aura droit, dans les deux semaines, à un appel de la Banque de France, qui lui demandera la raison de ce mouvement de fonds. Un fichier central, le Ficoba, permet à la justice d'avoir accès en tout temps à l'ensemble des comptes bancaires sur la totalité du territoire.

Les banques françaises sont tenues d'envoyer chaque année à Bercy un « imprimé fiscal unique » récapitulant les revenus à déclarer. A tout point de vue, la conception française du secret bancaire se situe à l'opposé de celle qui règne en Suisse, où même les autorités fiscales ne peuvent pas avoir accès aux comptes des contribuables. « Nous considérons que le fait de connaître l'existence soit du patrimoine, soit de l'état des biens entreposés sur des comptes bancaires, ne porte nullement atteinte aux libertés publiques », explique la Mission parlementaire française sur le blanchiment dans son rapport sur le Luxembourg.

Sur le plan diplomatique, les escarmouches entre délégations suisses et françaises ont été nombreuses dans les couloirs labyrinthiques de l'OCDE. En privé, les représentants suisses s'y sont plaints de l'« incroyable arrogance » des délégués français. Financièrement, la France est l'un des pays qui souffrent le plus de la proximité de la Suisse. Selon le banquier genevois Jacques Rossier – sans doute bien placé pour le savoir –, quelque 25 000 contribuables français déposent chaque année des fonds à l'étranger, principalement en Suisse. Bercy affirme ne pas avoir les moyens de quantifier l'évasion fiscale, que les représentants du ministère qualifient de phénomène « nocif » et « immoral ». D'après certaines estimations[1], 38 milliards d'euros échapperaient chaque année aux impôts français, et la somme des patrimoines non déclarés déposés à l'étranger atteindrait plus de 200 milliards de dollars.

En elle-même, cette constante hémorragie fiscale est une raison suffisante pour appuyer les efforts visant à créer, selon l'ancien ministre des Finances Laurent Fabius, un « système financier international plus transparent, c'est-à-dire finalement plus efficace et plus juste ». D'autant plus que la France n'a rien

1. Voir ainsi Sébastien Guex, « La Suisse comme paradis, fiscal », *loc. cit.*, qui évoque aussi les chiffres, encore plus élevés, du Syndicat national unifié des impôts.

à perdre : Paris possède une place boursière respectable, mais ne figure pas sur la carte des grands centres de la finance extraterritoriale.

L'état de l'opinion publique est un autre facteur encourageant les autorités françaises à suivre une « ligne dure » contre les paradis fiscaux. Sous l'influence de magistrats connus comme Renaud Van Ruymbeke ou d'une organisation comme ATTAC, qui fait de l'abolition des paradis fiscaux l'un de ses objectifs, un courant de pensée violemment hostile à ces places financières s'est développé. Il est devenu particulièrement visible après les attentats du 11 septembre. Ainsi le journal économique *La Tribune* proposait-il le 3 octobre 2001 de « mettre hors la loi les centres *offshore* eux-mêmes ». Le plus étonnant est que ce discours radical semble faire recette auprès des banquiers français. « Le moment est venu de mettre les centres *offshore* hors la loi », déclarait à la même époque le directeur général de la Caisse des dépôts, Daniel Lebègue. L'abolition des paradis fiscaux est ensuite revenue comme un leitmotiv au « Forum social mondial » du mouvement anti-globalisation à Porto Alegre, au Brésil.

L'Italie fait partie du groupe des États « sociaux », mais, après l'arrivée au pouvoir du gouvernement de Silvio Berlusconi, dont le groupe Fininvest est un vieux client de la place financière suisse, elle a opté pour une approche différente de celle de la France. A la fin de 2001, son nouveau ministre des Finances, Giulio Tremonti, offrit aux contribuables italiens possédant des comptes non déclarés à l'étranger une chance historique de rapatrier leur argent : en échange d'un impôt unique de 2,5 %, les fraudeurs seraient amnistiés. Il espérait ainsi ramener en Italie une partie des quelque 500 milliards d'euros placés par des Italiens sur des comptes *offshore*. Tremonti utilisa intelligemment le contexte international pour vendre au mieux son amnistie : « Les Italiens qui continueront à garder de l'argent en Suisse doivent savoir que ces fonds seront morts », expliqua-t-il dans la presse transalpine. Il relevait que les îles Cayman ont accepté de transmettre des informations fiscales aux États-Unis dès 2006 – une concession extraite notamment sous la pression de l'OCDE. Ce « changement structurel de la géopolitique fiscale » signifie que le secret bancaire suisse est condamné, selon Tremonti. La réponse du ministre suisse de l'Économie, Pascal Couchepin, fut cassante : il qualifia cette « tentative d'intimidation » d'« aveu d'incompétence que l'agressivité ne va pas contribuer à amoindrir » [1].

L'agacement manifeste du ministre suisse s'explique peut-être par les attaques sournoises d'un troisième pays : la Grande-Bretagne. Son ministre des Finances Gordon Brown estime que « le secret bancaire n'a pas sa place dans le monde moderne », ce qui suscite une prodigieuse irritation dans les couloirs des banques et des administrations helvétiques. A la différence de la France, la Grande-Bretagne est un acteur important de la finance extraterritoriale. Londres possède environ 15 % du marché de la gestion de fortune privée et les îles Anglo-Normandes 5 % à 10 %. Les Suisses voient donc dans chaque attaque anglaise contre le secret bancaire un coup bas de leur principal concurrent. Le 12 décembre, Dawn Primarolo, la numéro trois du Trésor britannique, prononça devant un parterre choisi de banquiers suisses réunis à Zurich un discours d'une clarté inhabituelle : « Sans transparence sur ce que nous faisons et comment nous le faisons [...] il n'y a pas de réputation. Sans réputation, aucun politicien ou banquier ne peut rester dans le business longtemps », expliqua-t-elle en enjoignant la Suisse de se joindre au grand projet européen du moment : l'échange d'informations en matière fiscale.

1. *Le Temps*, 28 décembre 2001. L'amnistie fiscale italienne, dont l'objectif avoué était de ramener 40 milliards d'euros dans les banques transalpines, a dû être prolongée au début 2002 en raison de résultats insuffisants. Très alarmés par cette initiative, les banquiers tessinois estimaient en mars 2002 que seuls 2 % des capitaux italiens déposés en Suisse avaient regagné l'Italie à cette date.

12

Horrible Europe

C'était une belle après-midi de mai 2001 et les allées pavées de la vieille ville de Berne étaient profondément calmes. Dans la Junkerngasse, rue patricienne située à côté de la cathédrale, une vieille fontaine troublait à peine le silence de son discret glougloutement. Seule une énorme Mercedes noire garée sur le côté de la rue et les allées et venues de cuisiniers en veste blanche autour d'une camionnette de traiteur laissaient deviner que quelque chose d'important était en train de se produire là.

A l'intérieur d'un hôtel particulier donnant sur la rue, une délégation de l'Union européenne s'entretenait avec le ministre suisse des Finances, Kaspar Villiger. Le gouvernement suisse utilise souvent ce lieu pour organiser des réunions discrètes dans un décor de stucs baroques et d'objets anciens. Au terme de la rencontre, les quelques journalistes qui furent admis à l'intérieur purent noter comme une différence de style entre les chefs des deux délégations. D'un côté, Kaspar Villiger, ancien directeur d'une usine de cigares et de vélos de Suisse centrale, habillé d'un complet à carreaux rappelant ceux des employés de ces grandes banques dont il sait défendre les intérêts avec acharnement. De l'autre, le commissaire Frits Bolkestein, ancien du géant pétrolier Royal Dutch-Shell, membre du Conseil de l'OTAN lorsqu'il était ministre de la Défense, et dont la cravate saumon luisait doucement sur sa chemise blanc cassé d'un goût très britannique.

Le désaccord entre les deux hommes devint très vite évident.

Le ministre suisse expliqua qu'un échange d'informations concernant les clients européens des banques suisses avec Bruxelles « n'entrait pas en ligne de compte ». Tout au plus la Suisse serait-elle prête à « faire un sacrifice » en introduisant sur les intérêts versés aux clients un impôt dont le produit serait ensuite rétrocédé à Bruxelles. Frits Bolkestein commença par se féliciter du « grand pas en avant » enregistré dans les discussions. Puis il lança un missile verbal à l'intention de ses hôtes : « Nous n'aimons pas que les gens mettent leur argent dans des endroits où nous ne pourrons rien savoir dessus. »

A cet instant, le visage de Kaspar Villiger prit une expression indéfinissable, soudain fuyante et lointaine, comme s'il eût feint de ne pas entendre ce que son voisin venait de dire. On peut voir cette même expression, mélange de surdité passagère et d'indifférence feinte, sur le visage de certains banquiers suisses lorsqu'on prononce devant eux les mots « évasion fiscale ». Avant de prendre congé de ses hôtes, le ministre des Finances dut contredire encore son voisin, qui venait d'affirmer que l'Europe et la Suisse continueraient à négocier, à l'avenir, ce fameux échange d'informations : « *Kommt nicht in Frage* », expliqua Kaspar Villiger, ce qui veut dire à peu près « il n'en est pas question ».

La Suisse n'est pas membre de l'Union européenne, mais sa situation géographique et son imbrication économique dans l'UE font que, depuis 1992, elle est en négociation constante avec Bruxelles sur des sujets aussi divers que le transit des poids lourds, l'appellation d'origine du gruyère ou l'immigration. En temps ordinaire, ces discussions progressent laborieusement. Depuis que l'Union s'intéresse au secret bancaire, c'est encore pire : la Suisse ne peut plus faire un pas en direction de l'Europe sans que le puissant lobby bancaire ne s'inquiète des conséquences d'un rapprochement sur la marche de ses affaires. Le secret bancaire est devenu une pomme de discorde destinée à empoisonner durablement les relations entre la Suisse et l'Union.

Encore un coup des Anglais

Pendant longtemps, pourtant, banquiers et diplomates suisses n'ont pas eu à se préoccuper de la question : il semblait évident que les quinze membres de l'UE ne s'entendraient jamais sur un sujet aussi délicat que la « fiscalité de l'épargne », c'est-à-dire les impôts que chaque État pourrait prélever sur les comptes bancaires ouverts par ses citoyens dans un autre pays de l'UE. La Grande-Bretagne, notamment, paraissait opposée à toutes les mesures envisagées par la Commission européenne pour réduire la fraude fiscale entre États membres – ou, comme le disait le commissaire Mario Monti, pour « éviter que chaque membre de l'UE ne devienne le paradis fiscal de son voisin ». Mais, en juin 2000, le gouvernement britannique changea de position. Au sommet de Feira, au Portugal, les Quinze acceptèrent un accord prévoyant qu'au terme d'une période transitoire de quelques années ils échangeraient entre eux des informations sur les comptes d'autres ressortissants de l'Union de façon « libre, ouverte et automatique ». Donc, de façon complètement contraire au secret bancaire. La directive qui devrait permettre l'entrée en vigueur de cet « échange d'informations » exclut de son champ d'application divers instruments financiers, notamment ceux qui ont permis à Londres de devenir l'un des plus grands centres financiers mondiaux. Le Luxembourg et l'Autriche, en principe farouches partisans du secret bancaire, furent obligés de céder, non sans avertir qu'ils appliqueraient l'échange d'informations seulement le jour où la Suisse ferait de même.

L'échange d'informations est le saint Graal poursuivi depuis plus de vingt ans par les fonctionnaires des impôts de tous les grands pays occidentaux, notamment dans le cadre de l'OCDE. Pour les banquiers suisses, c'est un cauchemar, ou, selon l'expression du directeur de l'Association suisse des banquiers Urs Roth, une « machinerie orwellienne ». Cela explique qu'ils aient massivement soutenu la campagne contre l'adhésion à l'UE en mars 2001.

Depuis mai 2001, les visites des délégations européennes en Suisse se sont succédé, les échanges de lettres entre Berne et Bruxelles se sont intensifiés, sur un ton parfois très vif. L'Union a averti la Suisse de « sérieux effets négatifs » si sa position ne s'assouplissait pas en matière de fraude, pour laquelle la Suisse refuse toujours l'extradition des criminels étrangers qui opèrent à partir de son territoire et la confiscation de leurs avoirs. La surdité du ministre suisse des Finances aux propositions européennes s'est aggravée : il affirme que « le peuple n'acceptera jamais » d'abandonner le secret bancaire et, avec lui, la « sphère privée » de l'individu. En octobre 2001, l'Union s'est dite « très préoccupée » par l'absence de progrès enregistrés dans les négociations avec la Suisse.

Peu de fonctionnaires suisses osent critiquer la position selon laquelle le secret bancaire n'est pas et ne sera jamais « négociable ». Fort de l'appui du lobby bancaire, le ministère des Finances exerce sur ce dossier une emprise totale. Pas toujours avec bonheur : lors de la visite de la Mission parlementaire française emmenée par Arnaud Montebourg, un représentant des Finances, Giovanni Colombo, irrita inutilement ses hôtes en laissant entendre qu'il souhaitait le moins possible de visites de ce genre[1].

« Jean » – un nom fictif, car s'exprimer sur ce sujet sensible peut coûter sa carrière à un haut fonctionnaire fédéral – est de ceux qui doutent de la stratégie de refus suivie par Kaspar Villiger. Il a beaucoup réfléchi à l'attitude de la Suisse dans le dossier du secret bancaire. Il sait qu'une campagne agressive menée dans la presse peut avoir raison de l'obstination d'un petit État – c'est ainsi que le Congrès juif mondial a obligé les banques suisses à offrir une compensation aux victimes de

1. Le rapport très critique de la Mission parlementaire française sur la Suisse a été publié par l'Assemblée nationale en mars 2000.

l'Holocauste. Cette méthode, c'est le *name and shame* qui a si bien fonctionné contre les paradis fiscaux. « Je crois que si on ne corrige pas très vite les faiblesses de notre dispositif contre le blanchiment, explique Jean, il y aura une campagne anti-suisse qui fera pâlir celle du Congrès juif mondial. Les Européens veulent notre argent. Ils mènent une politique de puissance. Nous sommes riches et nous n'avons personne pour nous défendre, donc nous sommes une cible privilégiée. On va être attaqués sur nos points sensibles, la lutte contre le blanchiment et la fraude. Il faudrait pouvoir fermer ces flancs, mais les concessions que nous offrons sont trop limitées. Il faudrait un compromis qui tienne quinze ans, mais ce ne sera pas le cas si l'on se bat pied à pied sur ces flancs secondaires. »

Le vocabulaire militaire employé par Jean n'est pas étranger à l'homme chargé d'éviter que ce scénario catastrophe – l'abandon du secret bancaire sous la pression – se réalise. Il y a quelques centaines d'années, les ancêtres de Jacques de Watteville conduisaient des régiments de mercenaires suisses à la solde des rois de l'Ancien Régime sur les champs de bataille européens. Leur descendant, fils d'un baron-pasteur qui dirigeait le culte à la cathédrale de Lausanne, est aujourd'hui diplomate au service de la Confédération. Une immense maquette semée de soldats de plomb en uniformes du XVIIIe siècle trône dans son vaste bureau de la Bundesgasse. L'objet rappelle peut-être à ce diplomate policé qu'il se trouve en première ligne dans la bataille pour sauver le secret bancaire suisse. En six mois, au cours de l'année 2001, Jacques de Watteville a été promu au rang d'ambassadeur, puis à celui de chef de la division économique et financière du ministère des Affaires étrangères. Dans le monde lent de la fonction publique fédérale, cette ascension est digne d'être remarquée. Elle est évidemment liée à l'accélération, sur tous les « fronts », comme dit le diplomate, de l'offensive contre les paradis fiscaux et pour l'introduction d'un échange d'informations généralisé.

Dans le jeu complexe de la diplomatie financière internationale, la position suisse est basée sur l'esquive, agrémentée de contre-offensives locales. Dans les enceintes telles que le GAFI et l'OCDE, la Suisse défend une ligne modérée à l'endroit des paradis fiscaux : un ton aimable dans les communiqués, pas de sanctions excessives, et le moins possible de progrès sur l'échange d'informations. Lorsqu'un consensus émerge chez les grands pays pour « taper du poing sur la table », la Suisse, prudente, se range dans leur camp. Mais elle tente aussi de mettre les pays du G-7 en difficulté sur le plan éthique, en organisant des séminaires sur la confiscation et la restitution des fonds des dictateurs. Dans ce domaine, la Suisse fait figure de pionnier depuis le blocage dans ses banques, en 1986, de l'immense fortune du dictateur philippin Marcos. L'affaire Abacha a permis de démontrer que certains pays du G-7, notamment les États-Unis et la Grande-Bretagne, n'étaient pas pressés de trouver et de restituer les milliards détournés. On se rappelle aussi que la France n'a jamais sérieusement recherché les importants avoirs de la famille du dictateur zaïrois Mobutu sur son territoire. En tentant de faire de la question des fortunes des dictateurs un sujet de discussion internationale, la Suisse essaie d'attirer les grands pays sur un terrain où elle est plus à l'aise qu'eux. Le G-7, pour l'instant, a simplement admis que le problème méritait de plus amples réflexions et exprimé sa « préoccupation »[1].

Jacques de Watteville sait que le contre-feu allumé sur le front de l'argent des dictateurs ne peut que retarder l'assaut final contre le secret bancaire. En fin de compte, l'issue de la bataille dépendra du rapport de forces existant au sein du G-7. Début 2001, les banquiers suisses crurent avoir trouvé, contre l'Europe des Quinze, l'allié providentiel qui permettrait de briser le front des grands États contre les paradis fiscaux. Cet allié s'appelait George Bush, président des États-Unis.

1. *Fighting the Abuses of the Global Financial System*, rapport remis par les ministres des Finances du G-7 aux chefs d'État et de gouvernement, Rome, juillet 2001.

13

Le grand frère

Dès ses débuts, la grande offensive contre les paradis fiscaux a été largement organisée et menée depuis Washington. Dans les années 1950, le procureur new-yorkais Robert Morgenthau dénonçait déjà les comptes bancaires ouverts par des criminels américains à l'étranger comme « le lieu où le crime organisé et l'homme d'affaires en principe respectable se rencontrent ». Inspirés par l'exemple du plus célèbre des gangsters, Al Capone, qui fut mis en prison pour fraude fiscale, les États-Unis ont depuis élaboré un impressionnant dispositif de lutte contre la délinquance financière. Selon Theodore Greenberg, du ministère américain de la Justice, les États-Unis confisquent plus de fonds et mettent plus de personnes en prison au titre de la lutte contre le blanchiment que tous les autres États du monde réunis. Les moyens qu'ils ont engagés dans cette lutte sont sans comparaison avec ce qui existe ailleurs. Il y a plus de 5000 procureurs fédéraux compétents pour instruire des affaires de blanchiment sur le territoire américain. Chaque année, la justice emprisonne 3 000 personnes pour évasion fiscale. Les agences impliquées sont si nombreuses – le FBI, les douanes, les services secrets, l'agence anti-drogue DEA, les services fiscaux, et les agences de sécurité comme la CIA et la NSA – que personne ne sait quelle est l'importance exacte des moyens mobilisés aux États-Unis dans ce combat. La lutte contre le blanchiment est considérée officiellement comme un problème « vital » par le gouvernement depuis 1995 au moins. Le secteur bancaire américain est de très loin celui qui transmet le plus d'annonces de transactions suspectes aux autorités.

Face à ce mastodonte, la Suisse mène depuis des décennies un combat défensif permanent pour préserver le secret bancaire. Après la Seconde Guerre mondiale, elle refusa de transmettre aux Américains des renseignements bancaires sur les investissements allemands en Suisse. Aux États-Unis, cette obstination a valu à la Suisse une réputation bien ancrée de refuge pour les fonds les plus douteux. Il n'est pas indifférent de constater que, parmi les grandes affaires internationales de blanchiment régulièrement citées en exemple par les criminologues américains, trois (les opérations « Dinero », « Spence » et « La Mina ») ont des ramifications en Suisse. Dans le cas de « Spence », les sommes « lavées » aux États-Unis avec l'aide d'un rabbin et d'un diplomate bulgare avant d'être transférées dans une banque privée de Zurich donnent à réfléchir : de 70 à 100 millions de dollars, provenant exclusivement du trafic de drogue.

Les relations entre la Suisse et les États-Unis ont été passablement tendues ces dernières années, en raison du rôle de la place financière. Le gouvernement suisse n'a pas apprécié que les autorités américaines se rangent indirectement du côté du Congrès juif mondial lors de la campagne qui força les banques suisses à payer plus d'un milliard de dollars de compensation pour avoir « oublié » de rendre leur argent aux victimes des camps nazis et à leurs héritiers. Chaque année, le Département d'État américain utilise la publication de son rapport sur le blanchiment pour mettre en lumière la vulnérabilité de la place financière suisse. Les diplomates américains postés à Berne passent une bonne partie de leur temps à analyser le fonctionnement des dispositifs anti-blanchiment en Suisse et au Liechtenstein. Enfin, les services fiscaux obligent les banques étrangères à révéler les noms de leurs clients américains qui détiennent des titres américains, sous peine d'amende. On ne peut donc considérer les États-Unis comme des amis du secret bancaire.

Un fol espoir

C'est pourtant ce qu'ils semblaient être devenus au début 2001, après l'arrivée au pouvoir de la nouvelle administration Bush. En avril, pour la première fois depuis des années, le communiqué des ministres des Finances du G-7 réunis à Palerme ne mentionna pas les travaux de l'OCDE sur la concurrence fiscale dans son communiqué final, ce qui indiquait l'apparition d'une divergence entre les grands pays. Peu après, le nouveau secrétaire américain au Trésor, Paul O'Neill, déclara que l'initiative de l'OCDE était « trop large » et ne pouvait se poursuivre sous sa forme initiale. Il entama aussi un examen du dispositif anti-blanchiment du pays pour le rendre moins coûteux et plus efficace.

L'effet diplomatique de ce changement de ton fut immédiat. Le ministre français des Finances, Laurent Fabius, déclara que, dans « la lutte contre l'effet de serre ou [...] la lutte contre le blanchiment d'argent et les paradis fiscaux, la première puissance mondiale ne peut pas se désintéresser des problèmes de la planète ». La Suisse prit note « avec intérêt » de la nouvelle position américaine. Celle-ci avait d'autant plus d'importance que les travaux de l'Union européenne ne pourront aboutir que si les États-Unis acceptent aussi de participer à « l'échange d'informations » prévu par les Européens. Les travaux de l'OCDE furent interrompus durant plusieurs mois.

Un improbable trio de lobbyistes est à l'origine de ce changement de cap. Lié à l'influente fondation Heritage, basée dans une discrète maison de brique à deux pas du Congrès, le « Centre pour la liberté et la prospérité » se compose de Dan Mitchell, un ancien attaché parlementaire, d'Andrew Quinlan, un géant constamment accroché à son téléphone portable, et de Véronique de Rugy, une Française d'obédience libertarienne qui a quitté son pays natal après avoir été « harcelée » par le fisc. Après l'entrée en fonction de la nouvelle administration, le trio a fait le siège devant le Département du Trésor et obtenu le soutien de nombreux parlementaires conservateurs, avec l'intention d'infléchir la position américaine dans le domaine, notamment, de la fiscalité. Grâce à leurs connexions personnelles dans le Washington conservateur, Mitchell et Quinlan ont réussi à obtenir un rendez-vous en tête à tête avec O'Neill et ses conseillers, qu'ils ont convertis à leurs positions hostiles à toute forme de « police fiscale mondiale ».

Les trois lobbyistes ont réussi à influencer la politique de la plus grande puissance mondiale parce qu'ils disposaient de nombreux appuis, notamment celui du milieu bancaire américain, qui s'est longuement battu pour empêcher l'entrée en vigueur de lois plus sévères contre le blanchiment d'argent aux États-Unis. Il existe une synergie idéologique naturelle entre la galaxie libertaro-conservatrice influente aux États-Unis et le monde de la finance *offshore*. Les paradis fiscaux permettent aux individus de mettre leur fortune à l'abri de l'État, exerçant ainsi une pression pour que les impôts restent les plus bas possible. Pour le camp libertaro-conservateur, l'évasion fiscale devient un droit dès que l'État impose une fiscalité trop lourde à leur goût. On trouve dans les publicités pour les services *offshore* comme la vente de seconds passeports un discours paranoïaque assez semblable à celui qui mobilise les « miliciens » du Middle West contre les mystérieux « hélicoptères noirs » qu'aurait affrétés l'ONU pour asservir le peuple américain.

Les affinités ne manquent pas entre le « Centre pour la liberté et la prospérité » et les banquiers helvétiques. Les lobbyistes américains auraient pu reprendre à leur compte l'envolée lyrique de l'avocat Michel Halpérin, prononcée au printemps 2001 sous les lambris dorés d'un palace genevois, devant un parterre de gérants de fortune réunis pour un séminaire de formation : « Il faut avoir le courage de dire que la fraude fiscale nous indiffère [...]. Les banquiers vont devenir des assistants du fisc, la transparence prend le pas sur l'opacité, c'est une révolution culturelle complète, un changement radical de nos existences.

On va entrer dans un monde décrit par Orwell, un monde totalitaire. Personne n'ose dire ce totalitarisme. » Ce fut l'oraison la plus chaleureusement applaudie de tout le séminaire.

Le discours tenu du côté de la place financière zurichoise n'est pas très différent. Hans Kaufmann, qui fut longtemps l'économiste en chef de la banque Julius Baer avant de devenir député de l'Union démocratique du centre, un parti conservateur et nationaliste, voit dans les « pressions internationales » une « attaque bien coordonnée de l'Internationale socialiste » et « une tentative de pression des grandes puissances d'Europe dirigées par des socialistes sur des petits États avec des gouvernements plus efficaces, moins de redistribution et une charge fiscale plus faible ».

En Suisse, la nébuleuse libertarienne dispose d'un ambassadeur permanent nommé Anton Keller. C'est un personnage atypique qui présente une ressemblance marquée avec l'astronome canadien Hubert Reeves. Keller et Andrew Quinlan avaient travaillé ensemble avant 2001, au sein d'une structure nommée « Association de défense des investisseurs suisses ». Dans sa croisade contre les « bureaucrates » de l'OCDE ou du GAFI, Anton Keller a reçu l'encouragement de banquiers privés genevois. On murmure même que deux d'entre eux auraient financé – dans des proportions modestes – sa lutte pour la préservation du secret bancaire. Lorsque Dan Mitchell se rendit en Europe en mars 2001 pour tenter de constituer un « réseau global de pays à régime fiscal modéré » contre l'OCDE, il savait qu'il pourrait compter sur le soutien de nombreux banquiers helvétiques. L'action des conservateurs américains contre l'OCDE « est porteuse d'avenir, y compris pour la Suisse », notait, en novembre 2000 déjà, l'avocat zurichois Matthias Kummer, devenu depuis le secrétaire de l'association « Suisse forte », un lobby de défense du secret bancaire.

A la fin de l'été 2001, alors que l'OCDE peinait toujours à trouver un compromis permettant de poursuivre ses travaux sur la fiscalité, le camp des défenseurs du secret bancaire jubilait.

« Les sermonneurs n'ont plus le vent en poupe », se réjouissait le banquier genevois Jacques Rossier, qui croyait pouvoir affirmer que l'OCDE avait perdu « sa croisade pour l'harmonisation fiscale ». Les supporters du lobby conservateur américain pensaient que les efforts de l'OCDE étaient « morts ». Interrogé sur l'avenir du secret bancaire, un représentant des banquiers privés genevois se laissait aller à quelques conjectures : « Les priorités des États peuvent changer, comme les modes. Le secret bancaire ne leur paraîtra peut-être plus aussi important demain qu'aujourd'hui. Qui sait, il pourrait même y avoir une guerre… »

Cette guerre a éclaté le 11 septembre 2001. Mais son effet sur la problématique de la finance *offshore* risque d'être l'exact inverse de celui souhaité par notre banquier.

L'effet 11 septembre

Tout de suite après les attaques dévastatrices contre New York et Washington, il fut clair que la riposte américaine comporterait un volet financier important. Les finances, déclara George Bush, sont l'« élixir de vie des terroristes ». En octobre, le président signa une nouvelle loi (le *Patriot Act*) qui durcit considérablement l'arsenal législatif américain en matière de blanchiment. Il oblige les banques américaines à vérifier l'identité de leurs clients, une mesure à laquelle le secteur bancaire avait réussi à s'opposer jusque-là. Il étend les crimes pouvant donner lieu à blanchiment à la corruption, donne aux cours américaines le pouvoir de se saisir de toute affaire de blanchiment touchant le territoire américain, et permet au Trésor de suspendre les transactions avec les banques qui refuseraient de fournir des documents à la justice américaine, même s'ils se trouvent à l'étranger. Toutes ces mesures, qui avaient été vigoureusement combattues par les lobbyistes de la droite libertarienne, furent votées presque sans discussion. « En temps normal, expliqua le sénateur républicain Charles Grassley, je respecterais les sensibilités de la communauté bancaire. Mais ce ne sont pas des temps normaux. »

Dans d'autres pays, les attentats permirent aussi le passage de lois que les résistances des professionnels avaient auparavant bloquées. L'Allemagne créa un fichier central des comptes bancaires. L'Union européenne soumit l'ensemble de ses intermédiaires financiers, avocats compris, aux lois contre le blanchiment. Le nouveau mandat d'arrêt européen couvre aussi le blanchiment, la fraude et la corruption. Le Pakistan interdit les systèmes de compensation informels, connus dans le sous-continent indien sous le nom de Hawala. Même le Mozambique vota une loi anti-blanchiment.

Au même moment, les banques de toute la planète commencèrent à examiner fiévreusement les noms de leurs clients pour les comparer aux listes de suspects émises par les États-Unis. Certaines banques suisses transmirent spontanément des informations aux autorités américaines, comme si elles avaient d'elles-mêmes renoncé au secret bancaire. Les banques émirent un nombre record d'annonces de transactions suspectes. Le G-7 demanda l'élaboration de mesures permettant un « échange d'informations » accru entre tous les pays pour lutter contre l'argent terroriste. En octobre, les pays du GAFI se réunirent en séance extraordinaire et adoptèrent huit « recommandations spéciales » prévoyant notamment l'élaboration d'une « liste noire » des juridictions qui ne coopèrent pas contre le terrorisme, la surveillance des organisations charitables et des mécanismes de compensation. L'une des recommandations préconise l'inclusion, dans tous les transferts bancaires et tout le long de la chaîne de paiements, d'informations permettant d'identifier l'émetteur et le destinataire des fonds. La Suisse, qui s'était longtemps opposée à cette mesure au nom du secret bancaire, fut obligée d'acquiescer.

Les attentats firent souffler un vent de panique dans les paradis fiscaux. Au Luxembourg, le ministère de la Justice tint une réunion d'urgence en pleine nuit après la publication d'articles indiquant que le pays pouvait servir de refuge financier aux terroristes. Les fonds luxembourgeois gérés selon des critères islamiques (qui excluent notamment le versement d'intérêts) par les banques suisses furent bloqués et le restèrent durant plusieurs mois. Les services secrets du Grand-Duché (oui, ils existent) commencèrent à s'intéresser à la fortune luxembourgeoise du demi-frère d'Oussama ben Laden, Yeslam, qui réside à Genève. La Suisse ouvrit une enquête sur la société Al-Taqwa, une discrète entreprise « de service » basée à Lugano et très liée aux Frères musulmans égyptiens, que les services de renseignement occidentaux soupçonnaient depuis longtemps de jouer un rôle dans le financement d'organisations terroristes. Le 27 septembre, le Premier ministre d'Antigua, Lester Bird, un opposant de longue date à l'OCDE, déclara à ses concitoyens que les attentats allaient retarder le développement du secteur financier de l'île. Le même jour, un représentant de l'autorité de supervision financière britannique annonça aux paradis fiscaux qu'ils devaient s'attendre à un « futur morose », car les « dirigeants politiques du G-7 en particulier sont inquiets de ce qu'ils considèrent comme des failles dangereuses dans la défense contre le crime et l'instabilité financiers ».

Depuis le début de l'année 2002, on connaît avec une certaine précision le cheminement des fonds qui ont servi à préparer les attentats – guère plus de 325 000 dollars en tout et pour tout. Les éléments recueillis dans la presse américaine ainsi que dans les milieux proches de l'enquête semblent indiquer que cet argent n'a pas transité par les pays traditionnellement considérés comme des paradis fiscaux. La plus grande partie de l'argent a été amenée aux États-Unis par des voyageurs venus du Moyen-Orient, qui l'ont déclarée en bonne et due forme aux douanes américaines. Ces courriers ont utilisé des noms différents pour ne pas se faire repérer, en profitant des confusions issues de la retranscription de noms arabes en anglais. 100 000 dollars ont été virés depuis Dubaï par Moustafa

Mohammed Ahmed al-Hawsawi, dit Cheikh Saïd, qui serait devenu le trésorier d'Oussama Ben Laden après l'avoir connu dans son exil soudanais. Ils ont abouti sur un compte ouvert par Mohammed Atta, le principal exécutant de l'opération du 11 septembre, dans une banque américaine. Cette transaction a été annoncée au FinCEN mais n'a pas été analysée. Enfin, plusieurs sociétés arabes aux activités en apparence inoffensives, comme le confiseur Al-Hamati ou l'exportateur de miel Al-Nur, au Yémen, auraient servi de conduits aux fonds terroristes.

Jonathan Winer travaille dans l'une de ces imposantes études d'avocats de Washington qui prospèrent en marge des allées du pouvoir. C'est un ancien fonctionnaire du Département d'État et un spécialiste reconnu du blanchiment qui entretient des liens étroits avec ses anciens collègues. Il explique pourquoi les attentats ont eu un impact si profond sur la thématique des paradis fiscaux, en dépit de l'absence de traces concluantes les liant aux attentats du 11 septembre : « Il est vrai que les paradis fiscaux n'ont pas été utilisés dans le financement de l'opération. Mais, pour mener ce type d'attaques, il faut une infrastructure construite dans le long terme, notamment dans les paradis fiscaux. Ben Laden a beaucoup utilisé Chypre pour ses opérations financières lorsqu'il était au Soudan. Son organisation Al-Qaïda a aussi utilisé le réseau des Frères musulmans égyptiens, comme la banque Al-Taqwa, aux Bahamas et en Suisse. Al-Qaïda disposait de relais dans beaucoup de pays, du Japon à l'Albanie. Je crois que l'administration Bush a compris, après le 11 septembre, que la transparence est devenue une condition de la civilisation elle-même. »

L'Amérique ne viendra pas au secours du secret bancaire. Sa tradition d'hostilité à cette valeur essentielle des banquiers suisses s'est renforcée après le 11 septembre. Au début 2002, des banquiers privés réunis dans un palace de Berne expliquèrent que de nombreux clients arabes fuyaient les États-Unis, devenus trop « bureaucratiques », et rapatriaient leurs fonds en

Suisse. S'inquiétant des nouvelles lois américaines, l'Association suisse des banquiers écrivit à ses membres : « Nous informerons nos autorités sur les dangers d'une telle évolution et les prierons d'intervenir pour notre cause. » Quant à Anton Keller, le croisé du secret bancaire, il n'avait plus que ses yeux pour pleurer : après les attentats, les banquiers du Liechtenstein refusèrent de lui faire don de la modeste somme de 10000 francs suisses qu'ils lui avaient promise pour continuer son combat.

14

L'impossible alliance

En mars 2002, sous l'effet de pressions internationales renouvelées, des paradis fiscaux aussi réfractaires que les Bahamas ou les îles Vierges acceptèrent de négocier un « échange d'informations efficace » avec l'OCDE dans le domaine fiscal. Ce fut, sans nul doute, une défaite historique pour les paradis fiscaux – mais pas encore une capitulation en rase campagne. Car les paradis devenus plus « coopératifs » ont certes promis de transmettre des informations sur leurs clients à partir de 2004, mais seulement si *tous* les membres de l'OCDE le font aussi. Or, deux de ces membres, la Suisse et le Luxembourg, refusent obstinément de progresser vers l'échange d'informations. Ce duo constitue également un frein décisif à l'initiative de l'UE qui va dans le même sens. Le Luxembourg a dû accepter le principe de l'échange d'informations au sommet de Feira, mais ses dirigeants ont clairement indiqué que leur pays ne changerait pas de système avant la Suisse. « Aux Bahamas et au Luxembourg, tout le monde compte sur la Suisse. On nous dit que nous sommes les seuls à pouvoir sauver le secret bancaire », explique l'avocat d'affaires genevois Didier de Montmollin.

L'idée d'une alliance des paradis fiscaux contre les grandes puissances est souvent évoquée dans les milieux financiers suisses. Dans les faits, la solidarité entre la Suisse et les pays mis à l'index par le G-7 est évidente. Même si ses représentants n'en parlaient pas officiellement, la Suisse espérait vivement que les paradis fiscaux des Caraïbes et d'ailleurs ne céderaient pas à l'OCDE sur le point crucial de l'échange d'informations. « Il serait très négatif que les paradis coopèrent et aillent plus loin que la Suisse », avouait, fin 2001, un diplomate helvétique sous couvert de l'anonymat. Dans des enceintes comme le GAFI ou le FSF, la Suisse a aussi pris la défense des paradis en proposant des périodes de « dialogue politique » aussi longues que possible avant l'introduction de sanctions, et espère que celles-ci, selon un autre diplomate, resteront « purement abstraites ».

De leur côté, les petits paradis ont commencé à s'organiser. Leur tentative de dénoncer les pressions dont ils sont l'objet devant l'Organisation mondiale du commerce à Genève a échoué : les discours de leurs représentants ont été prononcés devant des salles quasiment vides. Ils ont alors créé leur propre forum, l'« Organisation internationale sur les impôts et l'investissement » (ITIO en anglais)[1]. Ce groupement a joué un rôle dans l'éphémère changement de cap américain, au début de l'année 2001, en intervenant auprès du président Bush. On y retrouve notamment l'ambassadeur d'Antigua à Londres, Ronald Sanders. A la jonction des milieux de la finance *off-shore* et des gouvernements des micro-États, c'est un animateur central de la révolte contre l'OCDE. Les cercles proches de la fondation Heritage à Washington prodiguent leurs encouragements à ce mouvement de résistance en incitant les paradis à ne pas céder devant l'OCDE.

Pourtant, en dépit de certaines affinités idéologiques et d'un intérêt commun évident – la préservation du secret bancaire dans le domaine fiscal –, la Suisse a soigneusement gardé ses distances avec les pays de l'ITIO. Car le conflit entre le G-7 et les paradis est assez largement une bataille de respectabilités : celui qui saura le mieux noircir la réputation de l'autre aura

1. L'ITIO regroupe : Anguilla, Antigua et Barbuda, Bahamas, Barbade, Belize, îles Vierges britanniques, îles Cayman, îles Cook, Malaisie, Saint-Kitts et Nevis, Sainte-Lucie, îles Turks et Caïques, Vanuatu.

gagné. S'allier avec les îles des Caraïbes et du Pacifique peut causer plus de tort que de bien à la Suisse dès lors que celle-ci affirme être devenue le bon élève de la lutte anti-blanchiment.

Ainsi, le gouvernement d'Antigua, dominé depuis des décennies par la famille du Premier ministre Lester Bird, a été impliqué dans des affaires de trafic d'armes vers la Colombie au début des années 1990. D'autre part, Bruce Rappaport, célèbre pour l'opacité de ses opérations pétrolières au Gabon ou en Indonésie, possédait à Antigua deux banques dénoncées par le Congrès américain pour avoir blanchi l'argent de fraudeurs professionnels.

Saint-Vincent et la Dominique ont fait parler d'eux au cours de l'automne 2001, lorsque des banquiers proches du gouvernement dans ces deux États, le Franco-Dominicain Thierry Nano et le Vincentinois Julian Giraud, ont été accusés de blanchiment par les États-Unis. Certaines îles flirtent avec le colonel Kadhafi, qui a promis de racheter sa production de bananes à Sainte-Lucie. Tuvalu a loué son indicatif téléphonique, le 688, à une société de téléphone érotique américaine, alors qu'à Tonga 20 millions de dollars ont disparu des caisses de l'État après avoir été détournés par Jesse Bogdonoff, un escroc américain qui était devenu le bouffon du roi Taufa'ahau Tupou IV.

Pour la Suisse, si sensible à son image de marque, il serait impensable de côtoyer de tels pays de trop près. Les diplomates helvétiques qualifient souvent de « peu respectables » ou « inférieurs au niveau moral » des États comme les Bahamas ou les îles Vierges. « Dans cette histoire, il n'y a pas d'amis, chacun défend ses intérêts. S'il y a un concurrent qu'on peut ternir, certains ne se gênent pas », explique un diplomate suisse de haut rang. La Suisse n'agit pas différemment des autres. Malgré leurs intérêts communs, les paradis fiscaux demeurent des concurrents qui rivalisent pour s'emparer de la plus grande part possible du gâteau *offshore*. Tant que la Suisse se comparera à Londres et à New York, pas à Nauru, la grande alliance des paradis fiscaux restera une utopie.

Le partenaire idéal

Avec le Luxembourg, c'est une autre histoire. Jamais un Suisse n'a qualifié le Grand-Duché de place « inférieure au niveau moral ». Les relations sont notoirement cordiales, au contraire. Depuis le début de la campagne de l'OCDE contre la « concurrence fiscale dommageable », les deux pays, opposés au consensus dominant dans l'organisation, travaillent ensemble et défendent des positions identiques. Comme la Suisse, le Luxembourg a protesté contre son inclusion sur la liste des « centres *offshore* » du FSF – les deux États ont été classés en catégorie I –, et affirme que son système de surveillance du secteur financier est le meilleur du monde.

Ce mimétisme ne date pas hier. Dès les années 1960, alors que s'amorçait le déclin de la sidérurgie qui avait fait leur prospérité, les Luxembourgeois ont pris la place financière suisse pour modèle. Leur secret bancaire copié sur les dispositions helvétiques empêche les autorités de communiquer des données bancaires aux autorités fiscales de pays étrangers. L'effet a été spectaculaire : le Luxembourg est devenu le pays le plus riche du monde, et la place financière représente 30 % de son économie. Il compte aujourd'hui plus de 220 banques et contrôle 5 % à 10 % du marché de la gestion de fortune privée au niveau mondial. Son essor a été notablement accéléré par l'introduction en Allemagne, dès 1993, d'un impôt sur les revenus de l'épargne qui a fait fuir des milliards de marks vers le Luxembourg. « Cet impôt nous a apporté les fortunes allemandes, sans effort », se félicite un officiel luxembourgeois.

Les liens économiques avec la Suisse sont étroits et les principales banques helvétiques sont présentes à Luxembourg. Politiquement, les deux pays semblent avoir conclu une sorte de pacte tacite, qu'évoque un mémo officieux rédigé par un diplomate suisse en décembre 2000. Ce document mentionne notamment « l'espoir nourri par les dirigeants luxembourgeois de voir la Suisse prendre indirectement en charge la défense des intérêts du Grand-Duché » en refusant de pratiquer l'échange d'informations avec l'UE. Ce refus permettrait ensuite au Luxembourg de s'aligner sur la position suisse et de revenir sur l'engagement, extorqué à Feira en juin 2000, de renoncer à terme au secret bancaire. Le document avertit aussi Berne que le Grand-Duché a été soumis par ses partenaires à des « pressions arrogantes et violentes » qui « pourraient être utilisées contre nous également ». Le Luxembourg et la Suisse peuvent aussi compter sur l'appui de l'Autriche, dont le ministre des Finances Karl-Heinz Grasser (du « parti libéral » de Jörg Haider) a évoqué la création d'un axe Suisse-Autriche-Luxembourg pour défendre le secret bancaire contre les autres membres de l'UE.

Un élément objectif risque cependant d'empêcher cette alliance de résister, dans la durée, aux pressions répétées des grands États, que ce soit sur la scène européenne ou à l'OCDE. Il est lié à la mobilité des capitaux qui a fait le succès des paradis fiscaux. Si un pays abolit son secret bancaire, une partie des capitaux qu'il gère, dans certains cas la plus grande partie, va simplement changer de juridiction pour aller s'abriter sous le secret bancaire d'un autre paradis. Cela signifie que la situation idéale, pour chaque paradis, serait d'être le dernier et le seul à conserver un secret bancaire, alors que tous les autres auraient cédé aux pressions. La Suisse espère bien être ce dernier : « Des pays comme les Bahamas peuvent abandonner leur secret bancaire du jour au lendemain. Chez nous, le peuple devra se prononcer », explique un diplomate pour démontrer l'incomparable solidité du secret bancaire suisse. Il semble oublier que toutes les concessions arrachées jusqu'ici par la Suisse dans le domaine du secret bancaire n'ont jamais fait l'objet d'un vote populaire…

A l'inverse, la pire option pour un paradis est d'abandonner unilatéralement le secret bancaire. Chaque État va donc chercher à retarder au maximum l'abandon du secret bancaire chez lui. Mais sa solidarité avec les autres centres sera limitée, puisque chaque pays a objectivement intérêt à ce que les autres cèdent. Cela explique que le camp des pays hostiles à l'échange d'informations reste divisé en deux groupes : petits paradis tropicaux réunis au sein de l'ITIO, d'une part, et l'axe Suisse-Luxembourg à l'OCDE d'autre part. Cela explique aussi que chaque membre de ces deux groupes d'irréductibles refuse de plier. Mais combien de temps tiendront-ils ?

CONCLUSION

La lente agonie du secret bancaire

Ainsi, la Suisse est toujours la pièce maîtresse d'un « front du refus » des paradis qui, du Liechtenstein aux Bahamas en passant par Jersey et le Luxembourg, semblent déterminés à ne pas abandonner leur dernière ligne de défense, c'est-à-dire le refus d'échanger des informations bancaires avec les administrations fiscales d'autres pays. Cela suffira-t-il, dans le long terme, à préserver le secret bancaire des assauts dont il est l'objet ? Cela semble peu probable, pour plusieurs raisons essentielles.

La première est la réaction des grands pays au défi que les paradis fiscaux posent à leur équilibre financier. Pour les administrations fiscales, la réponse naturelle à la mondialisation des flux financiers est d'aller chercher le contribuable au-delà des frontières nationales. Tant qu'une solution viable à la perte de revenus qui se chiffrent probablement en centaines de milliards de dollars n'aura pas été trouvée, les pressions politiques en faveur de l'échange d'informations ne cesseront pas. Elles se poursuivront même d'autant plus intensément que, dans de nombreux pays riches, le vieillissement de la population va creuser les déséquilibres budgétaires au cours des prochaines décennies.

Le deuxième facteur d'érosion du secret bancaire est idéologique. La conviction qu'il est respectable d'aider les clients étrangers à sauver leur argent de l'appétit des autorités est partout en recul. A l'exception du très conservateur *Wall Street*

Journal, la grande presse anglo-saxonne soutient les efforts visant à instaurer plus de transparence dans le système financier international au travers d'un échange simplifié d'informations bancaires entre pays. « Le besoin de mesures efficaces pour lutter contre l'évasion fiscale est indiscutable », écrivait ainsi le *Financial Times* en mai 2001. Une telle opinion a d'autant plus de poids que ce titre, lu par les financiers du monde entier, est considéré comme le rempart d'une pensée libérale dont les banquiers suisses eux-mêmes se réclament.

Fait plus significatif encore, le consensus qui cimentait la place financière helvétique autour du secret bancaire est en train de se lézarder. Beaucoup de jeunes gestionnaires de fortune estiment que le secret bancaire est condamné. « On est encore bons pour dix ans. Mais pas tellement plus », explique un employé de l'UBP. « Je ne suis pas fier de l'évasion fiscale », confie le directeur d'une succursale du Credit suisse. « Pour moi, c'est de l'incivisme. Ce n'est pas tellement défendable », déclare un troisième gestionnaire. Une avocate genevoise à bas noirs et boucles d'oreilles en perle avoue son « questionnement personnel » face aux abus des sociétés *offshore* dont elle est une spécialiste.

Il est plus étonnant d'entendre certains banquiers d'envergure dire la même chose en public. Walter Knabenhans, un haut responsable de la banque Julius Baer, appelle de ses vœux un « secret bancaire plus civique » qui « ne saurait être mis au service d'une évasion fiscale sans limites. Celle-ci n'est moralement pas acceptable ». « Il y a des banquiers qui n'acceptent plus que les fonds déclarés – une politique qui devrait ne pas être inintelligente à moyen et long terme », ajoutait en janvier 2001 Franz Blankart, partenaire de la banque genevoise Mirabaud & Cie, lors d'auditions tenues au Parlement suisse sur l'avenir des relations entre la Suisse et l'Europe.

Un procès-verbal estampillé « confidentiel » et issu des mêmes auditions montre que cette réflexion a fait son chemin au sein de l'Association suisse des banquiers, en principe gardienne intransigeante du secret bancaire. Dans son exposé écrit, Georg Krayer, à l'époque directeur de l'ASB, insiste sur le fait que le maintien du secret bancaire est la première priorité politique des banques. Mais ses explications orales, quoique un peu alambiquées, vont dans une tout autre direction. Krayer commence par admettre que les clients qui sont venus uniquement par souci de discrétion représentent « sûrement une partie importante » des fonds déposés en Suisse. Puis il ajoute : « Ma tâche est d'orienter l'industrie bancaire suisse vers moins de particularisme. Je veux mettre l'accent sur le service, la qualité, la performance, et moins sur des particularités juridiques qui, aux yeux aussi d'autres confrères, ne semblent plus aussi légitimes. Nous devons aussi nous préparer à ce que la différence avec l'étranger en matière de forme juridique de la protection de la discrétion aille en diminuant. » D'ailleurs, conclut le banquier, l'Europe n'est plus ce qu'elle était il y a cinquante ans, elle est devenue bien plus démocratique et donc « beaucoup plus suisse ». L'un des parlementaires présents lors de l'audition, Dick Marty, ancien procureur général du Tessin, n'en revenait pas : « M. Krayer vient de dire des choses qui auraient été considérées comme subversives il y a vingt ans. Le monde a changé et les choses doivent changer en Suisse en douceur. »

Les banques, selon Krayer, cherchent surtout à retarder le moment fatidique : « Le plus dommageable serait un changement abrupt. Nous avons besoin de temps afin de montrer à nos clients comment on peut vivre dans un monde changeant avec un climat ouvert et des conditions juridiques internationalement convenues ; une ou deux années ne suffisent pas pour cela. » Une source proche des étages dirigeants de la place financière genevoise résume l'esprit dominant chez ses patrons au sujet du secret bancaire : « Pourquoi abandonner une rente de situation maintenant alors que vous pouvez encore engranger de l'argent pendant quelques années ? Ce serait dommage de le faire avant que ce soit indispensable. »

L'*offshore*, c'est (bientôt) fini

Les grandes banques suisses ont compris, elles aussi, que les temps changent. Leur nouvelle stratégie est une autre évolution qui fragilise le secret bancaire. De 1994 à 1998, les banques suisses ont doublé leurs effectifs travaillant à l'étranger, qui représentent désormais plus de 30000 personnes. Une partie de ce personnel est allée dans les succursales ouvertes aux Caraïbes, à Jersey ou à Monaco. Mais l'essentiel a été affecté aux États-Unis et aux grands pays d'Europe continentale. Le Credit suisse a déjà quatorze succursales en Italie, l'UBS trois. Stimulées par les pressions internationales sur le secret bancaire, plusieurs banques tessinoises s'implantent en Italie du Nord. L'UBS a fêté l'ouverture de son bureau parisien en grande pompe et a engagé un fiscaliste français. Tous ces investissements reposent sur un calcul nouveau : désormais, le marché de la finance *offshore* est en déclin par rapport à celui du *onshore*, c'est-à-dire de l'argent qui est géré dans son pays d'origine. Le « territorial » regagne du terrain sur l'« extraterritorial ».

Les pressions politiques, conjuguées au flot ininterrompu d'affaires mettant en cause des paradis fiscaux et des sociétés-écrans, ont ôté son aura de respectabilité et de « chic » à la finance *offshore*. « Avant, utiliser des sociétés de domicile faisait intelligent. Aujourd'hui, les clients ont peur d'être associés avec les affaires. Certains pays ont abusé, il y a un problème de réputation », estime l'avocate genevoise Cécile Barro. L'expansion de la planète *offshore* se ralentit. Selon la banque Lehman Brothers, le marché de la banque extraterritoriale en Europe a crû de 5 % par an entre 1995 et 2000, alors que celui du *onshore* a connu une croissance annuelle de 16 %. Le consultant américain Booz, Allen & Hamilton prédit que l'argent placé extraterritorialement va baisser de 50 % d'ici au milieu de la décennie, notamment en raison des pressions internationales.

La clientèle qui intéresse le plus les banquiers n'est plus la minuscule caste des super-riches qui fraudent le fisc : ils l'ont captée depuis longtemps. Ceux qui se trouvent au cœur de leurs stratégies de croissance sont désormais la masse des « aisés » (« *affluent* » en anglais) qui disposent de plus de 100 000 francs suisses à investir : en Europe, ils seraient 24 millions et disposeraient d'une fortune totale de 6 trillions d'euros.

Un grand nombre de fortunes récentes appartiennent à des entrepreneurs qui ont vendu leur entreprise ou l'ont mise sur le marché boursier. Elles sont entièrement appréhendées par les autorités fiscales, car la vente d'une entreprise est publique et ne peut avoir lieu que dans le pays où elle se trouve. Ceux qui les contrôlent n'ont pas besoin de transporter leur argent ailleurs : ils devront de toute façon payer les impôts qui sont dus. Le seul moyen pour eux de réduire leur facture fiscale est de s'installer avec armes et bagages dans une juridiction à fiscalité avantageuse comme la Suisse, Londres ou la Belgique. Le marché des services d'installation pour ces clients-là est d'ailleurs en pleine santé, mais il n'a pas besoin du secret bancaire pour se développer. De manière générale, les banquiers croient savoir que la nouvelle clientèle est moins attirée par l'évasion fiscale et veut surtout investir et dépenser son argent là où elle réside, non le thésauriser à l'étranger dans l'éventualité désormais très improbable d'une guerre, d'une confiscation ou d'une dévaluation.

Vers un monde transparent

La dernière menace à long terme sur le secret bancaire est l'évolution technologique elle-même. Dans les années 1970 et 1980, l'émergence de technologies telles que la télécopie (fax) et les cartes de crédit a été un facteur crucial du développement de la finance *offshore*. Désormais, le progrès technique semble jouer contre elle. L'âge de l'information est aussi celui de l'échange d'informations. Le Groupe d'Egmont préfigure peut-être une évolution que les professionnels de l'*offshore* redoutent par-dessus tout : la création d'un réseau mondial dans lequel les États s'échangeraient de façon routinière des millions d'informations financières à des fins d'analyse et d'enquête, créant ainsi une transparence du système financier international. On en est encore loin, mais cet objectif paraît réalisable à moyen terme grâce à l'augmentation des capacités informatiques, qui permet aux administrations de traiter et de transmettre beaucoup plus de données qu'auparavant. Après le 11 septembre, le G-7 a d'ailleurs demandé que les échanges d'informations au sein du Groupe d'Egmont soient intensifiés.

De plus en plus, la même transparence règne à l'intérieur des banques. Pour lutter contre le blanchiment, celles-ci mettent fin au cloisonnement qui empêchait leurs différentes divisions d'échanger leurs informations concernant les clients. Elles multiplient les canaux d'accès dont ces derniers disposent pour effectuer leurs opérations : courrier, présence physique, mais aussi, de plus en plus, le téléphone et Internet. Elles prennent davantage l'initiative de contacter les clients pour leur proposer des nouveaux produits. Par conséquent, l'identité du client se diffuse toujours plus largement à l'intérieur des banques.

Le « bain culturel » qui environne les acteurs du système bancaire évolue dans la même direction. Les intermédiaires financiers sont devenus partout responsables pénalement en cas de blanchiment, ce qui a notablement modifié leur comportement ces dernières années, explique Éric Bouchez, un consultant bancaire actif à Genève : « Les gens ont donc tendance à se protéger, à se couvrir. Ils pensent que la diffusion de l'information à l'intérieur de la banque est la réponse normale. On a de plus en plus tendance à penser que, si quelqu'un fait une opération, il n'y a pas de raison que ça ne se sache pas. »

Pour beaucoup de banquiers, c'est un phénomène inquiétant, qui préfigure l'avènement de ce « totalitarisme de la transparence » tant redouté. Mais cette transparence semble être elle-même devenue une obsession des sociétés développées. C'est vrai dans le domaine de l'alimentation – en Europe, chaque morceau de viande est désormais marqué pour permettre d'identifier précisément son origine. De façon très révélatrice, une « traçabilité » tout à fait similaire a été « recommandée » par le GAFI pour les transactions financières internationales peu après les attentats du 11 septembre. Ceux-ci ouvrent une ère dans laquelle la préoccupation sécuritaire risque d'introduire l'exigence de « traçabilité » dans de nombreux domaines. Il paraît désormais légitime d'identifier les passagers dans les aéroports au moyen d'outils biométriques se basant sur leur apparence physique. La sphère privée dont se réclament les défenseurs du secret bancaire aura désormais moins de poids face à l'exigence des États de pouvoir détecter les transactions suspectes, ce qui implique une surveillance accrue des flux financiers.

Plus généralement, la prolifération des technologies informatiques signifie que toute transaction est désormais archivable, repérable, diffusable plus facilement. Pour l'influent magazine *The Economist*, d'obédience pourtant libérale, le combat mené par les banquiers suisses et la nébuleuse libertaro-conservatrice américaine pour protéger la discrétion des clients est devenu anachronique : « Les gens vont devoir partir du principe qu'ils n'ont simplement plus de sphère privée. Ce sera l'un des grands changements sociaux des temps modernes, écrivait le magazine en mai 1999. Personne ne saura exactement qui sait quoi sur qui. Ce sera inconfortable, mais le meilleur conseil est probablement : habituez-vous. » Pour les paradis fiscaux et leurs clients, le processus sera sans doute douloureux. Mais il semble plus que jamais irréversible.

Annexes

Taux de change des principales devises utilisées dans ce livre au 2 juillet 2002 :

Un euro = 1,46 franc suisse.

Un euro = 0,99 dollar.

Un dollar = 1,48 franc suisse.

PONT DU MONT-BLANC
QUAI DU GÉNÉRAL-GUISAN
RUE DU RHÔNE
RUE DE LA CONFÉDÉRATION
GRAND-RUE
PARC DES BASTIONS
PONTS DE L'ÎLE
PLACE NEUVE
BD DU THÉÂTRE
QUAI TURRETTINI
BD GEORGES-FAVON
1
2
3
4
5
6
7
8
9

Le Centre financier de Genève

① Hôtel Tiffany, 1, rue des Marbriers

② Banque Pictet & Cie, 29, boulevard Georges-Favon

③ Banque Darier, Hentsch & Cie, 4, rue de Saussure

④ Palais de Justice, 3, place Bourg-de-Four

⑤ Bureau de Pierre Lethier, 7, rue de la Fontaine

⑥ Banque SCS-Alliance, 11, route de Florissant

⑦ Citibank, 16, quai du Général-Guisan

⑧ Crédit agricole Indosuez, 4, quai du Général-Guisan

⑨ Hôtel du Rhône, quai Théodore-Turrettini

PARADIS FISCAUX ET GRANDES PLACES
FINANCIÈRES DANS LE MONDE

lan
③ Londres
uernesey
Paris
Jersey
(et îles
Anglo-
andes)
braltar
⑦ ②
⑤
① ⑧ ④
⑥
Malte
Chypre
JAPON
Hong Kong
Singapour
Sevchelles
Île Maurice
Nauru
Vanuatu
① FRANCE
② ALLEMAGNE
③ GRANDE-BRETAGNE
④ ITALIE
⑤ SUISSE
⑥ MONACO
⑦ LUXEMBOURG
⑧ LIECHTENSTEIN

Les principaux centres de gestion de fortune et financiers en Suisse

Les organisations internationales et leurs « listes noires »

États membres du GAFI

Allemagne, Argentine, Australie, Autriche, Belgique, Brésil, Canada, Danemark, Espagne, États-Unis, Finlande, France, Grèce, Hong Kong, Islande, Irlande, Italie, Japon, Luxembourg, Mexique, Norvège, Nouvelle-Zélande, Pays-Bas, Portugal, Royaume-Uni, Singapour, Suède, Suisse, Turquie.

La « liste noire » du GAFI (état en juin 2002)

Iles Cook, Dominique, Égypte, Grenade, Guatemala, Indonésie, îles Marshall, Union de Myanmar, Nauru, Nigeria, Niue, Philippines, Russie, Saint-Vincent et les Grenadines, Ukraine.

Membres de l'OCDE

Allemagne, Australie, Autriche, Belgique, Canada, Corée, Danemark, Espagne, États-Unis, Finlande, France, Grèce, Hongrie, Irlande, Islande, Italie, Japon, Luxembourg, Mexique, Norvège, Nouvelle-Zélande, Pays-Bas, Pologne, Portugal, République tchèque, Royaume-Uni, Slovaquie, Suède, Suisse, Turquie.

La liste des « paradis fiscaux » de juin 2000

Andorre, Anguilla, Antigua et Barbuda, Aruba, Bahamas, Bahreïn, Barbade, Belize, îles Vierges britanniques, îles Cook, Dominique, Gibraltar, Grenade, Guernesey, île de Man, Jersey, Liberia, Liechtenstein, Maldives, îles Marshall, Monaco, Montserrat, Nauru, Antilles néerlandaises, Niue, Panama, Samoa, Seychelles, Sainte-Lucie, Saint-Kitts et Nevis, Saint-Vincent et les Grenadines, Tonga, îles Turks et Caïques, îles Vierges (États-Unis), Vanuatu.

États membres du Forum de stabilité financière (FSF)

Allemagne, Australie, Canada, États-Unis, France, Hong Kong, Italie, Japon, Pays-Bas, Royaume-Uni, Singapour.

Liste des « centres offshore » du FSF (catégories I, II et III)

Dublin (Irlande), Jersey, Guernesey, Hong Kong, île de Man, Luxembourg, Singapour, Suisse ; Andorre, Bahreïn, Barbade, Bermudes, Gibraltar, Labuan (Malaisie), Macao, Malte, Monaco ; Anguilla, Antigua et Barbuda, Aruba, Bahamas, Belize, îles Vierges britanniques, îles Cayman, îles Cook, Costa Rica, Chypre, Liban, Liechtenstein, îles Marshall, île Maurice, Nauru, Antilles néerlandaises, Niue, Panama, Saint-Kitts et Nevis, Sainte-Lucie, Saint-Vincent et les Grenadines, Samoa, Seychelles, îles Turks et Caïques, Vanuatu.

Bibliographie

Cet ouvrage est basé essentiellement sur les enquêtes menées par l'auteur et publiées par le quotidien *Le Temps* de Genève. Les références des articles de presse qui ont servi pour ce livre sont mentionnées dans les notes.

De très nombreux documents officiels ont également été utilisés : ce sont essentiellement les rapports produits par le G-7, le GAFI, le FSF et l'OCDE, ainsi que la documentation du ministère suisse des Finances, de la Banque nationale suisse, du Sénat américain, de la Mission parlementaire française sur le blanchiment de capitaux en Europe, de l'Association suisse des banquiers et du Groupement des banquiers privés genevois.

Pour le reste, figurent ci-dessous les ouvrages et articles qui ont directement inspiré l'auteur pour ce livre :

Bernasconi, Paolo, *et al.*, *Le Secret bancaire suisse*, Berne, Stämpfli & Cie, 1995.

Faith, Nicholas, *Safety in Numbers : The Mysterious World of Swiss Banking*, Londres, Hamish Hamilton, 1983.

Guex, Sébastien, « La Suisse comme paradis fiscal », in *Cahiers* de Solidarités, Lausanne, avril 2001.

Hardt, Michael, et Negri, Antonio, *Empire*, Paris, Exils, 2000.

Lilley, Peter, *Dirty Dealing : The Untold Truth about Global Money Laundering*, Londres, Kogan Page, 2000.

Lombardini, Carlo, « The changing face of Swiss banking law », in *Diritto del commercio internazionale*, Milan, Giuffrè Editore, 1992.

Perrenoud, Marc, et Lopez, Rodrigo, *Aspects des relations financières franco-suisses (1936-1946),* Publication de la Commission indépendante d'experts, Zurich-Lausanne, Chronos Verlag, 2002.

Wechsler, William, « Follow the money », in *Foreign Affairs*, Washington DC, vol. 80, n° 4, juillet-août 2001.

Glossaire

Ayant droit économique Détenteur effectif de fonds déposés dans une banque. L'ayant droit économique (*beneficial owner* en anglais) est celui qui exerce le « pouvoir de disposition » (retrait, transfert) sur les fonds. Il peut se faire représenter par un tiers (le « cocontractant ») lors de l'ouverture d'un compte. Le détenteur formel des fonds peut être une société contrôlée par l'ayant droit économique.

Blanchiment Se dit d'une action visant à introduire dans le système financier légal, donc le système bancaire, des fonds d'origine criminelle, et à en dissimuler la provenance par l'utilisation de divers artifices, comme l'emploi de prête-noms et de sociétés apparemment inoffensives.

Compliance Parfois désigné par le terme français de « Département de déontologie » ou de « contrôle des risques », le service de *compliance* (conformité) est, au sein d'une banque, l'organe chargé de s'assurer que l'établissement respecte les lois. Il est notamment responsable de l'application des normes anti-blanchiment par les gérants de fortune. Toutes les banques des pays occidentaux disposent désormais de tels services.

Évasion fiscale Selon la définition officielle du ministère suisse des Finances, il s'agit d'une omission de déclarer certains revenus, avec pour conséquence une réduction des impôts perçus par l'État. Lorsqu'un contribuable trompe l'État par l'usage de faux ou de « constructions astucieuses » (surfacturation, utilisation d'intermédiaires factices), il se rend coupable de fraude fiscale selon la définition suisse. La Suisse accorde une assistance limitée aux États étrangers dans les cas de fraude fiscale, mais aucune dans les cas d'évasion fiscale.

Fiduciaire Issu du latin *fiducia*, « confiance », ce terme désigne notamment un professionnel des services financiers qui administre des biens pour le compte de tiers. Par extension, on appelle « fiduciaire » une société fournissant des services associés au placement fiduciaire : comptabilité, création et vente de sociétés-écrans.

Offshore Se dit d'un placement effectué hors du pays de résidence de son propriétaire. Un « centre *offshore* » est un lieu de concentration de ce type de placement. Une « société *offshore* », dite aussi société de siège ou de domicile, est une structure formée dans une juridiction offrant aux étrangers des facilités spéciales pour l'incorporation de sociétés : contrôles et formalités administratives réduits, imposition faible ou nulle, anonymat garanti pour les actionnaires.

Remerciements

A :

Mes parents ;
Olenka ;
Jean-Claude Péclet pour la relecture du manuscrit ;
Éric Hoesli pour m'avoir donné l'idée de ce livre ;
Roger de Diesbach pour m'avoir donné l'envie de faire du journalisme ;
Tous ceux, cités ou non dans cet ouvrage, qui ont accepté de m'initier aux pratiques mystérieuses des paradis fiscaux.

Table

TROISIÈME PARTIE

Sus aux paradis

Annexes

PAO : ÉDITIONS DU SEUIL.

GROUPE CPI

Achevé d'imprimer en septembre 2002 par
BUSSIÈRE CAMEDAN IMPRIMERIES
à Saint-Amand-Montrond (Cher)
N° d'édition : 53803. - N° d'impression : 023828/1.
Dépôt légal : septembre 2002.
Imprimé en France